THE POINT OF THE DEAL

成交只是起点

—— 为顺利履行合同而谈判

〔美〕丹尼·厄特尔 马克·戈登 著

张龙 吴元元 郭薇 译

商务印书馆
2009年·北京

Danny Ertel & Mark Gordon

THE POINT OF THE DEAL

How to Negotiate When Yes Is Not Enough

Original work copyright © Vantage Partners, LLC.

Published by arrangement with Harvard Business School Press.

图书在版编目(CIP)数据

成交只是起点——为顺利履行合同而谈判/〔美〕厄特尔,戈登著;张龙,吴元元,郭薇译.—北京:商务印书馆,2009
ISBN 978-7-100-05895-7

Ⅰ.成… Ⅱ.①厄…②戈…③张…④吴…⑤郭… Ⅲ.贸易谈判 Ⅳ.F715.4

中国版本图书馆 CIP 数据核字（2008）第 093956 号

所有权利保留。

未经许可,不得以任何方式使用。

成交只是起点
——为顺利履行合同而谈判
〔美〕丹尼·厄特尔 马克·戈登 著
张龙 吴元元 郭薇 译

商 务 印 书 馆 出 版
(北京王府井大街36号 邮政编码 100710)
商 务 印 书 馆 发 行
北京瑞古冠中印刷厂印刷
ISBN 978-7-100-05895-7

2009年5月第1版　　开本 700×1000 1/16
2009年5月北京第1次印刷　　印张 17¾
定价:44.00元

商务印书馆—哈佛商学院出版公司经管图书翻译出版咨询委员会

（以姓氏笔画为序）

方晓光　盖洛普（中国）咨询有限公司副董事长
王建铆　中欧国际工商学院案例研究中心主任
卢昌崇　东北财经大学工商管理学院院长
刘持金　泛太平洋管理研究中心董事长
李维安　南开大学商学院院长
陈国青　清华大学经管学院常务副院长
陈欣章　哈佛商学院出版公司国际部总经理
陈　儒　中银国际基金管理公司执行总裁
忻　榕　哈佛《商业评论》首任主编、总策划
赵曙明　南京大学商学院院长
涂　平　北京大学光华管理学院副院长
徐二明　中国人民大学商学院院长
徐子健　对外经济贸易大学副校长
David Goehring　哈佛商学院出版社社长

致 中 国 读 者

哈佛商学院经管图书简体中文版的出版使我十分高兴。2003年冬天,中国出版界朋友的到访,给我留下十分深刻的印象。当时,我们谈了许多,我向他们全面介绍了哈佛商学院和哈佛商学院出版公司,也安排他们去了我们的课堂。从与他们的交谈中,我了解到中国出版集团旗下的商务印书馆,是一个历史悠久、使命感很强的出版机构。后来,我从我的母亲那里了解到更多的情况。她告诉我,商务印书馆很有名,她在中学、大学里念过的书,大多都是由商务印书馆出版的。联想到与中国出版界朋友们的交流,我对商务印书馆产生了由衷的敬意,并为后来我们达成合作协议、成为战略合作伙伴而深感自豪。

哈佛商学院是一所具有高度使命感的商学院,以培养杰出商界领袖为宗旨。作为哈佛商学院的四大部门之一,哈佛商学院出版公司延续着哈佛商学院的使命,致力于改善管理实践。迄今,我们已出版了大量具有突破性管理理念的图书,我们的许多作者都是世界著名的职业经理人和学者,这些图书在美国乃至全球都已产生了重大影响。我相信这些优秀的管理图书,通过商务印书馆的翻译出版,也会服务于中国的职业经理人和中国的管理实践。

20多年前，我结束了学生生涯，离开哈佛商学院的校园走向社会。哈佛商学院的出版物给了我很多知识和力量，对我的职业生涯产生过许多重要影响。我希望中国的读者也喜欢这些图书，并将从中获取的知识运用于自己的职业发展和管理实践。过去哈佛商学院的出版物曾给了我许多帮助，今天，作为哈佛商学院出版公司的首席执行官，我有一种更强烈的使命感，即出版更多更好的读物，以服务于包括中国读者在内的职业经理人。

在这么短的时间内，翻译出版这一系列图书，不是一件容易的事情。我对所有参与这项翻译出版工作的商务印书馆的工作人员，以及我们的译者，表示诚挚的谢意。没有他们的努力，这一切都是不可能的。

哈佛商学院出版公司总裁兼首席执行官

万 季 美

献给萨拉和南希

没有她们的支持就不可能有本书问世

献　辞

衷心地将本书献给罗杰·费希尔(Roger Fisher)。25年来，他一直陪伴在我们身边，他既是我们的恩师、顾问和指导员，也是我们的同事、朋友和灵感的源泉。没有罗杰，这本书根本不可能问世。

本书致力于超越罗杰在他所著的《达成协议》(Getting to Yes：Negotiating Agreement Without Giving In)一书中所创造的"yes"特权；然而与此同时，本书的完成还要基于罗杰·费希尔、比尔·尤里(Bill Ury)和布鲁斯·巴顿(Bruce Patton)在谈判理论领域所建立的深厚积淀，其精髓也渗透到了本书的内容当中。超越"yes"绝不意味着否定已经被翻译成三十多种语言、在全球印刷了千百万册的《达成协议》所具有的开创性和重要性。

作为哈佛法学院(Harvard Law School)塞缪尔·威利斯顿(Samuel Williston)法学教授，以及哈佛谈判研究计划(Harvard Negotiation Project)奠基人和总负责人，罗杰·费希尔多年来在成千上万学生的心中留下了深刻印象。作为《达成协议》一书和其他很多书籍〔包括《毫无道理：谈判是要善于使用情感》(Beyond Reason：Using Emotions as You Negotiate)、《完成任务：当你不是负责人时该如何去领导》(Getting It Done：How to Lead When You're Not in Charge)、《解决国际争端：一种

献辞

影响国际谈判的系统方法》(*Coping with International Conflict：A Systematic Approach to Influence in International Negotiation*)、《准备好去谈判：达成协议的工作手册》(*Getting Ready to Negotiate：The Getting to Yes Workbook*)、《超越马基雅维利：应对冲突的工具》(*Beyond Machiavelli：Tools for Coping with Conflict*)以及《团结一致：谈判时我们要搞好人际关系》(*Getting Together：Building Relationships as We Negotiate*)]的合著者,罗杰已经帮助了千百万从业者更清楚地思考关于谈判和解决冲突等相关问题。

罗杰从事过很多种职业。他曾经当过军官、政府官员、国际律师、学者、教育家、作家、电视制作人、咨询顾问、仲裁人,也扮演过创新性问题解决者和自发性诉讼参与人的角色,他的一生致力于解决国际和国内的各种冲突和矛盾。五十多年来,他孜孜不倦地工作,帮助人们解决他们的分歧,并取得了显著的成效;此外,他还不断尝试,试图将用合作的方式进行谈判渗透到我们的文化中来。

罗杰对我们的影响非常深远。没有他的鼓励和支持,我们也不会选择从事职业谈判师这一工作。谨以此书来表达我们对他的深深谢意和崇高敬意。

前言	i
致谢	v
第一章　引言	
什么是问题的关键？	1
第二章　达成交易型思维	
为什么仅仅成交通常是不够的？	17
第一部分　合同履行型思维	**33**
第三章　把交易当做达成目标的手段	
合同成功签订后，还需要什么？	35
第四章　广泛征求意见	
你需要谁来帮助你实现最终目标？	49
第五章　创造历史	
你该为合同的履行起什么样的示范作用？	67
第六章　说出你的担心	
如何在确保交易没有风险的情况下讨论风险？	87
第七章　不要让对方过度承诺	
如何确保对方兑现其承诺？	105
第八章　冲过终点线	
如何锁定最终目标？	117

第二部分　谈判与组织 …………………………………… 127

第九章　管理谈判人员
如何驾驭他们达成有价值的交易？ ………………………… 129

第十章　构建一个做真正有价值的交易的企业
这么多优秀的企业究竟错在哪里？ ………………………… 153

第三部分　一些关键交易 ………………………………… 191

第十一章　以公司为赌注的交易
兼并、联盟与外包 …………………………………………… 193

第十二章　"面包与黄油型"的交易
客户与供应商 ………………………………………………… 225

第十三章　结语
当仅仅达成交易还不够时 …………………………………… 241

注释 ……………………………………………………………… 251
作者介绍 ………………………………………………………… 259
译后记 …………………………………………………………… 263

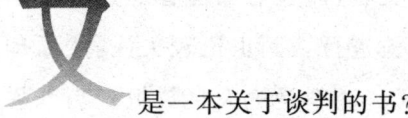

又是一本关于谈判的书?

是什么让我们认为我们还有一些新想法要告诉大家呢?一个原因就是,市面上所有关于谈判的书籍,在我们看来,关注重点都错误地放在了"进行交易"上。除非你在签了合同后别无他求,否则把谈判仅仅看做是在"进行交易",那你只能坐等失败了。

当谈判双方抱着履行交易的目的,而不仅仅是抱着签订合同的目的时,是做一个合作型的谈判人员还是成为一个"强权"型的谈判人员,是"一开始先说'不'"还是"努力促成交易"等常见的争议性话题,与确定你要进行谈判的交易能否真正帮助你实现你想要得到的结果比较起来,又显得如此苍白无力。那么,我们谈判和交易的关键是什么呢?

的确有些交易,它的履行与否并不重要,例如当日成交的操盘交易。但是如果你要进行的谈判,其交易的履行非常重要,也就是说,合同双方需要在合同签订后共同努力来履行并兑现该交易,否则这笔交易毫无意义,那么这本书正好适合你。

在所有其他条件都不变的前提下,如果你能在交易中多获得一些利益,你心里会觉得更平衡一些,这显然没错。但是,这些年来我们发现,当谈判人员将大部分注意力都放在如何争取更多的利益时,他们却可能

前言

忽略一些更为重要的东西——交易的关键到底是什么。然而,也并不是说在谈判时尽可能争取更多的利益就一定意味着会影响履行交易的能力。你当然可以做到尽善尽美,在尽你所能地争取更多利益的同时,还能确保达成的交易顺利履行。但是,当你的注意力和全部心思都集中在交易本身,而并没有放在交易后要发生的结果上时,交易的预期价值当然会不可避免地受到影响,你的挫败感也会因此而增加。

这些年来,还存在另外一个我们认为比较突出的问题,那就是有很多人,他们不仅对自己如何去谈判比较关心,而且对如何管理其他谈判人员、怎样将他们的组织当做一个整体去进行谈判也比较关注,然而却几乎没有人给他们提出任何有用的建议。谈判是绝大多数组织与外界进行联系(例如可以通过销售、采购、合作、联盟等方式)的核心和纽带,同时也是部门与部门之间解决问题的有效途径。如果你不能保证你随时随地亲力亲为,但是你又非常关心谈判的进展情况,那么就请读一读我们的书吧,你会从我们的书中找到你想要的答案。

我们最初并没有打算写书,我们也并非学术界人士。在我们的职业生涯中,我们通常与我们的客户打交道,帮助他们去谈判,帮助他们处理他们最重要的人际关系——与他们的顾客、供应商和企业合作者之间的人际关系——我们在此过程中也获得了极大的满足。在我们工作的Vantage公司,每天我们都会面对来自全球顶级公司的才华横溢的谈判人员。我们的客户遍布除南极洲以外的各大洲,而且我们发现,我们谈判时采用的分析方法与有任何文化背景的客户都可以产生共鸣。其实,即便是世界顶级的专业谈判人员也会觉得更系统地考虑一下以下问题将会对他们大有裨益:如何准备谈判;内部如何达成一致;在谈判时和谈判后都该做些什么;怎样不断学习。我们不但帮助企业建立新的战略关系,帮助它们修复那些紧张的战略关系,还帮助它们开始将谈判和关系管理当做管理流程而不是一门艺术来对待。

前言

尽管与全球各地各行各业的从业者打交道致使我们一周大部分时间都在飞机上度过,然而我们确实真的非常愿意和他们分享我们的观点和吸取的教训。与我们在 Vantage 公司的其他合作伙伴一样,我们也是从哈佛谈判研究计划开始将谈判工作作为一个企业管理流程来对待的。哈佛谈判研究计划是哈佛法学院的一个多学科智囊团,他们认为外交官会从劳工谈判代表那里获得有用的东西,而劳工谈判代表也会从律师那里获得有用的东西,律师又会从企业家那里获得有用的东西,依此类推。该谈判研究计划正是基于这样的想法展开的。我们从 1979 年就加入到了这个研究计划当中,而在这一期间谈判作为一门科学不断成长壮大。该计划透过各种具体的谈判内容,将谈判的整个过程看做是可以传授、可以复制的管理流程来对待,而不是仅仅将其看做是只能通过不断反复尝试、需要大量实战经验才能进行的一项工作。

在我们的一篇名为"合同签订以后:为了实现合同的内容而谈判"("Getting Past Yes:Negotiating As If Implementation Mattered")的文章刊载于《哈佛商业评论》后,我们得到了很多积极的反馈和鼓励,都认为"这种想法值得继续研究"。我们不仅仅只是简单地建议在谈判过程中就要考虑未来合同履行的重要性问题,我们还要告诉大家,当对方仅仅同意签订合同还不够时,我们该如何去谈判。当你需要的不仅仅是对方在合同上签字,还需要对方真正去完成某些事情时,你该采取哪些不同的方法去谈判呢?在谈判准备时会有哪些与以往的谈判准备不同的地方呢?谈判时你又该怎么表现呢?管理者该如何对谈判人员进行训练以便让他们在谈判时抓住交易的关键呢?组织又该如何营造适当的环境,让谈判人员能够顺利达成可以履行的交易呢?

我们真诚地希望对这些观点感兴趣的朋友,在继续应用和拓展我们观点的同时,可以与我们和其他读者不断进行交流。你有故事跟我们分享吗?对于如何改进我们的观点有更好的建议吗?请登录

前言

我们的博客 www.pointofthedeal.com 进行讨论。也欢迎访问我们的博客，跟我们分享你的想法。欢迎对如何确保抓住交易的关键提出你宝贵的建议。

致　　谢

很多朋友和同事都给了我们非常大的帮助,他们帮助我们完善了书中提到的概念及其表达方法。

我们在 Vantage 公司的合作伙伴们都为本书贡献了他们的宝贵意见,而且他们的意见和建议在本书的撰写和编辑过程中都起到了非常重要的作用。我们的同事乔恩·休斯(Jon Hughes)、斯图尔特·克利曼(Stuart Kliman)、布鲁斯·巴顿、拉雷恩·西吉尔(Larraine Segil)以及杰夫·韦斯(Jeff Weiss)给了我们很大的支持,我们非常感激他们的帮助,他们为本书提出了很多有意义的建议。特别要提到杰夫和乔恩,我们非常感谢他们花费了很多宝贵的时间来阅读本书的初稿。

正如献辞中所说的那样,没有罗杰·费希尔就不会有本书问世。作为我们的导师和我们灵感的源泉,罗杰花了很多时间仔细阅读本书初稿并提出他的意见。可以想象,一位 85 岁的老人,完全可以在马撒葡萄园(Martha's Vineyard)里,躺在谈判和冲突调解领域辉煌业绩的桂冠上安享晚年。然而,罗杰并没有这样做。他每天清晨依旧早早起床,笔耕不辍,为全世界的领导者们提供各种建议,并为追随他的事业的原来的学生解答问题。

在全书的撰写和编辑过程中,作为我们的项目经理和上司,克里斯

致谢

蒂娜·金（Christine Kim）给了我们非常大的支持。克里斯蒂娜在和我们一同开始这个项目的时候还是 Vantage 公司的一位分析员，现在——在我们完成这个项目的时候——她已经成为了一位咨询顾问。尽管浪费了她很多宝贵的时间和我们一起研究、取证、编辑、讨论，她还是得到了升迁（她的升迁在一定程度上也是由于她的这些工作）。

我们要由衷地感谢我们的代理人雷夫·萨加林（Rafe Sagalyn）。两年前，当本书还处于萌芽状态时，他就帮助我们成功地联系了哈佛商学院出版社来出版本书，并自始至终一直热心地为我们提供帮助。我们还获得了很多专家的热心帮助，我们要特别提到杰夫·基欧（Jeff Kehoe），他为本书内容的组织及结构的构建和完善提供了极大的帮助。我们也要向简·格布哈特（Jane Gebhart）和萨拉·韦弗（Sarah Weaver）两位耐心细致的工作表示由衷的感谢，正是他们的努力工作才使得大家可以更加轻松地阅读本书。

在本书的研究和撰写过程中，我们的朋友和客户也给我们提供了很多宝贵的意见。他们非常慷慨地拿出宝贵时间来和我们分享他们的故事和见解，他们职业生涯中亲身经历的失败和胜利丰富了本书的内容。我们可能遗漏了某些曾经给我们提供过帮助的朋友，但是我们还是要写出以下几位朋友的名字，以表达我们的谢意：

> 肯·沃尔夫（Ken Wolf），与我们分享了 Confluence 公司在进行财务服务软件销售时是如何有效地专注于合同履行的；

> 阿特·威尔逊（Art Wilson），与我们一同分享他在 IBM 多年的传奇故事，同时还给我们提供了来自于油气行业的大量实例；

> 保罗·克拉默（Paul Cramer），我们在冲突管理股份有限公司（Conflict Management, Inc.）以前的同事，他给我们讲述了他在现在的公司——埃森哲（Accenture）的谈判人才交流中心（Ne-

致谢

gotiations Center of Excellence)所从事的工作；

➢ 戴夫·泽克尼科（Dave Zechnich），合同风险与遵守服务公司（Contract Risk and Compliance Services）的负责人，德勤内部审计服务公司（Internal Audit Services）的副执行合伙人，他与我们分享了德勤在网络联盟企业风险管理方面的经验。

我们将最真挚的感谢留给我们的妻子萨拉·雷诺兹（Sarah Reynolds）和南希·戈登（Nancy Gordon）。她们不但是我们的坚强后盾，而且迫使我们更清楚地表达出我们最初的想法。她们忍受着我们的写作计划——经常是刚刚从国外回家就要利用本来就已经不多的团聚时间投入到写作中去。没有萨拉和南希的理解与支持，就不可能有本书的问世。

第一章　引言

什么是问题的关键？

为什么很多企业进行的交易，从双方签订的合同上看没有任何问题，可是结果却麻烦不断？这种情况现如今在很多交易中都会发生，只是单纯地得到"合同成功签订"这一结果是不够的。事实上，合同参与各方都发现了一个共同的问题：合同签订后，在他们获得有价值的成果之前有很多工作要做，而这时合同是怎么签订的就非常关键了。通常，产生这一问题的根源就是谈判人员的思想，正是他们当时的想法导致他们把签订合同本身作为他们的最终目标。他们简单地认为，签订合同就是他们交易的终极目标，而并非另一个阶段的开始。他们将签订合同作为谈判的关键了。

这里有另一种审视商务谈判和谈判人员所扮演的角色的方法，它能绕过那些关于何时开始合作，怎样获得利益的无谓问题，而让谈判人员只关注一个明确的最终目标。这种方法认为，不应当在谈判过程中只是一味注重谈判的过程，而应更多地关注合同签订之后会发生的事情。

人们每天都在进行各种各样的交易。然而对他们来说，如何使交易顺利实施似乎跟他们毫无关系。他们全部的注意力都放在如何使合同成功签订上了。当他们真的签订了合同，他们就会认为他们大获全胜并

第一章

大肆庆祝了。

但是他们应该这样做吗？

回答这个问题的关键在于合同成功签订后会发生什么。当签订合同成为唯一的目标，比如说谈判纯粹就是关于一件商品的价格，或者所有的重要交易都可以通过寥寥几次的电话沟通完成，或者双方谈判的环境被法律或传统惯例严格约束，从而使谈判各方的权利和义务都非常透明，那么具体怎样履行合同真的并不重要，你也不需要这本书所给出的建议。

然而，如果合同签订的目的是为了建立战略合作伙伴关系，可能大部分人都会认为，仅仅是在合同书上签字并不是合同谈判最重要的部分。如果合约各方没有制定一个有效的管理机制，没有把有争议的问题拿到桌面上来讨论，不在意未来该怎样合作，没有明确彼此间的权利、义务关系，没有准备好该如何面对不期而遇的意外事件，那么谈判将注定会失败。如果他们没有花足够的时间寻找到合适的执行合约条款的人，也没有确定他们是否能满足合作伙伴所提出的要求，那么在第一杯庆祝胜利的香槟酒还未及喝完时，失败已经悄然而至了。不幸的是，虽然大多数人都表示他们知道什么时候该抓住问题的关键，但是几乎所有的合作方在谈判时都没有把合同的履行问题纳入谈判中来考虑，这就造成了战略联盟极高的失败比例。据某些统计结果显示，失败率达到了70%之多。

大多数的商务谈判是处于这两种极端的例子之间，合同履行的重要程度有的大一些，有的小一些。我们咨询了数以千计的谈判人员，他们来自各行各业——从外交官、企业家、劳工领导到律师、行销人员、咨询顾问、世界500强企业的CEO和董事会成员。从我们的经验得知，大多数谈判人员都低估了合同履行对交易成功的重要性。结果，谈判人员在谈判期间并没有去做一些非常关键的事情，因此这也削弱了他们努力达

引言

成的交易的价值。

如果不把谈判当做是一件事情的终结,而把它看做是明确合作双方价值的开始,那么在谈判过程中是要取得单方胜利还是相互合作,是索取单方权益还是创建互利关系,就变得不那么重要了。为了获得某些利益而在谈判桌上面对对方时绞尽脑汁、计策百出也变得毫无意义了,因为在合同签署后双方如何合作进而取得双赢才是问题的关键。

需要澄清的是,我们在这里谈论的不是哪一方让出或拿到更高一点点的折扣,也不是哪一边能获得更多的价值。你也许能获得比对方更多的价值,但仍感觉到没有达到你预期的要求;或者尽管你获得了比你的预期还多的价值,却仍比对方得到的少一些。事实上,交易不需要绝对的平等。当我们说取得谈判"胜利"不如确保合同有效履行重要的时候,我们的意思是,当合同的条款提出了一些很不平等的或者说是非常愚蠢、有问题的条件以致你实际上本不应该签字时,你们双方的谈判其实毫无意义。比如,我们探讨的情况有,销售人员想尽各种办法让顾客购买超过其实际使用量的商品,买方对供货方进行严重的压榨,制造商设法花很少的钱买到专利的使用许可,以致过少的利润使得专利发明人几乎没有积极性把专利投放到市场中。

合同不能顺利履行也就谈不上谈判取得了什么"胜利"。为什么要让别人同意达成一个无法兑现的交易呢?顾客从你那里购买了多于使用量的商品,他们能够得到什么实际的价值呢?所造成的结果只能是让他们很长一段时间不会再次购买该产品(产品甚至被储存在某个角落里,超过正常的储藏期,已经发霉腐烂)。像许多高科技产品制造商在互联网泡沫经济和泡沫破裂的现实中所学到的一样,它们让供应链中的分销商过量存货,虽然签订购买协议(或编制预期收入报表)时非常振奋人心,但当产品不可避免地被退回来,或者不畅通的销售渠道使得这些分销商们直到把你的旧产品卖完才愿意接受你们包含新技术的产品时,你

第一章

就会觉得这样的胜利毫无意义。

以上提到的这些交易,当从合同签订阶段步入到合同实施阶段时,交易各方都会面临他们所签订的合同没有抓住关键因素这样的问题,因为这些交易根本就不可能得到有效的实施。

为什么抓不住交易的关键?

为了履行合同而进行谈判和单纯为了谈判而谈判是有着本质差别的。要抓住关键要素,并能顺利履行合同,到底需要怎么去进行谈判?在回答这个问题之前,我们不妨先来看看谈判人员在合同履行阶段陷入困境的原因。

你的交易伙伴根本不打算履行合同

一些合同的履行出现问题是由于一方在签合同之初就心存不良,根本没有想按照合同的要求履行合同。(有时我们可以把这种情况称为欺诈,一般使用法律手段对损失方进行补偿。)

交易双方在问题的理解上产生差异使得交易无法履行

一个比较常见的问题是,交易双方对他们达成的协定或在某些特定的环境中承担何种义务在理解上存在分歧。只要这样的争议出现,那么关于谁的解释更为合理的争论就展开了。不管争论的最后结果怎样,时间都被浪费了,合同的价值也被破坏了,对对方的信任也因此被破坏了。

令人恐惧的是,产生这样的争论也许只是双方的一个误会,谈判人员和他们的律师却拿出了一系列冗长的法律文件与对方对簿公堂。更为不幸的是,很多这样的法律文件,其内容都是支持自己一方怎样在法庭上获胜,却很少来帮助防止继续产生误解。这两种做法所取得的效果

引言

是截然不同的。当双方在合同的履行阶段由于对合同在实施过程中的预期目标、应该由谁来做什么以及如何做等问题产生分歧时,却很少能在合同中找到明确的条款来指导他们解决出现的问题。

一切都很清楚,但交易的一方却无法顺利履行合同

合同履行时另一种非常普遍的问题是由于过于重视谈判而产生的。交易双方将所有的注意力都放在了合同签订上,而没有放在怎样才能很好地履行合同上。许多谈判最终的结果是,交易的其中一方因为缺乏资源,没有实际执行的能力,或是内部不够团结(这一点对合同的履行来说非常关键),使其无法履行合同。

为了尽快签订合同,谈判人员时常忽略那些质疑对方能否切实履行承诺的"唱反调者"。对可能发生的情况提出太多的"如果",可能会导致这些人不被邀请出席关键的谈判会议,因为"他们的消极态度会破坏交易"。与此类似,谈判人员往往将参与谈判的人数限定在极小的范围内。他们主观地认为,"太多的厨师,会坏了汤的味道"。但是如果一直将利益干系人蒙在鼓里,直到合同签订后才让他们知道,可能会存在一些利益干系人直接拒绝履行合同或者心不在焉这样的风险。其实,有些情况下,谈判人员会发现,一些利益干系人手里的信息本可以帮助他们改变对于交易的理解的。

一切都很清楚,但环境改变了

在长期的交易中,合同履行所出现的最普遍的问题可能就是这样一个简单的原因——环境随时在发生改变。一个亘古不变的真理就是,在商业环境中唯一的不变就是改变,然而许多的交易却都假设未来将一如现在,不会改变。正因为谈判人员把所有的注意力都放在了签订合同上,在合同履行阶段许多可能发生改变的因素都没有被考虑在内,比如

人、市场、企业环境、法律、政策、社会环境以及其他各种各样的因素。

去考虑每个可能发生的偶然事件既不现实也非常浪费时间。虽然关于未来有很多不确定因素,但在发生可能性极小的意外事件上投入过多时间,不但会降低效率,也会扼杀许多成功率很高的交易。但是,过分地关注交易签订同样会使你陷入绝境,迟早会令你失望。

一切都很清楚,唯欠合同成立的必要条件

态度决定一切。交易双方超越合同文本之外的意愿往往能够决定是促成还是破坏合同的履行。当然,这一点实际上在合同中是无法明确要求的。你甚至都无法在合同中列出获得成功所需的各项必要因素。这种关于履行合同的态度(在签订合同之初无法明确记录下来的做事方式)在很大程度上取决于交易双方在谈判中建立起来的关系。

很少有谈判人员想到,他们自己的行为会为合同签订之后交易双方如何协同工作起到示范作用。然而,我们的经验告诉我们,当双方在谈判最后阶段对对方不信任或不喜欢时,成功履行合同的概率就肯定会降低。如果双方的谈判方式破坏了工作关系,那么一方或双方就不大可能做得比合同所要求的更多、更好。

为什么谈判人员经常会陷入麻烦之中?

我们认为,许多谈判人员在交易中承诺的事项都无法兑现,并不是说这些谈判人员都是笨蛋或者新手。大多数谈判人员都很聪明且极具经验,可为什么他们仍然会犯这样的错误?

答案是他们受到了很多"传统智慧"的不好影响。那些经常在你耳边不断重复的声音确实有它对的地方,而且这些论断是在大量事实的基础上得出的。但有时这些理论却被误用了,可能源于一些"不惜任何代

引言

价尽快结束谈判"的想法,或是一些被误导的如何更好地尽快结束谈判的设想。而这些设想产生的结果就是,许多谈判人员在设法签订了合同后才发现,他们为之讨价还价的交易根本无法取得预期的价值。

第二章详细讲述了为什么关于达成一个好交易的智慧——表面上听起来很有道理且久经时间考验——却时常把谈判人员带入歧途,使他们抓不住交易的关键。我们将看一看这些明智的忠告——至少在某些环境下——是如何明显地使谈判人员陷入麻烦的。这些例子包含了那些我们非常熟悉的原则:

- 不到万不得已不要揭开事实的真相。
- 让对方措手不及。
- 喜怒不形于色。
- 谈判过程是相对独立的,要与合同履行分开。
- 限制知情人的数量。
- 如果你没有什么可说的,那就什么都不要说。
- 尽早将对手锁住。
- 总是要尽快结束谈判。
- 采取强有力的制裁手段确保对方履行合同。

许多传统智慧的问题在于,它所关注的重点仅仅是合同谈判本身带来的暂时的利益。而我们的观点是,这些传统的建议不应该把关心的重点放在交易本身上。当合同的履行非常重要时,你需要把目光放远,超越交易本身。当你这么做时,你会发现,这些传统的智慧就不那么灵验了。你作准备的方式,你在谈判桌上的表现,你的利益干系人所扮演的角色,你在多大程度上要为对方考虑一些问题(即使他们自己有时候都没有考虑到)——当谈判的要点不仅仅是达成一个协议,而是要和你的合作伙伴切实地做些事情的时候,以上所有这些因素都会发生巨大的变化。

第一章

从第三章到第八章,我们为那些坐在谈判桌前和对方直接接触的谈判人员详细阐述了我们的建议。合同的履行非常重要时所进行的谈判与仅仅是为了达成交易而进行的谈判截然不同。它意味着要做一些违背传统智慧的事情:

> 要认识到谈判的真正目的不是签署一个协议,而是要真正完成一些事情。

> 要确保利益干系人(包括己方的和对方的)的意见达成一致,这样合同才能顺利履行。

> 要认识到你和对方在谈判时的处事方式会影响到你们在合同履行阶段中的合作。

> 直面困难而不是为了签署协议而避实就虚或者大事化小。

> 确认你的合作伙伴明确他们所同意的事项,而且能够付诸实施,不要把实施中出现的模棱两可的情况或者潜在的困难都看成是"他们的问题"。

> 注意从谈判到执行的过渡。

做到这些是比较困难的。它和很多谈判人员长久以来所形成的态度和做法正相反。它也游离于我们的文化所教导的关于谈判的各种事项之外。它需要我们掌握一些不一样的技巧,甚至有时候它会使你失去某些交易,而如果你没有考虑我们的建议有可能你已经谈成了。但我们相信,如果你有值得进行谈判的事情,而且合同的履行确实非常重要,那么不用这样的方式来进行交易和谈判就相当不可靠,也相当愚蠢。

为什么管理者不能正确地引导谈判人员?

如果说谈判人员时常抓不住交易的重点,人们不免会想到他们的上层管理者应该能帮助他们回到正轨上来。在我们的许多企业客户中,我

引言

们确实看到了一些管理者做了大量的工作来帮助他们的谈判人员,但是绝大部分管理者实际上却使问题更为严重。为什么好心的管理者起到的作用却可能是使交易走向失败呢?

其原因在于,管理者们几乎将全部精力都放在了结果上,往往把"使交易达成"作为谈判的目的。有些管理者给他们的谈判人员设定了一个目标,详细规定了他们可以偏离该目标的限度,超出此限度一切免谈。这些人全然不顾如何达成交易是一个整体问题。还有一些管理者喜欢对谈判进行微观管理,几乎把谈判人员变成了报信者。在这两种情况中,管理者都按照达成交易最重要这一假定行事,他们要么是想控制它,要么就是想放弃责任。

谈判人员也并不是对管理者的话言听计从的。经历过这两种不同类型的"帮助"后,谈判人员们更希望自己不被打扰,他们大都尽力避免被管理者控制。

一些管理者把管理谈判人员这一问题看成了奖酬问题。他们努力描绘出希望谈判人员达成的结果,然后提出一旦达成后会支付他们多少报酬。不幸的是,这样做通常会刺激谈判人员尽力去达成交易,再一次强调了交易的重点在于交易的达成。谈判人员如何达成交易这一问题通常被忽略,所以这些推动力所起到的作用只是强化了这样一个观念,那就是让对方说出"成交"就是赢得了胜利。但是在现如今最复杂的企业中,当履行合同变得非常重要时,我们不但需要关心谈判人员取得了什么结果,而且同样需要关注他们是怎样取得的。然而这不是单一的激励方式能够达成的,它需要一套更系统、覆盖面更广的管理工具。

在第九章中,我们把关注的重心从一线的谈判人员转向管理者。我们将探讨为何管理者不足以应对挑战的四个普遍原因,然后给出一些更好的建议,使管理者们可以在谈判人员无法抓住交易的重点时给予他们更为有效的帮助。

第一章

为什么精明的企业却无法做出正确的判断？

人们也许会这样想，如果一个谈判人员误入歧途，而他的直接领导又不能及时把他引入正轨，那么很显然，一个成功的企业必然会建立某些机制以确保交易能实现预期价值。然而令人惊奇的是，一些企业所采取的某些系统、结构以及激励机制等并不能切实地解决这些问题；相反，还会使其变得更加麻烦。

从我们与大大小小的很多企业进行合作的经验中，我们注意到了企业领导们所犯的一系列错误，特别是在一些合同履行非常重要的重大交易上，例如在如何拟订谈判的职能，如何雇用和组织谈判人员，以及如何安排决策权等方面。如果他们的意图明确，精明的企业怎么还会一错再错？我们总结了以下六种最常见的错误。

创建一个独立的"谈判部门"

许多组织机构都设立一个专门的部门或职能单位，将所有的权威人士和专家们集结起来，形成集中的谈判力量。这种做法是可以理解的，但与此同时，它也在谈判和合同履行之间形成了一道鸿沟。一个纯粹为了"达成交易"的团队，其成员往往并非来自于与正在进行的谈判息息相关的业务部门。为了完成任务，他们不得不签订合同，至于由谁来履行合同，那就是别人的事情了。

依靠第三方达成交易

有些企业雇请第三方如律师、投资银行专家、顾问以及咨询专家代表它们对某些关键的交易进行谈判。这些第三方人员带来的外部帮助可以产生一些有利之处，例如对于某些不经常进行的交易，解决了因缺

引言

乏专业经验引起的不便。然而这些被雇请来的中间人在结束谈判时拿到多少酬劳的依据通常是看交易是否达成,因此他们也以此为目标而努力。企业可以把这些交易实干家当做打手一样使用,依赖他们极富侵略性的谈判技巧达成交易中的有利条款,然后通过责备早已离开的"雇来的枪手"来修补一切被损害的关系。这种错误的观念只能使企业向着被误导的方向前进。当然,这种方法在实践中几乎没有任何作用。

将达成交易作为衡量标准

通常与创立一个独立的谈判部门相关的很多组织机构常犯的错误就是,监控谈判人员的工作,把他们当做交易商来看待,根据他们的生产率在薪酬上进行相应的补偿。更为普遍的是,这些衡量标准和奖励方式要取决于交易的数量和规模,得到了对方多少折扣或其他的让步,以及像"结束谈判的时间"、谈判过程中产生的其他交易的数量等因素。但是,这些衡量标准通常都没有抓住完成交易的关键——合同是否能被顺利履行。

允许谈判人员"保护交易"

在许多企业中,无论组织内是否存在一个专门负责达成交易的部门,都会鼓励谈判人员控制整个交易流程,避免由于其他利益干系人的参与而破坏其控制力。当然,有很多合理的理由将关于谈判的信息限制在一个特定的范围内。那些懂得合同的履行阶段需要什么的人以及那些负责履行合同的人经常会被排除在谈判之外。事实上,这会让企业达成更多的交易。更多令人感到惋惜的交易也会不可避免地因此而达成。如果合同的履行确实非常重要,则最终达成的交易必须要经过那些未来要将其付诸实施的人仔细审查方可通过。

第一章

让谈判人员难以同意成交

当然,基本上所有管理比较完善的企业都会对授权给员工的内容有所限制,这一点非常重要。然而,这些随意设定的限制经常是毫无道理的。有些交易即使它们是在谈判人员的权力范围之内也是不应该被签订的;而有些交易因为不在谈判人员的权限之内,却遭遇了不必要的延迟,甚至最终失去了达成的机会。

让谈判人员难以不同意成交

很多企业进一步完善了它们的交易规范,谈判人员很难在交易中自由发挥。他们如果"失去某个交易",很难避免来自企业内部的批评,即使这个交易并不是一笔太划算的买卖。谈判人员一旦被灌输了没有达成协议就是"失败"这样的思想,基本上是不可能花费时间和精力去考虑不做某个交易的原因的,也不会去考虑那些妨碍和减缓合同签订速度的问题。无论是出自"客户永远是对的"这种客户服务思维还是衡量实现销售业绩的定额体系,企业里"放弃"就意味着失败的这种思维往往会导致很多不值得进行的交易被达成。

在第十章里,我们将以一些企业为例,详细论述六种普遍性的错误,并对如何将谈判作为一项企业业务流程——像销售、采购、质量、技术研发以及物流等常规的业务流程一样——给出更好的建议。

用履行合同的思维思考问题

你可能会想,这些听起来都很有道理,可是这种方式应用到自己的交易中会是什么样子呢?是不是只有在大型、复杂的交易中,合同的履行才非常重要呢?那些如何管理谈判人员的建议是不是只对销售经理

引言

适用呢?

以公司为赌注型的交易

大型的交易,如兼并、合资、战略联盟以及大型外包合同等,一段时间内只会出现一次。这样的交易通常需要大型的交易团队,包括律师、银行家和其他专业人士。真的不需要提醒这些谈判人员注意签署协议以外的事情吗?是这样就最好了。这种复杂交易的成功率都出奇地低,依我们的经验看来,最终出现问题的种子就是在谈判时埋下的。

大型、复杂的交易往往是比较独特的,至少在很多细节上是这样的。但是它们同样也存在许多共同之处,特别是在怎样组织和谁来组织这两方面。一些"惯常的处理方式"或者交易达成的组织环境,事实上都存在着一定的问题,而且往往被谈判人员忽视。交易文化对于这些"以公司为赌注"的谈判有着巨大的冲击——如果你不认真考虑这些交易是如何实际履行的,结果往往会输得一干二净。

"面包与黄油型"的交易

无论我们是否意识到,我们中的大多数人每天都在进行着各种各样的谈判。当我们和顾客、供货商打交道时,甚至和同事一起下楼时,我们都在谈判。我们可能没有被律师或者堆积成山的文件包围,但是我们一直在试图影响其他人做什么或者不做什么。一旦协议达成,不论是正式的还是非正式的,都要求我们事后付诸实践,这时它们就真的可以被视为合同履行非常重要的谈判了。

一些买家认为他们握有所有的底牌,因此在销售商面前占尽优势。一些供货商认为他们的工作就是说服买家购买他们的商品,而不管他们是否真的需要。许多人很少把他们一系列的日常接触视为谈判。然而这些接触都是有实际结果的。实施的重要性如何影响他们对自己在谈

第一章

判中的角色定位,而他们又该如何准备呢?如果没有考虑到这些,他们只能陷入不断的失望之中。

在本书的第十一章和第十二章中,我们将把关于谈判(合同的履行对其至关重要的这类谈判)的所有建议——对谈判人员、他们的管理者以及他们的企业——应用到各种企业都会面临的诸多谈判情景之中。我们不仅关注大型的战略性谈判,如合并、联盟和外包;同时也关注"面包与黄油型"的、小的日常谈判,如购买与销售。

最后,我们会在结语部分扼要重述一下本书归纳出的一些重要信息,并回答你可能会提出的一些关键问题。比如:个体谈判人员该如何提高自己的能力;当你面对有价值的谈判时,企业却让你举步维艰,这时该如何应对企业。

在继续向下进行之前——符合我们的角色定位

在探讨当履行合同非常重要时,个体和组织应该如何进行谈判的过程中,我们会提供大量的事例作为例证。其中一些例子可能是你曾经听说过的发生在公司里的真实案例。另外一些是基于我们的经验,用来阐释各种情况和发展动态而合成的事例。我们希望这些案例中的某些对你来讲很熟悉,甚至与你息息相关。在我们探讨新问题之前,先让我们来看一下以下这三个典型的谈判情景中的参与人员,我们在本书的前半部分会借用这些例子来阐述我们的观点。

解决冲突——买家与卖家之间

我们将从下面这个案例开始。在该案例中,交易的目的就是解决双方的冲突,而且乍一看起来,双方都不认为他们需要操心合同的实施问题。

我们的第一个情景涉及了买家比尔和供货商休之间的一场争执。比尔是一家高科技公司的高级采购人员，他们公司要从休那里购买非常复杂的设备零配件。比尔所在的制造企业要将休所在公司提供的零配件集成起来，最终生产出微芯片制造设备。休所在公司生产的这些零配件价格从 10 万美元到 50 万美元不等，而且对配件的生产有非常严格的生产规格要求。去年有一批货有三件零配件存在瑕疵，直到这些有问题的配件被集成到比尔公司的设备里销售出去之后，休公司的制造人员和比尔公司的装配人员才发现这一失误。结果，这部分零件出了故障，更换零件的费用与赔偿微芯片制造设备购买者的费用加在一起，总损失高达 500 多万美元。

创造经济价值——联盟合作伙伴之间

接下来我们再看另外一个例子，在这个例子中交易的目的是双方共同合作创造长期的经济价值。在这个例子中非常明显的是，交易的双方都应该非常关心合同的履行问题，因为该交易的价值不能在交易之初就可以简单地进行交换，其价值的体现需要一个长期的过程。

这个例子讲的是一家大型的制药公司生物制品公司和一家规模较小的制药公司生物技术公司合作开发若干种化学分子试剂的事情。生物制品公司和生物技术公司都知道，当生产出的产品不能保证与它当初看上去一样好时，许多这样的开发项目就会以失败告终。通常，双方的谈判人员都会努力确保这些产品能得到公平的对待并拥有生产它们所需要的一切资源。同时，他们还要保证，一旦继续合作没有任何意义时，双方要尽早终止共同的活动（以及共同的投资）。谈判人员也知道，这种合作研发的交易会同各自公司内的其他项目争夺资源，所以他们要在各自公司内出现过多的反对意见之前，争取尽快达成交易并获得批准。

第一章

共同工作——内部谈判

我们最后看到的例子，其交易的目的是为了共同合作进行工作安排。所有那些说"我不谈判"的人都会发现这个例子非常有趣。

我们来看看这样一种非常常见的情形。曼尼是巨人公司的项目经理，他正带领着团队运作一个大型项目，而目前项目进展有些缓慢。为了按时完成该项目，曼尼承受着巨大的压力，他想寻求与他同级的另一个项目经理杰尔的帮助。虽然他们没有雇用律师或者签署合同，但他们确实在就杰尔的团队如何参与进来帮助曼尼的团队这项"交易"进行谈判。内部谈判——无论我们是否将其视为谈判——通常都比与外部谈判更富挑战性。其原因可能在于，作为一项规则，内部谈判更倾向于要求双方不断地合作，无论是作为合同履行的一部分还是什么别的原因。当你为如何共同开展合作而进行谈判时，事情并不是像对方是否说同意这么简单。

当我们关注个体的行为和管理者的行动时，我们将以这三个情景为例，来看看现实中的情况到底是什么样的。

第二章　达成交易型思维

为什么仅仅成交通常是不够的？

本书提供的相关建议旨在帮助那些认为仅仅"成功谈判"还不够的谈判组织和谈判人员。然而，我们必须说明的是，履行环节并不一定总是非常重要。但在合同签订后，如果要求合同的一方、双方或者各方必须要从事某些行为（或者必须禁止从事某些行为），履行环节就变得非常重要了。当然，这也就意味着，当参与方之间没有过多的交互行为，交易的全部价值在签约时就发生转移，或者价值的交换过程都是自动发生的并且不受参与方的控制时，合同的履行并不那么重要。

我们发现了一些关键的指标，从这些指标中我们可以很明显地判断出签订的合同是否需要随后予以履行，以及履行的重要程度如何。我们同样发现，虽然考虑合同的履行问题，合同各方都会得到更好的回报，但他们仍然我行我素，好像合同的履行一点都不重要。让我们来看看以下内容。

衡量合同履行的重要性

乍一看上去，衡量合同履行的重要性有些像联邦最高法院判定色情文学作品："当你看到的时候你就知道了。"企图建立某些标准或者检验

第二章

依据似乎无从下手,甚至是不可能的。然而,我们无须提供任何根据,便能很容易地确定合同履行的重要性程度。

你可能认为对于以下这些交易,合同的履行非常关键:

> 全球外包交易
> 兼并
> 长期供应协议
> 企业和管理层之间签订的合同
> 某些药品公司之间为了研制新药和合成药物所进行的战略联盟

而在另一个极端,合同的履行是自发的、不重要的,甚或是不相关的,比如以下这些交易:

> 租车
> 买卖一个市场上公开交易的公司的股票
> 和零售店保持实物上的买卖关系

在这些极端的例子中间,有大量的灰色区域,其交易后合同的履行非常重要,但是如果不进行严格的检查,就不能彻底了解合同履行的原因和它的重要程度。

要想通过诸如"我是否在意合同的履行"等简单的基本检查,我们需要一种更系统化的方式去思考这个问题。图2-1给出了五种重要变量以衡量合同履行的重要性。[1]对于所有已知的交易,每个变量都可以根据合同履行的重要程度进行量化,刻度的一端代表合同的履行程度非常重要,而另一端表示一点都不重要。如果你认为有两个或多于两个变量其刻度在右半边,这就说明合同履行的重要性在不断上升,合同的签订在某种程度上要考虑合同的履行问题了。对某些交易来说,如果你感觉大部分的变量都在刻度表的右侧,或者一个或多个变量处于刻度表的最右侧,这时,合同的签订就要充分考虑合同的履行情况了。

你已经确定无疑,合同的履行确实非常重要。这时,你要的已经不仅仅是交易本身了,你需要的是一个值得进行的交易。在我们给出谈判过程中需要注意的事项等相关建议之前,让我们花点时间思考一下,那么多的谈判人员到底为什么没有抓住谈判的关键点。

图 2-1　衡量合同履行的重要性

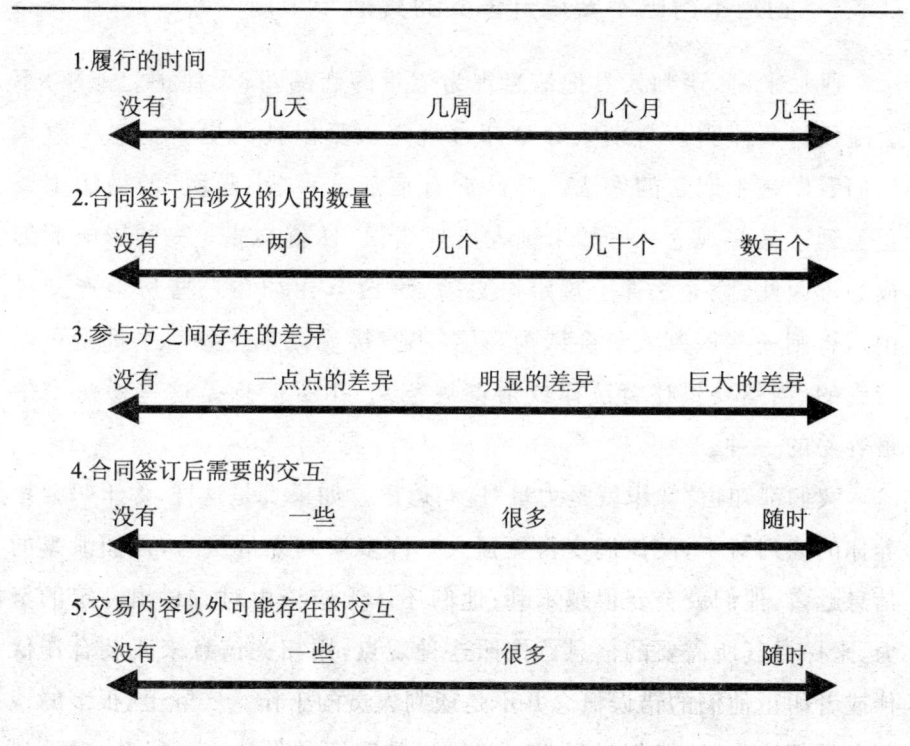

1. 履行的时间

　　没有　　　几天　　　几周　　　几个月　　　几年

2. 合同签订后涉及的人的数量

　　没有　　　一两个　　　几个　　　几十个　　　数百个

3. 参与方之间存在的差异

　　没有　　　一点点的差异　　　明显的差异　　　巨大的差异

4. 合同签订后需要的交互

　　没有　　　一些　　　很多　　　随时

5. 交易内容以外可能存在的交互

　　没有　　　一些　　　很多　　　随时

传统的智慧、假设和行为

进行交易和为了合同的履行而谈判是完全不同的事情。要想理解是什么使得谈判能顺利进行并且达成的交易在随后能成功实施,我们需要仔细研究一下被那些一直恪守"不惜一切代价签订合同"这样的准则的人所信奉的传统智慧。传统智慧是基于一些关于如何谈判的假设形

第二章

成的,这些假设产生了一系列使很多谈判人员可以成功谈判的行为,但是当他们转身离开后,企业却不能从他们讨价还价的合同中获得应有的价值。

接下来的这些假设都是不全面的,但是它们却为我们展示了谈判时的这种思维状态是多么地普遍,它究竟会给我们带来多少困难。

"不到万不得已不要揭开事实的真相"

通常来讲,谈判人员把信息视为宝贵的商品,极尽保护之能事,不会随便将其泄露。与别人分享超过规定数量以外的更多信息一直被人们看做是不明智的做法。自己拥有信息这种"小聪明"的做法主要是受到了某些观念——如果别人出现错误,你就会赢——的影响而形成的。因此,除非法律上规定你必须"坦白"(比如在一些房地产交易中),否则一些谈判人员会认为,只要不直接说谎来迷惑对手都是可以接受的(当然要不违背法律或道德规范)。扣留信息是这些做法当中最容易的一种。

我们都知道"知识就是力量"这句谚语。如果真是这样,你干吗要培养你的谈判对手,使他们变得更强大?许多谈判人员认为,他们泄露的信息越多,他们就会变得越不利;他们还认为应该由对方付出一定的努力,来探寻其所需要的信息。按照这种观点,用相关信息来武装合作伙伴或者纠正他们的错误概念并不是谈判人员的工作。实际上,很多的谈判人员都认为,让谈判对手犯一些错误是明智的做法——毕竟,对手认为你能给的越多,他们愿意提供的也越多;如果他们认为,他们所同意承担的任务比你想象的要容易,他们也会少索取一些回报。

这些假设使得很多谈判人员刻意地扣留部分信息,把底牌放在心里,争取使他们的对手走入歧途,从而作出错误的判断。谈判高手应该是喜怒不形于色的。虽然这些行为不足以破坏谈判双方之间的信任,也不会妨碍正常的交易,但当进入到合同的履行阶段时,它仍然会为合作双方带来很多意外。

"限制知情人的数量"

把精力集中在谈判上的谈判人员倾向于把那些无关的人(比如那些可能会提出很多关于合同履行问题的人)排除在谈判之外。这些谈判人员尤其要努力把那些来自某一方或双方的唱反调者排除在谈判圈之外,等他们要干预时,已经太晚了。我们都听说过这句格言:"太多的厨师,反而把汤的味道破坏了。"

谈判是一种专业活动。谈判人员是一些有着特殊工作的专业人士,他们的工作就是签约,所以谈判人员要设立一定的限制条件以减少甚至排除可能为合同签订带来障碍的因素。我们认为,正是这样一种不断显现的潜意识才导致限制谈判人数这种本能反应的出现。

很多谈判人员认为,如果把那些对交易持有异议的人或者关注重点并非谈判内容的人排除在谈判之外会好些,他们担心这些人会破坏交易。除了一些可能会受到交易不利影响的投资者以外,谈判人员还想把合同的履行人员拒之门外,尽管这些人并不会从根本上反对交易,然而谈判人员还是担心他们对合同履行问题的关注会阻碍交易的顺利进行。除此之外,"众所周知",太多人参与也会导致谈判工作变得过于复杂,因为每一方都想让谈判按照自己的节奏来进行。

这些想法的出现使得谈判人员让"局外人"变得一无所知,让合同的履行者远离谈判人员,并且令谈判过程中无法论及后期合同履行的细节问题。然而合同一旦签订,这种策略立刻会招致强烈的反对,因为很多的承诺都难以兑现,有些甚至是不可能实现的。

下面让我们来看看生物制品公司和生物技术公司关于批准把一种新型化合物研制成药品向市场推广的谈判实景,生物制品公司的谈判代

第二章

表菲比正在与生物技术公司的谈判代表伯尼进行周旋(参见"菲比和伯尼的对话")。

但是至少合同签订了,不是吗?(设想一下,实际执行人员初次碰面会发生什么事情?)

菲比和伯尼的对话

菲比想说但没有说的话	他们实际的谈话内容	伯尼想说但没有说的话
到目前为止一切进展顺利。我还担心我们可能会遇到更多的麻烦呢。幸亏谈判人数少。	伯尼:好的,菲比,这件事情已经开始一段时间了,但是我想我们还是取得了一些进展,我想我们的合同条款还不错。	这件事有点麻烦,拖的时间有点长。怎样才能把事情摆平呢?
	菲比:是的。当然你也要理解,伯尼,这还仅仅是最初阶段,还要接受我们谈判委员会的审核。	不要告诉我还得接受更多人和委员会的审核。
幸亏我抵抗住了谈判组的压力,将某人从谈判组中挤出去了。如果菲尔在,我们肯定还在争论议程问题呢。	伯尼:好,但是这只不过就是个形式而已,不是吗?你们的CEO想要这个产品。而且,你们也有预算和资源去做这个事情,不是吗?	还停留在"一旦被批准"的阶段?还有什么其他的事情要做啊?我如何才能尽快签下这个合同呢?
无聊的人。我们当然有资源。我们公司1/4的收入就可以买下你们整个公司。	菲比:当然当然,我们是生物制品公司,如果我们对这个没有兴趣或者没有钱的话,我们也不会跟你谈这个了。	
	伯尼:我一直有点怀疑,我们怎么就没有遇到一个真心要研制这个药品的人呢?	
哦,我都想让你马上和菲尔见面呢。	菲比:不要过于着急。现在只是初期。我确信,一旦审核通过,我们的研发副总裁会责成一位实验室的领导,可能是菲尔,来负责此事。	好,那到时候找别人跟你们谈这件事吧,我要开始准备起草新的专利使用权转让协定跟生化科技公司进行谈判了。

"谈判过程是相对独立的，要与合同履行分开"

传统智慧认为，谈判与合同的履行是相对独立的过程，要把它们分开进行。谈判人员认为这两项活动截然不同，从事这两项工作的人员也不一样。当谈判成功结束后，才进入合同履行环节。实际上，谈判人员似乎借用了拉斯维加斯市场营销推广活动的宣传语："想知道谈判时发生了什么吗，那得参与谈判才能知道。"

不同的人负责不同的工作，这一点非常正确，而现在是谈判阶段，下一阶段才是合同的履行。的确，术业有专攻。但是我们要思考一下，从某种程度上来说，这种"小聪明"有可能从《达成协议》一书中的某些不好的建议发展成"为了避免出现问题而把一些人排挤出去"这样的结果。

许多谈判人员认为，达到他们目的的最好办法就是把谈判人员与合同履行人员分离。谈判人员可以表现得像他们自己认为需要的那样强硬，而合同的履行人员在合同签订之后可以重新梳理这些关系。

这样做常常会导致谈判人员表现得好像只要他们谈判成功就行，至于他们怎么去谈无关紧要。任何有助于达成交易的行为都被认为是正当手段（包括强迫、威胁、用时间施压、隐瞒事实真相、不去谈棘手和不愉快的话题，以及掩饰看起来非常难处理的问题）。很明显，谈判人员在不受合同履行人员的干预下工作也使他们自己脱离了很多现实问题——究竟该怎么做才能完成这个任务，需要多长时间能完成等等——的约束。合同履行人员（他们可能对这些事情有所耳闻）只有在合同签订后才被允许参与进来，而且还被要求与谈判组保持距离，他们并不需要对谈判策略负责任。

听起来很熟悉吧？

仍然觉得很"明智"吗？

第二章

"尽早将对手锁住"（又可称之为"总是要尽快结束谈判"
或者"时间扼杀交易"）

在许多人眼里，一个优秀的谈判家应该尽可能从对手手中获得更多的承诺，而自己则尽可能少地作出让步。这通常意味着，要在对方"脱钩"之前尽快将合同签订。

对方提笔越快，合同签订的可能性就越大，这个说法确实是有一定的道理的。对于一些热门的房地产交易〔还记得戴维·马梅特（David Manet）的《拜金一族》（Glengarry Glen Ross）中的廉价货销售员吗?〕、二手车交易、软硬件的"季末清仓"，或者是一些只要双方签字就可以成交的项目来说，确实没错。"时间扼杀交易"这种说法部分来自于谈判人员的恐惧，他们担心如果对方暂停谈判去充分了解交易的价值或合同签订后的履行问题，他们就会终止谈判。如果你将谈判当做催眠术，来迷惑你的谈判对手，让他们签下城下之盟，那么你最不愿意做的事就是让他们有足够的时间来发现他们自己犯下的错误。

"快速锁定胜局的谈判人员"认为，锁定谈判对手的速度越快，对他们越有利。这些谈判人员认为，如果对方考虑得不成熟就签了合同，那么他们可能会获得更多的利益。如果对手食言或是不履行合同，他们可以从对手身上获得一笔违约金再来重新签订合同。这些谈判人员并不认为他们应该帮助对方少犯错误，他们觉得这不是他们分内的事情（实际上，他们更倾向于认为，一个精明的谈判人员应该通过巧妙的布局和陷阱诱使对手上当）。

这些原因驱使谈判人员去追求那些超乎正常的承诺，而全然不顾这些承诺是否符合整个交易的情况，将对方非正式的建议当做硬性的承诺，自己却尽可能不做任何承诺，甚至希望对方做出一些根本不可能兑现的承诺。当这样的交易达成，进入合同履行期后，所发生的事情就可想而知了。

试想,如果项目经理曼尼遇到了麻烦,他无法履行他的同事(杰尔)"签下的合同",他需要更多的资源,这时该怎么办?请注意,曼尼是如何回避具体的时间要求的问题,而杰尔是如何回避他所面临的约束问题的。很明显,这个交易注定要失败(请看曼尼和杰尔的对话)。

这种"总是尽快结束谈判"的哲学可能对快速达成协议很有帮助,但是当合同的履行非常重要时,这对于交易完成后兑现承诺来说无异于一种灾难。如果对方真的不明白"签订合同"意味着什么,那你现在能得到各种承诺也就毫不奇怪了,但是过后能按照这样的承诺来履行的少之又少。

曼尼和杰尔的对话

曼尼想说但没有说的话	他们实际的谈话内容	杰尔想说但没有说的话
我的团队肯定不能按时完成这个工作了,我的人手不够,如果我们不能按时完成,某些人要承担责任,受到谴责。	**曼尼:**你好杰尔,我们确实要在 Huge2 试用版项目上需要些帮助。 **杰尔:**啊,我的团队已经忙得不可开交了。	这件事曼尼为什么找我呢?他应该靠自己的团队来完成这个工作啊。
一开始要求低点比较好——一上来就狮子大开口,他肯定非常抵触。 我们要完成这个工作实际上需要三到四个人,但是杰尔现在不可能同意我的这个要求。	**曼尼:**是的,我非常理解。但是我们的 CEO 把这个项目列为三大战略创新之一,所以要优先来做这件事啊。至少你要抽出一个人协助我们按期完成试用版项目,可以吗? **杰尔:**一个人就能改变整个状况,你确定?	好家伙,把 CEO 都给搬出来了。这仅仅是他实现他的战略目标的开始。如果我对领导的话置之不理,可能会后院起火。现在就要一个人,如果我答应了,他就会得寸进尺,下面就会要更多……真狠啊!

第二章

(续表)

曼尼想说但没有说的话	他们实际的谈话内容	杰尔想说但没有说的话
我要一个人,如果他答应了,以后再要人就容易了。	曼尼:绝对可以。 杰尔:好,如果我找一个人兼职做Huge2项目,同时把他现在手头的项目完成可以吗?	如果我想完成我全年的目标就必须要减少资源的外流。如果我能找一个人兼职做两边的工作,可能我还能完成我的目标。
我们一旦找来这个人,我一定给他安排大量的工作,让他完成150%的工作量。	曼尼:我们会尽我们所能让他有时间去处理其他的工作的。 杰尔:我必须得和我的团队商量一下这件事情,看看谁更方便来做这个工作。	如果我拖一拖,也许我可以躲过这个事……曼尼可能正在得意他得到了第一个人呢。
让他现在就答应,如果他现在躲过去了,以后就更难答应了。	曼尼:我确实非常需要人在这周末之前就开始工作。	
成功了!	杰尔:我看看我能做点什么。 曼尼:太好了,我真的很欣赏你的团队精神,我明天给你电话确认谁将进入我的团队。	不要打电话给我,我打给你。 真讨厌!

"如果你没有什么可说的,那就什么都不要说"(又被称为"沉默是金")

许多谈判人员都被告知,尽量不要说那些负面的事情,特别是不要说对对方非常重要的、会破坏双方工作关系的话。这些谈判人员都希望避免一些会引起争议的棘手问题,尽量不去触碰和讨论那些双方都讳莫如深的问题(elephant in the room)。再加上一些像"他们不知道的也就不会对他们造成伤害"这类的想法,就很容易理解为什么那些谈判人员尽量避免去谈一些尖锐的话题。

一些关于谈判的文献资料都建议谈判人员在谈判深入之前,尽量避免去谈有可能导致交易失败的话题。这种想法可能来源于这样的认识,即他们认为谈判的参与各方只有在对交易达成一些基本的意向之后才更容易探讨那些棘手的问题。如果在还没有取得任何进展之前,上来就面对一个棘手的、非常有争议的问题的话,一方可能会认为谈判过于"困难",或者不值得继续下去而选择放弃。而当你们在谈判上已经取得了很大的进展,似乎马上就要签合同了,这时参与各方更愿意把一些棘手的问题拿出来共同讨论。不幸的是,在实际的谈判中,谈判人员在这时也倾向于忽略或者绝口不提这样的话题,而不把它拿出来解决。

许多谈判人员认为,对那些棘手的问题避而不谈就不会破坏双方的关系。他们担心开诚布公地讲出心中的担心和疑虑可能会像打开一罐蠕虫一样,引来更大的麻烦,与其那样还不如憋在心里不说好。提出一些让对方感到棘手的问题,或者对合同签订后对方该如何履行(或者不履行)表示出担心,可能会导致双方关系的恶化,使得交易达成的可能性变小。如何提出这些问题确实要讲究技巧,但是绝口不提却肯定不是什么好事。

几乎没有谈判人员会把化解可能导致交易失败的对方的疑虑当做自己分内的事情。因此,沉默是金的想法会让谈判人员不去提出并讨论他们的疑虑,尽量避免不愉快的话题,并且希望那些问题不会成为现实(或者就算是这些问题真的成为了现实,也是别人来处理这些问题)。

"让对方措手不及"

如果说谈判是一场智慧的较量,那么谈判人员的策略越出奇,就越会让对方感到措手不及。可以引起意外的事情有很多,比如谁出席谈判,会议日程中会发生什么,对方有什么具体的要求,需要对什么信息进行保密或者提供什么信息,什么时候提供。传统的假设似乎都认为,使

第二章

对方感到措手不及就形成了自身的一个优势。

我们认为,这种假设来自于对谈判长期的错误理解,他们把谈判看做是双方争取让对方就某些他们其实并不是非常感兴趣的事情进行承诺的工具。这种观点认为,谈判已经演变成了一种技巧,正是由于对方高超的谈判技巧,才导致自身承诺了本不应妥协的一些事情。按照这个观点说来,一个有经验的谈判人员应该有一种特殊的魔力可以让对方承诺一些他们本不该承诺的事情。

很多谈判人员都觉得,他们在谈判的方法上制造的花样越多,他们就会变得越强大。他们觉得,在谈判过程中,如果令对方措手不及,没有准备,那对方就更容易犯错误,从而做出一些不太明智的决定。谈判就犹如军队打仗,"令对手吃惊、生畏"正是谈判人员所期望追求的能给自身带来优势的效果。这些谈判人员根本就没把让对方在谈判过程中感觉自如当做他们自己分内的事儿。

以盛气凌人的架势指责对方的过错,使对方疲于应付,也是谈判人员谈判时让对手措手不及的一种惯用手法。当人们在疲于应付各种指责时,必然会分散注意力,而无法专注于谈判的正题或者下一步要做的事情。

不管谈判后发生什么,对于在谈判桌上争"赢"的想法都会驱使谈判人员指责对方,隐瞒信息,隐瞒真实的日程,把底牌放在自己心里,在谈判快结束时制造些麻烦,不去纠正给对方造成的假象等等。再加上不断给对方施加马上终止谈判的压力等策略,这些行为就造成了谈判的一方在签订合同后发现自己在接下来要做的事情上犯了很明显的错误。

听起来真像是一个开始合作的好办法,你觉得呢?

"采取强有力的制裁手段确保对方履行合同"

当合同最终签订时,很多谈判人员都会寻求法律的手段来形成对交易强有力的约束。由于缺乏对合作伙伴足够的信任,每项权利和义务都需要进行书面记录,并且要尽可能严格地规定违约的惩罚措施。

那些想快速结束谈判,隐瞒信息,或者在最后阶段为对方制造麻烦的谈判人员通常都会认为,他们可以依赖清晰的具有法律效力的合同条款来解决问题,因此他们在合同中规定的制裁手段越多,对他们一方就越有利。他们希望那些法律上规定的惩罚措施、各种违约赔偿以及规定的违约金条款都会驱使对方严格地遵照合同履行——即便他们不履行合同,至少这些制裁手段也会让这些违约者受到法律的惩罚。这些谈判人员认为,尽量避免让对方承诺承担不切实际的义务根本就不关他们的事儿。他们想尽一切办法让对方承担尽可能多的义务,就算合同签订后对方不能履行也不管。他们也希望制裁手段越严厉越好,这样对方就会想尽一切办法来履行合同的要求;即便对方真的不能履行,对方也会为了避免相应的制裁而向他们低头,做出极大的让步。

从我们的咨询经验看来,我们感到非常吃惊的是,有那么多的客户认为,那些咄咄逼人的服务品质协议和没有满足品质协议要求而受到的严厉制裁一起,可以确保他们的利益得到有效保护。让我们来设想一下下面这个例子,一家汽车制造商要向一家大型的服务商外包其大部分的信息技术需求和应用开发任务。再设想一下,他们签订的合同对服务品质要求非常苛刻,如果不能满足服务品质协议的要求,该服务商要支付非常高昂的罚金。

一方面,虽然外包协议上的制裁措施非常苛刻,但是并不足以弥补汽车公司无法及时满足信息技术需求而造成的损失。一家汽车公司,如果它的信息技术职能不能充分体现,那么公司的制造团队、销售人员、客户、员工、合作伙伴甚至政府部门都会因此很快陷入麻烦。哪怕是销售网络不稳定、新产品进入市场时间延迟等小问题都有可能给汽车公司带来严重的损失。无论服务提供商在合同中是怎么答应进行赔偿的,都无

第二章

法弥补由于这些过错而给汽车公司带来的巨大损失。

另一方面，严厉的惩罚措施只能让服务商集中其有限的资源全神贯注于满足服务品质协议的相关规定——不管这些事情对于汽车公司来说现在做是不是最重要。像"加深市场营销力度"和"供应链效率大幅度提高"等定性的、主观的指标不好去量化，因此服务供应商肯定不会同意由于这些定性指标的问题而接受制裁，所以服务品质协议也只能规定由一些次要的技术指标（像路由器响应速度）来衡量信息技术的服务水平了。这个例子就很好地说明了严厉的制裁措施下签订的貌似很好的协议对于双方的良好来说是多么地无益。

需要说明的是，我们并不认为签订服务品质协议这个想法本身有问题，也不认为我们在合同中不该涉及制裁条款。有明确的衡量成功的标准，制订清晰的运营计划非常重要，细化违约责任也非常必要。促使合作方履行合同条款无疑是正确的，但是这并不足以确保你能从交易中获得好处。我们需要超越传统智慧的束缚，去获取更大的价值。

少一些惯例，多一些智慧

如果我们告诉你，我们可以教你一些谈判的技巧，这些技巧可以帮助你在谈判中具有一时的优势，但是这种优势并不能一直维持到合同签订那么久，你可能就会问了："好啊，这些谈判技巧的关键是什么呢？如果我不能把这种优势保持到合同签订为止，那我可能不会从对方身上获得多少利益。"当然，也许你说得对，这就是我们所说的谈判技巧的关键。如果不能将优势延续到合同的履行阶段，对于我们来说，在谈判时取得的任何优势都是毫无意义的。

因此，让我们来探讨一下，当合同的履行非常重要时，什么样的谈判才算是成功的。当合同的履行非常重要时，谈判的结果应该具有以下特征：

1. 交易实际上可以帮助双方达到他们各自的目标；
2. 想实现这些目标的人要对此交易给予支持并参与其中；
3. 当参与各方在合同履行的过程中出现分歧时，谈判历史记录可以帮助提供相应的文件，指导下一步如何操作；
4. 交易的双方都应该明确该如何共同应对他们所面临的风险；
5. 交易中规定的权利和义务要切实可行；
6. 交易可以顺利地从谈判向履行过渡。

表 2-1 以合同履行为导向的思维模式要考虑的问题

考虑合同履行的思维模式	问题
把交易当做达成目标的手段	合同成功签订后，你还需要什么？
咨询的范围越广意味着未来合同的履行越顺利	你都需要谁来帮助你实现最终目标？
谈判是你如何与对方合作的第一个最好的示范	合同签订后，关于你们的合作你想给对方做一个什么样的示范呢？
说出你的担心可以加强双方的关系	合同签订后，你怎么才能解决你无法预计或控制的事情呢？
让对方过分承诺并不意味着你得到的利益就会更多	你怎么保证在合同顺利签订后，所有的合作方都能按期完成任务？
成功地履行合同才是你的终极目标	你该如何从合同签订转向合同履行这个终极目标？

要想使交易满足以上标准的要求，谈判人员需要具备与前面所述的传统智慧截然不同的一套行为准则。我们将其称为合同履行的思想准则，它需要下列一些广义的基本准则进行指导：

1. 把交易当做达成目标的手段；
2. 咨询的范围越广意味着未来合同的履行越顺利；

第二章

3. 谈判是你如何与对方合作的第一个最好的示范;

4. 说出你的担心可以加强双方的关系;

5. 让对方过分承诺并不意味着你得到的利益就会更多;

6. 成功地履行合同才是你的终极目标。

表2-1列出了每个基本原理和与之对应的关键问题,这些关键问题是谈判人员为了超越单纯地签订合同,获取交易的真实价值需要扪心自问的。

在接下来的六章中,我们将探讨如何才能拥有一种重视合同履行的思维方式。对于初学者来说,要根据不同的谈判情况试着回答以上六个关键问题,并且像遵守个人行动计划一样严格遵守这六条基本准则。

第一部分 合同履行型思维

THE POINT OF THE DEAL

第三章 把交易当做达成目标的手段

合同成功签订后,还需要什么?

我们从一个看似复杂但相对简单的基本原理开始:如果合同的履行真的非常重要,那么交易本身就绝对不应该成为终极目标。

达成协议是实现其他目标的一个手段。当你与对方握手、在合同上签字或是举杯庆祝的时候,为了获得有价值、有意义的结果,你还需要做些什么呢?如果你的答案是"什么都不需要",那么非常明显,是否履行合同并不重要。但是如果你的答案不是"什么都不需要",那么你就必须将谈判当做是完成目标的一种手段,而绝非终极目标。

《艾丽斯漫游仙境》(*Alice's Adventures in Wonderland*)一书里的故事非常精彩,本书通过兔子洞折射了现实世界人们对生活的不同体会,其中我们最喜欢的就是艾丽斯遇到了柴郡猫(Cheshire Cat),并向它问路的那一段:

"你能告诉我,从这里我该往哪儿走吗?"

"这就要看你想去哪里了。"猫回答道。

"我不在乎要去哪里。"艾丽斯说道。

"既然这样,那你走哪条路都无所谓了。"猫回答说。

第三章

"——只要我能到一个地方就行。"艾丽斯又补充道。

猫说:"噢,如果你走得很远,你一定能到达一个地方的。"[1]

正如你要到达的目的地决定了你所选择的道路一样,在谈判中,你要得到的结果也应该指导你在谈判桌上的表现。当签订合同成为你的终极目标时,你只需达成协议就行,至于怎么去谈都变得无关紧要了。

下面给大家讲一个客户讲给我的简单而富有启发性的故事。至于故事的真实性,我们无从考证,但不论怎样,这确实是个好故事。

设想波士顿洛根机场(Logan Airport)B出口混乱的行李认领区美国航空公司(American Airlines)行李认领处办公桌前,一个大块头的男子倚在认领桌上,极大声而且非常不文雅地向桌子另一端娇小玲珑的服务人员咆哮着:

听好了,小姐,我的箱子里有一套量身定做的价值2 000美元的礼服,而你们却把它弄丢了!明天早上九点我要穿那套礼服去参加一个商业会谈。我×××(省去秽语)该穿什么去见我的大客户啊?我坐你们×××(省去秽语)航空公司的飞机飞了不下500万英里了,每年我要花数千万美元飞来飞去。把一件行李从达拉斯沃斯堡(DFW)运到这里有那么难吗?都是些什么样的蠢货在你们公司上班呢?我要求你们董事长给我亲自写×××(省去秽语)道歉信!你出生以前我就已经是金领(Executive Platinum)了,你们居然敢这么对待我!

当他骂累了,停下来喘口气的时候,那位小巧的认领处服务人员说道:"先生,世界上的确有两个人关心你的行李现在在哪里,不过现在,其中的一个正迅速地失去兴趣。"

有时,我们在谈判中的表现会使我们实现最终目标变得更加困难,而不是更加容易。对这位发怒的客户而言,让行李认领处服务人员尽最大努力去帮助他寻找丢失的行李,发动位于达拉斯的同事帮忙,并在找到后尽快把它送回来,比简单地发泄他的怒气更为可行。或许在服务人员的努力帮助下第二天行李就会找回来,但是如果认领处服务人员不努力,也许行李就真的丢失了。

当你只关注达成交易、让对方在合同上签字时,你的注意力、你的整个计划,以及你的行为都会仅仅以签订合同这个目标为出发点。但就像我们刚才看到的例子一样,在很多情况下,仅仅达成协议是不够的。仅仅达成协议、签订合同并不能实现整个交易的价值,只有当双方履行承诺时,交易的价值才体现出来。故事里愤怒的顾客并不清楚自己的谈判目标:他是否想在他的会议开始前及时收到行李呢?还是需要别人赔他一套新礼服的钱?抑或仅仅是一个道歉?或者只是单纯地想发泄?我们可不建议你单纯地表现出你十分友好,并且寄希望于别人同样友好地对待你。然而,如果因为只关注签订合同,你做的一些事情(或者忽视的某些问题)妨碍了合同的履行,那么这场谈判并没有真正达到预期的目的。

仔细思考一下,我们不难知道,仅仅靠一个好主意是不能解决问题或者创造价值的。通常,我们需要通过辛勤的劳动将它从美好的愿望变成现实的点子,然后再变成能使别人愿意做,或者给予支持和资金上扶持的事情,并最终将其付诸实施。任何涉及一个或多个参与方的行动通常都要经过这样一系列的变化,无论是建造房屋、创业、研制一种新产品,还是建立合作关系,更不用说解决争端,或是在全球范围内组织参与者进行联合行动了(见表3-1)。

表3-1 从构想到目标实现的演化

构想	探究	谈判	承诺	达成目标
想法、思路或者概念	初步探讨、研究或者讨论	条款清单、意向书或者谅解备忘录	合同、协议或者交易	实施、行动或者变更

第三章

　　许多有经验的谈判人员都本能地掌握了这一要领。当有人买卖房屋时,房地产经纪人直到房屋通过验收,买方已经支付房款,才会认定交易结束。为什么?因为他们清楚地知道,一笔交易只有当上述两个条件同时满足时才算完成。但是如果买家一直搬不进去,或者卖家一直得不到房款,即使双方握手签字、合同生效也无济于事。仅靠那一张纸是解决不了所有问题的,它仅仅是完成交易的一种方式而已。在安然国际公司(Enron International),谈判人员很明显不过是达成交易的人,有其他人为合同的履行负责(更多关于公司运作方面所出现的问题,将在第十章中谈到)。然而,即便是在这家公司,谈判人员也都知道,仅仅是简单地签订合同是不够的;他们不得不将资金到位,否则他们无法从交易中获得赔偿。为什么呢?因为他们意识到,一桩交易如果资金不到位就不是一个真正的完整的交易。

　　以此类推,你在每次谈判时也都应该问问自己:"这次谈判的目的是什么呢?"如果目的不仅仅是为了签订合同,而是要实现一些其他的目标,那么签订合同则仅仅是一项实现最终目标的必要步骤之一,而绝非充要条件。除此之外,还需要做些什么才能实现你真正的目标呢?

什么是交易的关键?

　　据我们的经验来看,谈判的目的大体上可以分为以下三类:解决争端,购买、交换或者创造价值,以及组织或个人之间为了更好地合作而进行工作安排。虽然每种情况都可能取得非常好的结果,但在考虑到合同履行的因素时,每一类谈判都会面临各自的问题,而这些问题在谈判的过程中都可以被预计到,其影响也可以被降低到最小的程度。

38

解决争端

当谈判的目的是要调和矛盾时,谈判各方需要找到一个足以解决他们之间的矛盾的机制。你最终想要得到的结果无非是与对方达成一个新的协议,来替换原来存在争端的那个协议。让对方去允诺一些你明知对方一离开就无法兑现的事情没有任何意义。如果履行合同需要双方之间心存真诚和通力合作,那么你要想达成这样的交易,就必须处理或消除造成原来的争端的那些潜在的伤害或不信任。如果履行合同只需双方互不妨碍,那么上面提到的更深层的解决方法似乎就不必要了。但是,协议中还是要包括不需要进行真正的合作的情况下,处理合同变故或者纠纷的方法。

购买、交换或创造经济价值

当谈判的目的是购买、交换或者创造经济价值时,要确保参与各方在达成协议后都能创造出所需的价值。交易的灵活性和复杂性取决于事务的属性、参与各方的关系(无论是过去的还是未来的),以及参与各方为了达成目标而进行合作的密切程度。但是,请牢记,如果在履行合同时,需要对方做些合同中并没有详细规定的事情,认为一旦合同签订就万事大吉的谈判策略就会造成麻烦。

我们曾经看到过很多这样的例子,精明的采购人员在与供货商进行谈判和交易时,并没有明确交易的真正目标,结果做了一笔看上去不错,但却无法得到他们所需的东西的交易。在大型石油公司间进行了几次兼并后,成本削减就成为达到华尔街(Wall Street)对合并后协同工作的预期结果的当务之急了。在有些情况下,采购团队会发现,如果将斯伦贝谢(Schlumberger)和哈里伯顿(Halliburton)等这些传统的服务供应商换成一些小的服务供应商来提供油井服务,则可以省下 20% 的钱。

第三章

有时,这样一换,每口油井就可以省下 20 000 美元。听起来真的很不错啊,不是吗?但是当你了解到很多小的服务供应商不能提供它们所替代的那些传统的服务供应商所能提供的服务,甚至会造成油井瘫痪和生产中断时,你就不这么认为了。按照一口井一天的收入为 200 000 美元计算,石油公司根本不会太在乎少付那点钱,它们只是期望别出那么多故障就可以了。由此可见,以昂贵的停工为代价换取的那么一点便宜的购买价格并不是石油公司交易的真正目的。[2]

组织或个人之间为了更好的合作而进行工作安排

如果谈判的目的是为了更好的合作而进行工作安排,那么很显然,要找到合适的参与者才行。然而要想实现长期的双赢,要求还远不止这些。对于要实现各自目标的参与者来说,他们要用与未来期望长期合作同样的方式来进行谈判。在合同签订后,他们所达成的交易以及留下的谈判记录都会影响到他们未来的合作。简单地与其他单位签署一份"团队工作安排",或者就某一部门如何重组签署一份备忘录,这两项工作本身并不能真正实现各自所期望的目标。

不同的交易有不同的目标,复杂的交易更是如此。可能你是为了合作而进行工作上的安排,并期望在此过程中创造出合作的价值,也可能你是想尽量解决双方合作关系上存在的某些不和谐因素,而双方都还希望继续这种买卖关系。如果你将这些作为你的谈判目标,除了简单地达成协议之外,你还要尽你所能来实现你的目标。

还记得比尔那个例子吧。买家比尔来自一家生产微型芯片制造设备的高科技公司,他想与供应商休解决他们的争端。首先,他们的目的是解决由谁来承担 500 万美元债务这个问题。但是如果他们还想继续合作,他们必须要面对的是如何防止这种代价过大的问题再次出现。比尔认为,问题的根源出在休那边,因为他们的生产团队没能按照产品的设计规格进行生产和测试。而休却认为问题的根源出在比尔这边,因为他们的测试和检验人员工作失误,没有检测出这批不合格的产品;他们的组装人员也没能发现产品的瑕疵,还继续使用这些有问题的产品;他们的质量控制人员也为这些带着瑕疵的机器开了绿灯,使得产品流到了顾客手中。不管最终他们决定怎么来分担这500万美元的损失,也不管休是付现金,还是简单地通过打折、提供额外的服务抑或非现金的方式来弥补,对于他们来说更重要(从经济上来说也更有经济价值)的问题是以后如何避免出现有问题的零部件和残次品。这并不意味着他们不关心现在的争端给他们带来多少损失,这只是表明,防止未来再次出现同样的问题才是今后合作成败的关键。

今后如何执行双方达成的解决类似争端的方案,可能对他们未来能否继续良好的合作有非常重要的作用,他们形成的这种合作关系对双方来说都非常关键。他们要密切合作共同设计制造新的零部件,他们要共同分享专利技术,任何一方都负不起撇开对方所产生的不利后果。但是如果要真正解决这个争端,双方所面临的问题绝不仅仅是由谁来承担现在这500万美元或分别承担多少这么简单,他们必须要清楚如何避免再次生产、运送或安装这样的问题零件;同时,他们还要清楚的是,尽管他们做了最大的努力去避免上述问题,然而一旦问题再次出现,他们该采取什么样的措施去解决。他们还需要回忆他们的谈判过程,能深深地感觉到对方在面对这些问题时,采取的富有创造性的方式和解决问题的积极态度,使他们彼此都感觉到对方的真诚。

怎样才能保证你抓住了谈判的关键?

很多关于谈判的书籍似乎都关注于,当谈判各方面对面坐在一起时,他们在谈判桌上的表现。确实,在那样的环境下,应该谈一些重要

第三章

的、有意义的事情。实际上,在谈判人员走进谈判室与对方进行谈判之前,他们还需要进行其他一些重要的谈判。有效的谈判总是要进行充分的准备和良好的内部沟通。当然,我们也需要认识到,谈判人员也需要面对现实,很多的因素都可能影响他们在谈判时的行为。这些因素可能包括他们的薪酬制度、他们属于"谈判部"这一事实,以及他们与领导沟通的方式等等。本章我们主要介绍谈判人员能做哪些事情,应该做哪些事情来确保他们的谈判抓住问题的关键。在本书的第九章和第十章,我们将介绍一下组织的环境和管理者的作用。

提前问问自己:"明天"会有哪些不同?

如果合同的履行确实非常重要,那么通常合同签订后,有些事情就会发生变化了。可能是他们的矛盾得到了解决,也可能是合作双方开始共同设计、研制或开发从对方那里买来的或者卖给对方的某些产品,抑或是双方开始更为有效的重新合作了。不管你要取得上面三种结果中的哪一种,如果你真的想好好准备这次谈判,而且在合同签订后合同的履行情况又非常关键,那么在谈判之前反复地问问自己"合同签订前后会有哪些不同?"这个问题非常关键。

如果不提前留心或者进行内部磋商,很难立刻抓住交易的关键问题。交易种类繁多,形形色色,谈判人员确信他们会达到既定的目标,因为他们认为那是他们的工作。但是,当某些交易实际上不能帮助谈判人员或他们的组织达到他们的目标时,问题出在哪里了呢?

汇合公司是一家总部位于匹兹堡(Pittsburgh)的主要针对金融服务领域的私人软件开发公司。该公司非常清楚,谈判结束和合同履行是两码事。该公司的软件主要帮助共同基金公司自动处理大量提交给客户的各种报告。与本行业的其他公司不同,汇合公司将成功定位为:客户学会使用并从该产品中受益。他们与客户进行的谈判就好像与渠道合

把交易当做达成目标的手段

作伙伴谈判一样,他们的信条是"除非客户取得成功,否则我们也不会成功"。这就意味着,当公司发现履行合同存在风险时,不会为了交易而交易。公司拓展销售网络的意图非常明确,即使丢掉这单生意,也不能让客户在还不知道这个软件如何帮助他们获得成功时就购买其产品。该公司的销售副总裁要求他的销售人员花些时间来对客户进行培训,并保证汇合公司的员工会负责帮助客户进行产品的安装和调试,以确保产品的正常使用。

肯·沃尔夫(Ken Wolf)的名片上可以写上"销售副总裁"几个字,但是他认为他应该是"诚信副总裁——我们公司的员工一定信守承诺"。肯十分确信签订合同并不是他们的终极目标。他说:"合同就像50码起跑线,我们只有与顾客在一起共同顺利履行合同,那时我们才真的成功了。"实际上,特别是在竞争如此激烈的现代社会,持之以恒地关注于交易的关键要素并不是件容易的事情。"有时候这种感觉就像,我的一个肩膀上站着天使,另一个肩膀上站着魔鬼一样。魔鬼说:'快成交,把合同签了再说。'而天使却说:'等等,别着急,要确定他们理解了我们的想法,否则我们都不会成功的。'"为了保证公司的所有员工目标一致,肯按照交易的规模来委派销售团队,但是他们的工资要与对方企业使用后的经营效果挂钩。[3]

挑战你的团队:为了较好地履行合同,你该与对方保持怎样的合作关系?

这是帮助你和你的团队达成一致,取得你们的终极目标所要深思熟虑的另一个关键问题。如果双方签了一个貌似很好的合同,但是现在由于签订时的很多具体事项无法兑现造成双方互不相让,那么双方都不会达到目标。有太多的谈判人员都认为,签合同和履行合同是两码事。在很多公司当中,这两件事情也分别由两套不同的人马来完成,所以给人

第三章

一种误导,认为换了一套人马就带走了谈判中的所有丑陋和肮脏的东西,在合同履行时又是一张白纸重新开始。

早在25年前,我们的同事在《达成协议》一书中写道,谈判人员应该"把人与问题分而治之",我们对此不敢苟同。我们不能因为想要签订对我们有利的合同就恶劣地对待别人,也不能因为为了在合同签订后双方保持良好的工作关系,就在谈判时表现"软弱",委曲求全。我们认为,上面那句话需要在具体环境中详细说明,因为有些人理解错误,把它解释成了他们应该将那些甚至能相互扭打在一起的、粗鲁下流的谈判人员与那些善良的、乐于合作的、你可以充分相信的合同履行者区分开来。

如果你不希望你的交易丧失其作用,那么你就不能只考虑一旦合同签订就另换一套人马这样的事了。单纯地换掉谈判人员并不能得到你在合同履行时想建立的那种合作关系。最多也就是尽量降低你们已经造成的破坏(而且通常很难达到目的)。如果你的目标是要在合同签订后,与对方共同合作来做些事情,那么你需要怎样跟对方合作就变得非常重要了,这也就确定了你谈判的目标。如果你认为合同的履行确实非常关键,不是简单的事后诸葛亮,那么只考虑如何降低这种破坏是不够的,你得从一开始就明确并建立与对方的正确关系。

我们说这些,并不意味着要你在谈判时表现得"和蔼可亲"或者做出很多让步,在合同履行时表现得善良可爱;我们说这些也不是要求谈判人员必须要掌握足够的技能,将谈判的关注焦点全部集中在如何管理项目的实施上。我们在这里要强调的是,如果履行合同确实非常重要,就意味着需要在合同签订后与对方建立某种合作关系,而且这种合作关系的建立不能等到合同签订了才开始去着手准备。建立这种合作关系必须成为你要取得的最终目标的一部分,而且你采取的方法也要与取得的目标保持一致。

尽管签下一笔复杂的交易会非常有成就感,然而这样就认为达到了预期的价值还为时过早：谈判各方必须为未来的合作做好准备。例如，全球医药巨人生物制品公司和一家规模稍小的生化公司生物技术公司寻求建立战略联盟，它们的共同目标是联合研制几种化学分子试剂。这样的合作一般都需要几年的时间。这样的联盟要取得成功，它们的谈判必须要涉及在整个合作周期内如何进行长期合作。精明的谈判人员会把生物制品公司与生物技术公司的合作当做一个整体考虑，并努力使该投资收益最大化以取得合作成功。签了合同并不表明你就成功了——研制出了新的化学分子试剂才算成功（或者双方发现这些产品的研制从投资角度来看不可行，及时终止此次合作）。如果合作的目标是创造经济（或者社会）价值，那么双方的合作就必须创造这样的价值，这就要求谈判人员谈判的方式能使谈判双方达到这一目标。如果生物制品公司的谈判人员在谈判时向生物技术公司的谈判人员发起猛烈的攻击，迫使对方同意了很多很难实现的条款，还寄希望于在他们这些重量级人物的谈判结束后，科学家们会把关系搞好，那么结果只会让他们失望。

这跟回避棘手的谈话和真诚合作无关。谈判人员必须要就如何管理他们合作所面临的风险，以及一旦风险真的出现，如何将其降至最低限度等问题展开讨论。他们必须要考虑周围环境可能出现的各种变化（像竞争对手的产品、管理制度的变化），并找到应对的办法。他们还必须确保他们的谈判会为双方开诚布公地合作，在今后共同面对挑战创造一个好的先例；而不能总是自己提出"合适的"想法，让对方去勉强接受。问题的关键就在于，当问题出现时，要通过双方都需要的那种合作，抓住前面讲到的要点，共同采取对策来解决问题。

如何保证让对方也清楚谈判的关键？

清楚交易的关键是什么，并不是单方面的事情。毕竟，交易涉及两

第三章

方（或多方）。如果在合同签订之后，各方要在一起展开合作，那么你要确信大家的合作目标不要相悖。下面给出一些确保谈判各方都能掌握谈判关键的提示。

让对方尽早参与谈判目标的讨论

保证你和对方对于交易的关键因素达成一致并不意味着你们都要实现同样的目标。实际上，很多的谈判都可以为谈判各方创造出他们想要的价值，因为每一方的需求是不同的。比如，你有一块土地并想花钱来盖间房子，而我正好有房屋建造的经验以及满足你建房所要求的相关资源。你需要我的技术，我需要的则是你为我提供的报酬。我们的兴趣点不同，但是我们的目标——把房子盖起来——却是一致的。

为了取得谈判的成功，你需要了解谈判各方的兴趣点，这样你才能积极寻找合适的方法来满足他们的要求。但是，要想在谈判结束后，保证你们都可以更好地履行合同，双方迟早都要坐下来讨论交易所要取得的最终目标是什么。双方进行合作的奋斗目标是什么？你要从对方那里得到什么才能实现呢？

要明白，要实现交易的目标，你无须对所有事项都与对方取得一致意见。要根据事情发展的态势来采取不同的做法（例如竞争对手采取的应对措施、政府官员新出台的政策以及市场的规模等等）。可能你更关注长期目标（这次的交易在未来是否能给我们带来更多的交易），而对方更关心短期利益（只是执行好本次协议）。关键问题是，双方要了解，除了签订合同外，要获得成功还需要什么。

从通用电气（General Electric）公司分拆出来的子公司简柏特（Genpact）公司（通用电气现在对其仍拥有部分所有权）面向全球提供商业和技术服务。简柏特的管理者通过帮助全球企业提高收入、增加现金流、降低成本、提高边际收益、加快周转速度以及改善客户关系等手段，树立了自己公司的服务品牌。如果他们不与客户保持密切的合作关系、不和高管们沟通、不能在其服务范围外影响企业的业务流程，他们就无法做到以上这些。当他们和潜在的新客户洽谈时，他们要让客户了解他们以往所做的那些交易的关键因素，否则他们注定要失败。

业务拓展执行副总裁 V. N. 泰亚加拉詹〔V. N. Tyagarajan，大家通常叫他"泰格(Tiger)"〕经常向他的团队强调，尽早与客户沟通什么是交易的关键是非常重要的。"我们尽量根据客户的发展、收购意图、分散的业务单元后端办公(back-office)整合等因素了解他们要取得的目标。我们会花大量的时间和客户讨论，如果他们要改善那些重要的业务应该怎么做。但是我们如果得不到我们想要得到的东西就进行这样的谈话，我们认为我们无法帮助他们成功地实施，因此也就无法跟他们进行交易了。"[4]

试一下"逆向思维"

将考虑合同履行的行为模式引入谈判，要做的一件事情就是自己要坚持将注意力集中在最终目标和所有达到最终目标所要做的事情上（包括但不局限于达成协议）。我们建议你对于合同的履行问题不要采取被动、谨慎的态度，而是要大胆、清晰地呈现你的目标和疑虑。带着你的"明天"思维并把它自然、大胆地表露出来。

当我们鼓励你去尝试"逆向思维"时，我们主要是要告诉你，通过将最终目标清晰地展现出来，并从那里开始逆推这样的方法，就可以将"谈判是达成目标的一种手段"这句话付诸实施了。这种方法很有用，首先拿出一张白纸，并把它横过来，并在你的最右手边写下你最终要实现的目标。用几个单词简要地形容一下要取得的目标是什么样的状态，然后问问自己："实现这个目标的前一天需要发生什么才能达到这个目标呢？"这种方法经常会引发一个非常有趣的对话，能挖掘出各种各样没有

第三章

明确说明的关于谈判的关键的设想。这种方法也能帮助你分辨出,哪些问题尽管对签订合同来说无关紧要,也必须要进行明确的讨论。

在你明确了哪些任务需要在你实现目标前完成之后,再问问自己:"要完成这些任务需要做些什么呢?"通常,随之产生的问题越多,需要进行讨论的有用的议题就越多。

不断重复上述步骤,一直逆推到谈判这一环节为止。当你真的认为现在需要做的唯一一件事情就是签下协议时,你会发现你们已经就交易的关键达成了一致。然而这并不意味着,要想确保签订一份可行的合同,你已经没有太多的东西要做了。但这的确表明,如果你成功地签订了合同,你的一只脚已经迈向了你的最终目标。

从我们多年的经验来看,你和对方对于未来发展成什么样,需要做哪些事情才能实现最终目标等问题讨论得越多,你们就更容易取得成功。不管你们是要致力于解决争端,还是要进行价值的交换,抑或对期望进行的合作做准备,甚至是以上几种情况的综合,越早从你未来要取得的成果向你现在的位置逆推,你的工作可能就会越有效果。

一旦你和对方都非常明确你们要取得的目标了,接下来一件比较重要的事情就是要关注谁需要参与谈判,用什么方式来参与谈判,才能确保实现最终目标。下一章我们就来讨论这个问题。

第四章 广泛征求意见

你需要谁来帮助你实现最终目标?

当谈判人员将其目标定位为签订合同即可时,他身体中的每个细胞都在告诉他减少参与谈判的人的数量。谈判桌上人越多,就意味着需要更长的时间才能达成一致。需要更多的人认可谈判的内容,不仅推迟了谈判结束的时间,同时也可能因为一些人提出反对意见,使得谈判被扼杀的风险加大。人数越多,就意味着需要越多的人举手通过,意味着可能提出越多的问题和疑虑,满足越多人的利益。对于谈判人员来说,参与谈判的人数越多他们就越头疼。这就是人们担心"厨房里的厨师过多"的原因了,谈判人员深知这一点。但是,如果你把交易作为达到目的的手段,那么在决定谁要参与谈判的问题上,思想就会转变了。

当合同的履行非常重要时,能够决定如何履行合同、决定合同成败的关键人物,其友好程度和积极参与程度也是非常重要的。合同签订并不意味着一定就会获得别人的认同。实际上,有很多谈判人员做的或者是疏于准备的事情,都会因为树敌、错失潜在的支持者或者没有考虑到某些非常重要的问题或信息,而使合同的履行步履维艰。

也许你会说这很正常。每个人都知道,在合同完成后,那些不曾参与谈判的人会聚在一起,做一些他们不曾了解且如果提前被问到也不会

第四章

同意做的事。如果在事前,也许他们还可以想出更好的办法。但这就是实际情况,不是吗？你不能要求谈判人员——他们没有那么多的精力事必躬亲——去仔细考虑除了那些对交易有生杀大权的人以外,到底还要让谁来参与谈判。

我们认为,解决的办法就是不要用这种方式来行事。这并不是说不让谈判人员这样做,而是说这种方式本身就行不通,至少在合同履行非常重要的时候是这样的。

我们都知道谈判人员愿意缩小人员范围以期合同尽快签订。但是,现在先让我们花上一些时间来看看为什么说他们这么做会错失交易的关键。

1. 不让别人参与就不能充分利用这些人掌握的知识和信息。

2. 不让别人参与通常会产生反作用,反而会激发这些人去突破障碍——当他们真的这么做的时候,他们会很疯狂,他们会怀疑为什么被拒之门外,为什么你们关起门来谈论的事情不能对他们公开。

3. 不让别人参与谈判,你也就丧失了这些人对合同履行的认同和支持。

4. 不让别人参与可能会破坏你与这些人之间的关系和相互的信任。

然而,如果参与谈判的人太多也存在风险,包括可能会有人暗中破坏交易。可能更多的人会认为,他们就是来对这个交易是否应该达成进行表决的。如果有人强烈反对该项交易并且从中作梗,那么他很有可能会在合同履行阶段也制造些麻烦。当然,一些被排除在外的人可能不太喜欢合同中的一些条款——但是,他们也可能既不喜欢合同的条款也不喜欢被排除在外的感觉。如果他们确实妨碍了合同的顺利履行,那么你应该尽早去了解他们的想法,并考虑一下你能为此做些什么。

如果你不能很好地履行合同,那么单纯地签订它没有任何意义。如果合同的履行需要亲和力、创造力、判断力、洞察力以及至少要比核对购物清单上具体商品类型那样的事情复杂点的工作的话,你就得需要获得那些今后要履行合同的人的认同。在本书的第十章,我们会站在组织的角度来剖析这种挑战,并了解一下类似创建独立的"谈判部门"、形成让谈判人员"保护交易"的文化等原来设想得很美好的做法是怎样造成现在的问题的。但在这里,我们将关注的重点放在谈判人员身上,来看一看他们是怎样让自己深陷泥潭、麻烦不断的,他们要采取怎样的措施才能做得更好。

你可能会提出疑问了,是否有些人有权决定是否签订合同,但却没有参与谈判呢?如果是这样的话,你就需要了解一下,他们希望交易达到什么目的,他们所认为的好(或坏)的结果是什么。我们还要说明的是,达成的交易要是有好坏之分的话(提示:通常会有分别),则这种分别通常取决于那些没有参与谈判的人手中掌握的信息。这就意味着,你必须设法接触这样的信息或找到拥有这类信息的人。

在有些情况下,比如一个人就能独自采取行动,相关各方无权干涉,也不受交易的影响,且不需要对交易进行实施,获取广泛的认同就没有任何意义了,既浪费时间又浪费精力。但是,在涉及多方参与的企业、政府、组织甚至是家庭环境下,必须要想清楚,在交易达成之前,哪些利益干系人要参与谈判,以何种方式参与。在我们与客户的接触中,我们经常能看到,交易之所以失败,不是因为交易本身不够好,而是由于在最后敲定之前缺乏主要利益干系人的认同。

我们的同事戴维·拉克斯(David Lax)和詹姆斯·西贝尼厄斯(James Sebenius)共同编写了《三维谈判:改变你最重要的交易的游戏规则的有力工具》(*3-D Negotiation:Powerful Tools to Change the Game in Your Most Important Deals*)一书,他们针对书中被称为"交易设定"的想法表达了他们非常独到的见解。他们所谓的"三维",就是要确保谈判"由合适的谈判对象,以合适的顺序来对具有合适兴趣的合适议题,在

第四章

合适的地点、合适的时间和合适的预期下进行磋商,在无法达成交易的时候要面对分道扬镳的合适结果"。[1]拉克斯和西贝尼厄斯都非常清楚,一份有效的"群英图"(all-party map)能把有潜在影响力的参与人员、潜在的盟友、阻碍者以及那些在交易达成后要对其进行实施的人都考虑进去。他们给我们讲述了关于松下电器(Matsushita Electric)以65.9亿美元收购 MCA(美国环球影片公司、唱片公司、主题公园的所有者)的故事。在这次交易的谈判中,迈克尔·奥维茨(Michael Ovitz)尽量将谈判各方分而治之,并将所有的合同履行人员都排除在外。假如合同履行人员能够更多地直接介入,这笔交易就不会一直拖拖拉拉,几年后松下电器也不会因为这笔交易既损失大笔金钱又大失颜面了。[2]

让我们回到生物制品公司和生物技术公司的例子上来。双方的谈判人员都希望限制利益干系人的参与,因为他们的参与会延缓谈判的进程。同时,他们也尽量阻止交易消息的外泄,因为这样的信息极为敏感,会对一方或双方的股票价格产生影响。但这么做的代价是什么呢?让我们看看当这些谈判人员第一次会面的时候发生了什么。

作为生物制品公司的实验室主管,菲尔要负责管理该公司的新项目。而比约恩(Bjorn)则是生物技术公司的一名资深科学家,负责领导该公司的创新研发小组。他们必须相互合作来推动此项目的进程。但实际上,他们俩都没有真正参与到谈判当中(见"菲尔与比约恩的对话")。

无论这笔交易在合同上写得多么好,只要他们不齐心协力地工作以把新药推向市场,生物制品公司和生物技术公司双方都无法从这笔交易中获得任何回报。他们需要紧密合作,各自充分发挥他们自己的判断力和观察力,并表现出创造力。但如果他们从一开始就抱有"与我们无关"或者"为什么我们要和这些人一起工作"的想法,那么合同的正常实施确实非常危险了,可能这个计划从一开始就注定失败了。

广泛征求意见

菲尔与比约恩的对话

菲尔想说但没有说的话	他们实际的谈话内容	比约恩想说但没有说的话
	比约恩：嗨，菲尔！我想我们这个新团队应该分析一下这个项目的计划。	我真想知道和这种大官僚工作会是什么情形。
天啊，又有项目要做！我的团队已经超负荷了。我想我们的预算不够做这个项目。	菲尔：好，不过你得理解，这件事情是我们业务开发部的那些家伙安到我头上的。我手下现在没有一个闲人能腾出手来做这个项目。	事实上，如果你们有很多有价值的项目，你们的CEO就不会花上这么一大笔钱来请我们参与研
	比约恩：哦，我承认，我也有点意外。我以为会等我们在这个产品上研究得深入一点后才会签合同呢。	制这个小产品了，难道不是吗？
说什么呢？又是那些负责谈判的家伙没事找事？我得跟我们领导说说这件事情。我们可不能让这些拍脑袋的想法浪费了我们宝贵的资源，还把我们的实验室弄得一团糟。	菲尔：是啊，我也这么想呢。我们还不具备开始这项工作的条件，是吧？我得让我们这边的人知道这种情况。你也知道，我们公司做事是要遵循严格的协议的。	我听说你们这帮家伙在我们面前烧钱的本事令人咂舌。我倒想让我们的团队把这件事接着继续做呢。 哦，现在就杀了我吧。

如何为谈判挑选合适的人？

要想让合适的人通过合适的方法参与谈判，考虑的因素绝不仅仅是人数多少为多、多少为少的问题，也不仅仅是他们在机构中的正式职位是什么这么简单。你还要思考更多的问题。以合同的顺利履行为目标后，你首先要了解不同类型的利益干系人都存在哪些差别，然后根据每种类型的人所扮演的角色进行分析，并管理对他们每个人的角色的期

53

第四章

望。

区分不同类型的利益干系人

选择合适的人必须要进行适当的权衡,不是吗?如果你选择的范围过窄,那么项目的顺利实施就得不到保证了。但如果你选择的范围过宽,那么项目能否谈成本身就没有保证了。虽然回答这个问题不太容易,但我们给出了几条基本原则,希望对此有所帮助。

首先,即便你要犯错误,也宁可让这个错误是允许参与谈判的人过多而不是过少。毕竟,人数多的结果可能是无法达成交易,但是并不是所有的交易都是值得做的。而太少的人参与谈判,可能这样的交易并不能给你带来期望的价值,还浪费了你大量的时间、金钱,而且还有可能毁了公司的声誉。其次,如果你系统地分析一下各种不同类型的人——那些可以影响交易达成以及对交易达成是否有意义持有不同意见的人——那么不管参与谈判的人多还是人少,都会极大地降低犯错误的概率。

如前所述,让必要的利益干系人参与谈判并不意味着让所有人都参加。需要谁参加,以及你需要从他们那里获得什么程度的认同,取决于他们个人(或团队)在决策制定中起到的作用和对合同履行的关键程度——在有些情况下,除非他们非常积极热情地参与,否则交易不可能得到有效的实施。

我们在确认利益干系人的类型并确定谁对交易非常关键时,可以参见图4-1。该图可以帮助我们了解不同类型的利益干系人之间有哪些差别,我们都需要从哪种类型的利益干系人上获得认同,获得什么程度的认同。值得一提的是,有些利益干系人的类型不是很容易界定,他们可能处于这几种类型的中间状态。为了看得比较清楚也便于学习,我们将其归到四个方框中,来看看每种类型的利益干系人都有哪些特点。

图4-1 决策制定与实施矩阵

在决策制定中扮演的角色 高	**制造障碍者** 这些人通常具备一定的能力来阻止交易的实现或对交易的具体某个方面施加阻力。除非交易满足了某些特定的条款,否则他们不会同意进行交易,所以需要向他们灌输合同履行所产生的影响。	**关键人物** 这些人的意见决定了交易在未来能否被顺利实施(而且仅仅是他们同意的交易才有可能顺利实施)。即使他们不参与谈判,他们也是确保交易有意义的重要人物。
低	**旁观者** 旁观者对交易本身没有任何作用,对合同的履行也没有任何作用。然而,他们却经常参与其中,实际上,他们应该退出谈判。	**推进者** 没有这些人的支持,合同很难顺利履行。但是因为没有特别要求他们来帮助达成交易,所以他们经常被忽略掉。

低　　　　　　　　　　　　　　　　　　高
对于合同履行的关键性

旁观者

旁观者在决策制定和合同履行的过程中不起任何作用。很明显,在旁观者身上浪费资源以获得他们的认同,投资回报率很差。一些谈判人员喜欢听到旁观者的掌声,感激他们的认同,这是可以理解的;但是,除非这些旁观者能影响到那些制造障碍者,使他们更愿意签订合同,或者他们的认同可以激发推进者签订合同,抑或他们的认可能为公司带来更广阔的创造力或带来其他的交易,否则在他们身上花时间以赢得他们的认同就没有意义了。

第四章

在生物制品公司和生物技术公司交易的这个例子中,至少在谈判的初级阶段,销售、采购、制造以及运营商都应该归为旁观者。最终,可能他们会在合同的履行中扮演其中的某个角色,但是对于一个要共同合作决定开发一种产品是不是值得的交易来说,这些人的作用与谈判的目标相关性不大,不说几年也要几个月的时间才需要他们的参与。

制造障碍者

制造障碍者在决定是不是要达成交易时扮演着非常关键的角色,但是他们却很少参与合同的履行。很多有经验的谈判人员都知道要把制造障碍者考虑进去,并尽量令他们满意。但是这种磋商应该是双向的,谈判人员除了要获得他们足够的支持和授权去进行谈判,并了解什么样的交易更容易成功以外,另一个比较关键的方面就是,谈判人员要向他们灌输合同履行所需要的东西。如果那些制造障碍者不了解这样的需求,只是向谈判人员发号施令并扬言要否定他们不喜欢的条款,则可能会使谈判人员仅仅争取谈判成功,却无暇顾及合同签订后履行的问题。

再回到我们前面讨论的那个两家医药公司联盟的例子。生物制品公司的 CFO 就可以算做是一个制造障碍者。合同的履行阶段她一般不会参与,但是如果得不到她的认可,交易却不可能达成。这时,谈判人员需要帮助她勾勒出履行合同将会对公司产生怎样的实际效果的蓝图,这样就可以使她相信,她的同意并不是基于错误的假设。例如,关于各种不同的情况会怎样影响研发预算的假设。谈判人员并不希望她对该交易提什么条件,那样会降低生物技术公司参与的积极性,或许也会因为她否定关键资源而使项目缺乏资金。

推进者

推进者对于谈判成功来说并不重要,但是却对合同的履行非常关键。即使某些重要人物不否定交易,但他们完全可以不负履行合同的责任而使整个交易无所作为。当谈判人员指望其他一些人去做(或者不去做)某些事情来影响交易时,这些人必须要跟谈判人员的预期一致,并且了解自己所扮演的角色和肩负的责任。从推进者那里获得的认同就体现为他们个人愿意奉献他们的注意力、时间、能量以及资源来完成合同履行所需的与他们的角色和责任对应的活动。因此,推进者需要了解交易的目标,这样他们的行动才能跟目标保持一致,而且当需要时甚至可以超越正规合同条款实现最终的目标。

在生物制品公司的例子中,很显然,双方的实验室负责人都是推进者,而谈判人员却忽视了他们的存在,这很危险。如果他们的交易想获得成功,双方的实验室负责人必须愿意进行合作,保证该合作项目被优先对待,并且能够获得必要的资源和支持。当双方决定建立涉及数百万美元合同的联盟时,生物制品公司的实验室负责人菲尔和生物技术公司的实验室负责人比约恩在各自公司的地位都不足以使他们成为关键的决策制定者。因此,他们既不属于制造障碍者,也不能归为关键人物那类。在很多的传统企业中,通常都是直到合同签订、联盟完全形成后才允许他们参与——就像战场上勇猛的战士,被寄予厚望尽他们最大的努力来配合联盟工作,而不管前期是否被允许参与其中。然而,这也是很多传统企业中超过一半的联盟不能实现各自战略目标的一个原因。如果不能说服关键的推进者们形成密切的合作关系,或者与某个特定的合作伙伴在特定的范围内建立这种合作关系,那么获得成功的概率就会降低。如果这些推进者认为他们无法(或者是不应该)满足合同的要求,那么双方合作达不到预期效果或失败的概率就会高得多。在生物制品公司的例子中,在谈判过程中获得双方实验室负责人的参与和认同将会促进而不是阻碍交易关键的达成。

通常,交易双方都存在交易推进者,记住这一点很重要。大多数有

第四章

经验的谈判人员都想尽一切办法了解对方团队中的制造障碍者(因为从某种角度来说,其实就是在跟那些人谈判,即使那些人没坐在谈判桌旁),却很少有人关心对方团队中的交易推进者。一个明智的谈判人员绝不会认为获得对方推进者的认同是"对方自己的事情"。如果他们失败了,你也一样会失败。尽早和你的合作方就他们利益干系人的情况进行沟通,并探讨互相帮助达到目的的各种方式。牢记一点,谈判双方都存在一些对合同的履行情况非常关键的人,甚至双方以外都会有人对合同的履行有影响力。

关键人物

关键人物就是那些能决定是否进行交易,对合同的履行也至关重要的人。关键人物对达成交易和获得预期收益都非常重要。需要从关键人物那里获得的认同应该是需要从制造障碍者和推进者们那里获得的认同的总和。听起来有点离谱吧。但是实际上,关键人物是重视交易的关键的谈判人员最好的朋友。他们的观点应该跟你的观点很一致,即使你们对谈判中一些相对根本的东西的看法可能不完全相同。他们认为交易应该值得做才行,否则一点意义都没有。他们认为签订合同并不是交易的重点,而仅仅是取得最终目标的一个里程碑而已。在联合开发药品的那个例子中,关键人物很显然就是相关业务单元的领导们,他们既是药品研制成功后的受益者,也承担着合作失败所带来的成本和风险。

设定对不同类型利益干系人的期望并进行管理

谈判人员做得对。让太多持否定意见或者提各种条件的人参与谈判,那达成交易就遥遥无期了。要想全面地考虑谁应该参与谈判这个问题,你必须清楚不同类型的人是如何参与的及其参与的程度。

不同的谈判人员有不同的方法来管理对那群利益干系人的期望,因此你需要选择符合你自己风格的那种才行。综观各种不同的管理风格，我们发现有这样一种情况：很多谈判人员都犯了同样的错误，对不同利益干系人所扮演的角色进行了种种假设。如果你发现你也有这样的想法，我们劝你仔细想想这些假设是否正确。

一个假设就是，如果某个利益干系人不是决策制定者（即在谈判桌上占有一席之地，而且可能会对整个交易全盘否决的人），就会被彻底排除在谈判之外。面对这样的情况，我们劝你包括进来的大部分利益干系人可能都想在谈判桌上占有一席之地，也想拥有否决的权利。但是如果你真的让他们参与进来了，你可能是自己在给自己找麻烦，而且很可能就注定了交易的失败，因为你可能永远也无法满足所有利益干系人的要求。

第二个错误的假设就是，无论是谈判人员还是利益干系人，不管他们在谈判中扮演什么样的角色，具有什么样的权利，他们对于谈判中所有的决定都是有着相同的重要性的。很多人并没有弄清楚谈判中的决策权和他们自己的地位或者重要性的关系，因此武断地认为对于所有需要解决的问题来说他们的重要性都一样。如果你在谈判时没有这两种错误的想法，你就会采取一种明智的方法让不同的利益干系人以不同的方式参与不同的议题。

勾勒出制定决策所需的各种角色

首先，要勾勒出不同的人在给定的决策制定中所扮演的不同角色：包括决策、推动、通知、咨询和谈判（见表4-1）。既不要赋予某人否决权，也不要不给参与的人权限，要认真考虑你可以分配的权限范围：在消息广泛传开之前，应该把最后所做的决定告诉哪些人，这样他们在从当地的报纸或者竞争对手那里知道这个决定的时候不至于过于吃惊或者被动；在决策制定前应该向哪些人咨询，他们可以提供一些帮助或者

第四章

分享他们所掌握的相关信息或经验；在决策制定之前，哪些人必须要参与谈判。谈判组的成员一般（不一定总是这样）要来负责推动此进程，在该下决定的时候就果断决策，同时可能还要提出一些建议：应该向谁进行咨询，和哪些人进行交涉，并将结果直接通知剩下的人。

每个角色都拥有相关的权利，如商议权、知情权等，同时他们也具有相关的义务或责任。如果你在某个决策中负责咨询工作，这就意味着在决策制定之前，你有权利投入精力和相关知识来充分考虑并推动整个事情的进程，但是这也意味着你有义务来推进此事并在有人咨询时提供及时、有见解的反馈意见。同样，如果你具有知情权，你会提前知道相关的信息，你也需要对该信息的内容保密一段时间才行。

表 4-1 与决策相关的角色

对议题进行

决策	推动	通知	咨询	谈判

根据决策内容安排不同的角色

接下来，需要对要制定的决策的类型进行区分，并根据不同的决策类型寻找不同的人扮演不同的角色。某个人不一定对所有的议题都扮演"咨询"的角色。参与者所扮演的角色取决于他们的知识体系和专业特长，取决于他们是如何受到决策的影响的，也取决于自己在交易和合同履行中所起的作用。对决策分解得越细，分配角色越容易，因为当人们看到自己充分地参与了那些对他们来说非常重要的议题时，即便是在其他议题上他们的参与程度很低，他们也会很满意。表 4-1 展示了如何在一张表中针对不同的议题为参与者安排不同的角色。

很多有经验的谈判人员直觉上在脑袋里都有一张表,但是却很少有人有一个清晰、系统的框架来确保那些合适的人一直参与决策的制定。我们已经看到了这个工具(以及其中涉及的各个变量)在很多企业都发挥了非常重要的作用,从智利的邮电部长与邮局工会合作到负责管理杜邦(Dupont)公司与肯沃基(Convergys)、思捷思(CSC)以及埃森哲(Accenture)等公司进行的外包合作的管理团队。[3] 我们也看到了该工具应用在很多公司的内部、很多的联盟和优先购买协议(preferred-vendor agreement)的合作伙伴间。我们还看到很多公司的董事会成员、公司领导们用它来规范决策制定的流程。我们公司也经常用它来推进和加速决策制定的过程。

我们认为思科(Cisco)公司负责联盟的总裁布雷特·保利(Brett Pauly)在描述他自己的经验时说得非常好:"我这里 11 个不同的(内部)团队中有 31 个利益干系人,我得保证他们所有人满意。"通过明确每个人在公司所扮演的不同角色,"明显缩短了我们通过非标准条款的内部流转次数,提高了合同签订速度,减少了利益干系人感觉'被排除在外'或者'被决策流程忽略'的抱怨,也减少了问题升级后谈判团队被否决的现象"。[4]

如何获得足够的认同?

要清楚不同的利益干系人在谈判中所扮演的角色,这一基本道理对合同履行获得广泛的认同非常有用。但是要想让其行之有效,首先要使大家对这一基本道理给予足够的认同。记住以下几个简单的操作可以帮助你恰到好处地安排合适的角色并承担相应的责任:清晰地界定流程并提早设定预期,尽早并经常向关键利益干系人咨询,帮助你的合作伙

第四章

伴让他们自己的利益干系人参与谈判。

提早设定预期

谈判越复杂,合同的履行越关键,谈判所花费的时间可能就越长,也需要你不断地和你的利益干系人在与对方合作伙伴召开的谈判会议上进行磋商。

让合适的人以合适的方式参与交易的讨论并不是一件非常容易的事情,而且不单单你这一方要这样做,对方的团队也要这样做。问问题的方式不一样,结果也会不一样。例如,当你第一次填写上面总结的决策角色框架时,如果要填写所有的细节,你会觉得似乎有点呆板也很复杂。如果你做得不太得体,别人会以为你非常有权力欲或者想篡夺别人的权力,而引起别人的反感和自卫性的反应;如果你所传达的信息让别人觉得你是在为他们故意设限和分配角色,他们会觉得你很专横独裁。但是事情并不一定都是这样的。下面让我们阅读一下这封简单的电子邮件,来看看邮件的作者是如何阐述他的想法,表达他写这封邮件的目的的。

亲爱的同事们:

我和你们一样经历了很多涉及企业内部多个部门参与的艰苦的谈判,你们可以选择出席所有的谈判会议,你们可能也担心你们的意见被忽略掉。但是几乎没有人能保证出席所有会议。坦白地说,如果我们真的要求每个人都出席,那么谈判肯定无法正常进行。此外,我们也不能期望我们不在场时,谈判就中止,或者期望除非每个人都签字认可,否则便不能与对方达成协议。那样对方就不会重视这个谈判。

如果对下面的这些建议有意见请及时告诉我:

广泛征求意见

1. 乔、萨莉和我会帮助大家解释谈判的议题,并传达需要制定的决策,我们三个将会参与谈判。

2. 关于财务方面的事宜,我们会向史蒂夫和玛丽咨询,但是如果交易的净现值出现了超过5%的变化,则萨拉有否决权。

3. 关于营销方面的事宜,我们会向史蒂夫和罗斯玛丽咨询,但是加里具有最终的决策权。

4. 关于生产计划方面的事宜,我们会向琼咨询,但是胡安·卡洛斯和杰里拥有最终决定权,他们两个人必须同时出席谈判,否则谈判不能继续。我们会在计划出台之前通知你们所有人,这样你们可以提前进行准备以便与你们的团队成员进行商议。

5. 起草的文件和会议记录保存在共享驱动器中,如有需要可随时调取,请尽量保证电子邮件空间充足,以确保其收发顺畅。

在接下来的三天里,如果有任何的意见和建议来完善该流程,我很高兴和大家来展开讨论。如果你们对这种处理方法有任何想法,请在周五前告诉我。如果在规定的时间内没有收到大家的反馈,我将认为大家已经表示"同意"了。

类似于这种简单的方法不需要花太多的时间和管理费用。有些情况下,通过电子邮件就可以解决。然而其效果——用后续节省的时间和交易达成的质量来衡量——确实是无懈可击的。

尽早并经常咨询

仅仅提前考虑你的关键利益干系人是谁,并为他们所扮演的角色设

第四章

定预期是不够的。你得实际地去做,而且要一次又一次地做。

如果你准备得比较充分,并对何时、如何以及为什么与这些利益干系人在谈判期间进行交流设定了预期,那么你在实际做这些事情时会非常有效率。设想一下生物制品公司谈判代表菲比给该公司实验室负责人菲尔打电话的情形。

菲比:嗨,你好菲尔,我想办一下手续。你知道我们正在和生物技术公司就要研制的新药进行非常秘密的谈判,我有些事情想向你咨询一下。你有时间吗?

菲尔:哦,好,我对那件事情颇有些想法。我认为我们根本不应该从别人手里买药品。我们自己的研发渠道也有一些很好的产品——

菲比:是的,确实如此,菲尔。但是你知道,是部门主管弗兰克授权我们进行这次谈判的,因此现在的问题是什么样的交易有意义,什么样的交易没有,而不是我们要不要考虑做这件事情。不管怎么样,让我们一起来监测一下吧。如果决定继续开展此项目,你需要多久能安排好你这边的员工与生物技术公司开始合作研发呢?

菲尔:那得取决于他们想做到什么程度。就我所知,他们的生产量仅仅够实验室使用。我们需要试点工厂生产大量药物来满足动物安全检测和第一阶段的临床研究使用。我也需要更多的信息来了解他们的合成水平。

菲比和菲尔之间这样的交流能帮助他们了解他们每个人需要知道的信息,以便确定未来该如何保证合同顺利履行。菲比向菲尔就合同履行的关键因素进行了咨询,并且告诉了菲尔他所要做的事情。菲比不用非要给菲尔交易的否决权。这只是基于菲尔的专业和他管理履行合同所需关键资源的角色进行的"咨询"而已,并没有邀请他来决定该不该进行这个交易。

如果他们既要成功地签订合同,还要保证合同顺利履行,可能菲比和菲尔还需要多交流几次才行;反过来,这种交流也会使菲比在谈判时变得更加自信,谈判也会进行得更加有效。

帮助你的合作伙伴让他们自己的利益干系人参与谈判

你可能会关心对方参与谈判的相关人员的观点是否达成一致,他们同样也关心。可能这个建议会令某些谈判人员感到吃惊。传统的假设认为"对方"阵脚大乱肯定会有利于自己一方,而我们所提出的观点与之截然相反,应该在就交易的关键问题谈判时,关心对方谈判人员的合同履行能力。如果你的合同伙伴不能统一其利益干系人的意见,双方合同履行失败的概率很可能会大增。

在帮助对方达成一致的谈判意见时,还要注意把握方式方法。如果他们的想法比较传统,他们可能不喜欢让很多人参与谈判,可能也更不喜欢你给他们提建议。他们可能会认为你提建议意味着你不相信他们,或者认为他们无法有效地管理自己的团队。

怎样与合作伙伴提出这个问题并没有什么特别好的办法,但是下面的这些做法从实践来看还比较有用。

询问关于对方的推进者、关键人物和制造障碍者的情况

很多的谈判人员已经养成了去了解对方谁有权决定谈判成败这样的习惯。但是最好在你要了解的内容中增加一些问题,了解一下对方其他关键的利益干系人。这些问题会帮助你的谈判对手仔细考虑谈判的问题,从而使他们准备得更加充分一些。

第四章

询问关键合同履行者一起开会的时间和地点

这个问题比较微妙,仅仅把这个问题看成是想了解这个会议在哪里开,怎么开,则没有达到问这个问题的效果,并没有促使对方进行仔细的思考。毫无疑问,合同履行者在某个时间肯定要碰头。尽早将其作为一个流程问题提出来,可以帮助你的谈判对手着手思考,在谈判结束后会发生些什么,以便尽早安排工作,保证后续的合作有效开展。

描述你自己的咨询过程

主动为对方提供一些信息,比如你是如何向你这边不同的利益干系人进行信息咨询的,以及你打算如何让他们参与谈判流程等等。这些信息会让你的谈判对手看到,在你向他们询问相关事情的同时,你也愿意分享你自己的做法;同时也会让他们看到,你认为这次谈判非常重要,愿意为之付出一些精力。

双方共同努力达成必要的共识

不是每一个交易都需要与双方的利益干系人达成一致意见。但是当某个交易确实需要这样时,双方的谈判人员都需要花费大量的精力共同努力,向各自的利益干系人解释清楚该交易、它所处的形势,以及需要这些利益干系人做哪些工作。

在你和你的谈判对手都清楚了哪些利益干系人以何种方式参与谈判时,你需要把考虑问题的重点放在前期的谈判你该做出怎样的示范上,以确保合同履行阶段的愉快合作。这一点非常重要。

第五章 创造历史

你该为合同的履行起什么样的示范作用?

当顺利达成一个复杂的交易时,很多谈判人员总觉得关于对方参与谈判的人的所有事情,只要他们想了解的他们都已经了如指掌了,并且知道该怎样与那些人进行交涉。

➤ 他们值得信任,还是你需要再次检查他们发给你的每份文件的每一个字?他们言行一致,还是你担心他们会提出一些借口,不兑现他们在合同中许下的承诺?

➤ 他们富有创造力并且善于解决问题吗?据你预计,是不是每遇到一个小问题,在他们答应解决或者采取合理的手段之前,都要经过很多形式主义的过场或者发表些威胁性的言论呢?他们会进一步解决问题,还是会采用最不合理的方式处理呢?

➤ 他们愿意进行资源共享,还是从他们手里获得信息比拔牙还费劲儿?你怎样确保你已经了解了所有你需要了解的事情,以便使合同顺利履行呢?

你必须明白,在谈判过程你会了解到很多关于你的谈判对手的情况,这些会影响到你在签订合同后进入合同履行阶段时对他们的看法。

第五章

当然,他们同时也在了解你们。

如果合同的履行确实非常重要,那么不要等到合同都签了才开始考虑如何与对方合作这个问题。到那时候再考虑,很明显,已经太晚了。

你也许会说:"噢!等等,我们那些东西不全是真的。谈判之前发生的事情只是我们为了签合同才不得不那样做的。现在我们可以好好地开始合作了。"

不幸的是,这些很多都是建立在你的假设之上,实际上却很难按照想象的发展。给人留下的第一印象很难改变。很多人可能会像你一样,希望"谈判中发生的事情就留在谈判中了",但现实是,那些发生在谈判中的事情会被牵扯到合同的履行中去。一旦在合同履行的过程中出现问题,不管问题大与小,各方都可能会去回想他们谈判的经历,并按照谈判时的方式行事。为了确保他们所做的行为有可能促进而不是妨碍合同的顺利履行,谈判人员需要认识到他们在创造历史中所扮演的角色,不管是好还是坏。

让我们再来看看第一章中介绍过的一个例子,休所在的公司生产芯片零配件,并向比尔所在的公司供货用来组装精密制造设备,双方因为产品的质量问题发生了争执。比尔和休进行谈判,好像谈判的唯一目的就是就谁应该对残次产品负责达成一致意见一样。为了达到这个目的,双方都提出了自己的论断来论述对方的过错;他们请律师就合同的相关条款提出了他们的看法。谈判过程中,他们彼此极力推卸自己的责任,让对方承认过错。他们本可以互让一步来共同分担损失造成的成本,但如果真的这么做了,他们可能又觉得自己的情感在某种程度上受到了亵渎。双方都从这次经历中吸取了教训,今后要尽量自我保护,免受对方给自己造成的伤害。作为他们之间交易的一部分,他们会听从律师的建议,达成相应的条款以免同样的问题再次发生。

让我们听听三个月之后发生了什么(请看比尔和休的对话)。

比尔和休的对话

比尔想说但没有说的话	他们实际的谈话内容	休想说但没有说的话
我们两周没收到任何消息了,时间就这样流走了。	比尔:休,你能尽早为我们安排新的零配件吗?	我讨厌这个新的流程,但这是我们解决最后一个问题时达成的协议。
他们怎么能这么干等呢?这些零配件对我们研制新产品的时间安排来说可是至关重要啊。	休:我们一直在等你们就最新的设计规格签字确认呢。 比尔:我们不是两周之前就告诉你们先往下进行了吗?	
噢,上帝保佑啊! 我真是不敢相信,他们所有的事情都要我们"落在纸面上"。上次我们那么通情达理,分担了由他们造成的损失——500万美元的损失,我们承担了300万啊。	休:我们一直都没有收到书面的确认函,也没有收到新的认可协议来敲定产品规格上的那些改动。 比尔:休,我们非常需要这些零配件,我们的新产品就靠它了。 休:不按合同的要求来,就算零部件不能按时提交,我们也不负任何责任。	不,不,不。直到我们确认你们签字才能开始。绝不能让你们再说我们缺乏组织纪律,不遵守流程了。 上次我们从你们那里吸取了惨痛的教训。我们必须进行自我保护,以免你们一而再、再而三地变卦。
他们怎么能这么严格,我们原来对他们多灵活啊? 只有一个供应商,简直是灾难啊,我们得引入竞争者跟休他们竞争,那样我们就能平衡一些了。	比尔:但是我们已经跟客户签了订单——每件设备要花费2 500万美元。并且我们订出去了6套。我们需要在年底运送出去,完成我们的目标。 休:只要你按照新的协议进行,我们就可以马上开始了。	我上次已经吸取教训了,我们再也不能全力以赴帮助你们了。如果事态变坏,你们又会反过来责怪我们。你们损失1.5亿美元销售额,跟我们无关。我可不会再去冒险重蹈另一个200万美元的覆辙了。

　　如果比尔和休能想到第一次的谈判会为他们今后彼此如何交易起到示范作用,毫无疑问,他们原来谈判的结果可能就不是现在这样了。要是他们认识到,以后在产品设计和新部件的生产上他们可能合作得更多,而不是更少,结果也会比现在好些。另外,他们应该明白,谈判的目

第五章

的不仅仅是就谁来承担多少损失达成一个一致意见,而是要改变他们的合作方式以降低问题再次出现的概率。他们怎样才能降低这些问题今后再次出现的概率呢?怎样才能尽早地发现流程中的问题,以减少造成的损失呢?那就需要换一种谈判方法:如果比尔和休的主要目标(减少造成巨大损失的错误)是增加双方关键信息的及时交互,他们的谈判就需要为信息流动营造适当的氛围。

如何预见你想要的历史?

鼓励"创造你自己的历史",听起来觉得有点奇怪吧。很多人都认为历史是永恒的,穿越时空去改变历史中发生的事情(然后还能引起一系列完全无法预测的事件发生变化),仅仅存在于某些虚构的科幻小说中。确实,一旦事情已经发生,历史就无法改变了。我们今天不能改变昨天发生的事情。但是,今天注定会成为明天的昨天,因此我们有很多事情可以做,来影响以后人们对谈判的记忆——创造我们想要的那种历史。

我们谈判和进行交易的方式不可避免地影响着未来履行合同的行事方式。每个人都知道,我们怎样达成交易明显影响着我们对交易结果的满意程度,我们继续推进这件事的热情,我们如何管理与合作伙伴的长期关系,以及我们未来与合作伙伴进行更多合作的意愿等。谈判时我们的做法,比如我们的友善程度,我们如何倾听对方的陈述,我们是否投入了一定的感情因素,在事情没有弄清之前我们不随便怀疑对方有过错等等,所有这些在进入合同履行阶段后,都可能影响你们今后的合作。

这些比你预想的"创造历史"要容易得多。实际上,这些都是你必须要去做的。其中的技巧就是要知道什么样的历史对合同顺利履行最有帮助，面对什么样的历史你会感到遗憾。如果在合同的履行阶段你遇到了麻烦，比如对方故意隐瞒一些信息，当他们占上风时总是想约束你，或者当事情并不像预期的那样发展时他们根本没办法或者不愿意采取任何有效的措施来解决，那么你就知道我们在谈论什么了。

让交易的关键决定前期的做法

你希望创造怎样的历史呢？从交易的目的这个出发点来考虑比较有意义。你最终要取得什么结果？如果你遇到了麻烦，谈判时什么样的做法更可能给你提供帮助呢？不同的谈判目的在合同履行时可能会产生不同的问题，因此前期也需要有不同的做法。例如，当谈判的目的是要解决双方的冲突或者争端时，双方很可能会彼此不信任。也有可能协议本身就引起了新的争议，除非双方已经就如何开展好合作达成了一致意见。但是，如果他们在谈判期间形成了一系列有效的做法，当出现问题时，他们就可以回顾他们的谈判记录，就会看到双方都很严肃地对待各自的承诺——只有在仔细思考清楚后才进行承诺并遵照其执行。此外，如果他们在谈判时就彼此互相尊敬，这就为今后的交易打下了一个好的基础：当问题出现时，他们同样会采用彼此尊重的态度来解决问题。

当谈判是以采购、商品交换或者创造价值为目的时，在合同的履行阶段，双方经常会面临环境变化、当初的设想不正确等问题。在这些情况下，那些原来就进行信息共享、努力解决问题的交易双方可能比那些原来没有这么做的交易双方得到的效果要好。当然，环境改变了，交易的结果也会发生变化。当双方的地位完全颠倒过来时，过去总是依靠某些不正当的手段或者高压政策的一方，就会比根据客观标准办事、遇事协商解决的一方面临糟糕得多的情况，过去的一些做法这时就起了很大的作用。当交易的主动权发生转移时，那些过去想尽一切办法借助不正

第五章

当手段的人就会悔不该当初了。

最后,还有一些谈判,其目的是为更好地合作进行工作安排。随着交易进入合同的履行阶段,更多的人需要参与进来了,这时双方可能面临的挑战是保留原来工作安排的"精神"。换句话说,双方之所以合作并不是因为合同的约束,而是因为双方发自内心的愿意。除非参与合作的人感觉受到了尊重或者有某些因素激励他们,或者除非双方的信息流动速度很快,否则只是为了合作而进行的工作安排可能很难收到显著的效果。以我们的经验来看,如果合作双方能确保在谈判期间对彼此如何相互对待以及如何共享信息资源等问题形成了有建设性的做法,合作双方就更可能取得成功。

在表 5-1 中,我们列出了一些有代表性的问题,并对这些问题进行了基本的归类,这些问题可能对你如何起到好的示范作用很有帮助。这个表里所列的问题并不完全,你应该仔细琢磨一下,并根据实际情况添加一些问题,或者对现有的问题进行一些调整。

当问题发生时,我们在表里所列的那些做法,正如你希望的那样,是在支持你的工作,而不是在阻碍你的工作。如果你曾经就某个交易进行过谈判,而这个交易恰好需要合同的履行阶段双方密切配合,那么这时你可能对这样的情况再熟悉不过了:你遇到了一个问题,非常希望能说出"记得在谈判的时候……"这样的话来鼓舞你的士气,帮你解决这个问题。不幸的是,双方回顾谈判过程很少能起到这样的作用。

在谈判阶段,如果你根本不用考虑如何利用你的某些手段,也不用考虑创造力或者信息共享问题,只是选择一种你喜欢的做法进入合同的履行阶段,那么答案就显而易见了。你应该做到尽量别占对方的便宜,与对方信息共享,在事情没有弄清之前不要随便怀疑对方有过错,并且积极解决问题。尽量争取给别人留下信守承诺、容易打交道的好名声。

表5-1 谈判阶段要考虑的做法和相关问题

各种做法	问 题
利用各种手段和优势	双方在交易过程中有多大程度是依靠自己的优势(通常是暂时性的),而不去按照客观准则、标准和行业惯例?
信息共享	双方在共享各种信息时的开放性如何?
承诺	双方在做出承诺时是不是非常谨慎?他们是认真对待的吗?
创造性	双方是否彼此帮助对方寻找解决问题的方案,甚至是拿出一些新的举措,以实现各自的目标?
尊重及善于处理与对方的差异	双方是不是在存在不同意见时也彼此以礼相待?双方是否能正确地对待在理解和文化上的差异?
在事情没有弄清之前不要随便怀疑对方有过错	双方是否在下结论之前彼此问些问题,并在事情没有弄清之前尽量不随便怀疑对方有过错?

但是一些谈判人员会说,事情不是那么简单的。他们认为你需要在谈判中态度强硬、积极大胆,包括像用你能利用的各种手段(哪怕是暂时性的优势,只要当时能让你获得你想要的结果就好)。他们认为谈判时做出一种临时性的承诺仅仅是让对方继续谈判的一种手段而已,而不是真正具有约束力的协议。他们也知道富有创造性是件好事情,但是他们更希望这种创造性来自对方,而自己仍旧保持着强硬的态度,坚持自己想要的东西。

为了在谈判和合同履行两方面都取得胜利,很多企业都认为应该准备两套人马,一套用来谈判,另一套则用来履行合同。这样,他们可以让态度强硬的谈判团队采用各种方法来获得对自己最有利的合同条款,然后履行合同的另一个团队来打扫谈判人员留下的战场,处理被他们弄得一团糟的关系。你觉得你可以在谈判时粗暴地对待你的谈判对手,而在合同履行时又能让对方跟你愉快地合作,很不幸的是,这种想法本身就

第五章

是非常愚蠢、非常自大的。

很多企业都用采购专家来跟供应商谈判,这种方法非常普遍。很多采购小组都在价格上凶狠地压榨供应商(不要大惊小怪,因为很多团队都是按照节约的费用进行业绩考核的)。尽管在一开始他们经常能成功地获得自己满意的价格,然而后来他们通常会发现他们并没有获得他们期望的价值。一旦供应商找到了夺回收益的方法(比如提供的有力担保减少,服务和维修费用另计,"订单变更"要收取高额的费用,对于原来"免费"的一些项目分开计价等等),实际上对于采购方来说,他们的"总成本"(不仅仅用花了多少钱买东西来衡量,还要考虑使用的因素)并没有像价格的下降那样降低得那么明显。

曾经受压榨的供应商如果出现产品短缺,对于买家来说打击就更致命了。供应商肯定会首先满足这个买家的竞争对手(采购时对供应商提出的条件没那么苛刻)的产品需求,这种事情非常正常。只有产品的数量非常多的时候才会满足该买家的订单需求。在市场竞争中出现供给过剩的情况时,压榨供应商的那些买家也别指望对方在供不应求的情况下除了用同样的方法对待自己外还能怎么善待自己。

如果只是采购部门欺压销售商和未来要进行合作的其他企业还不会出什么问题。但是很多人认为,当采购部门或者其他负责交易达成的人采取这种强硬的态度时,这并不是一个偶然事件,他们会这么认为:对方这些谈判人员肯定是按照预定的方案,有准备地实施其战略,以便在谈判时获得尽可能多的优势。那么当情况发生变化,位置颠倒过来后,即使跟他们打交道的人不一样了,也应该用同样的方式来对待对方。

不能认为谈判和合同的履行是相对独立甚至截然不同的两个过程,把它们定义为一个合同连续体的两个不同阶段更合适一些。〔这个连续体可以是个圆形,也可以是能返回到下一次谈判的默比乌斯纽带(Mobius strip)形状,但绝对不会是一条直线(见图5-1)。〕

图 5-1　谈判—合同履行连续体

我们发现,那些成功的谈判人员会把所有和他们的谈判对手进行的各种交流都当做今后在合同履行阶段如何与对方开展合作的可能的示范。实际上,合同的履行通常在谈判阶段就已经开始了,而并不是在谈判之后才开始,而且可以确定的是,在合同的履行阶段还要面临许多其他的谈判。

让你的团队就你们想要创造的先例达成一致意见

无论是总给"非常和蔼、非常绅士"的合同履行人员制造麻烦的、态度强硬的交易达成者们,还是谈判团队中总是唱反调的、棘手的某个谈判人员,意见不一致、内部协调得不好,往往会扼杀掉某些创造有建设性的历史的好机会。不幸的是,哪怕是一个"坏家伙"都能创造出一段历史。但是在很多企业里,某些谈判人员总是保持一种强硬的姿态,行事让别人非常反感,尽管他们并不是要故意使坏,从中作梗。很多谈判人员都非常肯定地认为这些是现实世界中取得最好结果所必需的伎俩。面对要取得好结果的压力,他们会做他们认为值得做的一切事情。

为了改善整个团队在关键问题上的意见的一致性,让我们再回顾一

第五章

下前面介绍过的表 5-1。为了取得好的谈判结果,在谈判过程中下面这些做法——在事情没有弄清之前不要随便怀疑对方有过错、尊重与对方的差异、创造性、承诺、信息共享以及利用优势——中哪一种做法需要(或者说受益于)换种姿态呢?一个态度强硬、极具侵略性的谈判团队可能比致力于未来顺利履行合同而努力起到示范作用的团队取得更好的结果吗?你能期望你在谈判时对对方横眉冷对、态度强硬,等到了合同履行阶段,对方会把你们的这些做法忘得一干二净吗?

在事情没有弄清之前不要随便怀疑对方有过错

让我们从表的最后一项——在事情没有弄清之前不要随便怀疑对方有过错——说起。在任何谈判中,你都不可以无端假想你的谈判对手已经做了什么事情,也不可以对对方的意图做出毫无根据的指控。可能确实有些这样的情况存在:一些没有什么经验、缺乏信心的团队被迫做出让步是因为对方对某些他们根本没做过的事情感到愤怒。但是这种情况并不经常发生。很多情况下,如果你的谈判对手被你无端地谴责为信誉不好,他们会暴跳如雷,因为你们非常不礼貌,并没有在谴责别人之前调查清楚,因此以后他们会对你们采取更加强硬的态度。由于某种原因,在谈判阶段你曾经无端地怀疑过对方,那么当项目进入到合同的履行阶段,他们是不可能很快就忘掉你原来的做法的。

尊重

现在让我们来看一看"尊重"这个因素。对于这一因素来说,不同团队的做法有着较大的差别。尊重别人并不意味着要以自身的利益为代价,也不意味着让你违背正常的基准程序和市场标准来行事。你可以表示反对,但是不要表示出厌恶的情绪。在和别人相处的时候尊重别人并不意味着你需要对某些实质性的关键问题妥协。我们曾经听说过有些谈判人员的顾虑，他们担心别人认为他们太有礼貌，脾气太好，反而会使他们丧失一些本可以通过胁迫手段吓唬对方随时准备终止谈判而获得的一些优势。不过确实，你应该尽量避免做一些看起来过于恭敬顺从的举动，以免让对手认为你的其他备选方案的真实性、可行性和吸引力太低。但是，在谈判时保留一个可行的终止方案并不等于蓄意表示对对方的不尊重。就像你可以选择走出虚拟的那扇门并不意味着你想恶意地摔门而去一样。不尊重的行为表现总会引起对方强烈的反感，而且到合同履行团队接管了谈判团队的工作之后，这种情绪很可能还会一直延续着，久久都不会散去。

创造性

提到另外一个比较重要的做法——创造性时，很多谈判人员都觉得在谈判阶段如果表现得非常刻板，抱定原来的态度不去寻找新的办法，往往能获取某些益处。我们也理解这些做法。在某些问题上态度坚决、立场坚定确实可以为自己带来某些益处，但是派一个态度强硬、好斗的谈判团队——他们表现得顽固不化，抱定了原来的观点而不去寻找更合适的解决办法——似乎并没有任何优势可言。创造性地寻找可行的解决方案并不意味着要我们退而求其次。相反，顽固不化的固守反倒害人害己。既要乐于接受应该接受的事物，也要做到三思而后行，两者应有力地结合起来。此外，如果你为了在谈判桌上取得某项优势地位而表现得非常顽固，那么你也别天真地假设你的合同履行团队可以改变对方对你们的看法，或者成功地消除掉谈判人员给对方留下的印象。

承诺

在谈判阶段一味承诺，而后却不兑现承诺，这似乎能给你在谈判阶段争取到很多的优势。一些谈判人员认为，如果他们表面上做点让步，然后

第五章

以他们理解错误或者没有这个权限、领导不同意为由再反悔,他们可能会让对方做出更多的让步。一些企业认为这些伎俩还真能起些作用,因此它们会让它们的谈判团队来这样操作,并把团队中个别的"持异议者"剔除出去。如此一来,合同履行团队就只能靠自己的力量重塑信誉了。

经验表明,这些想法存在很大的缺陷。蓄意地做出不能兑现的承诺,很显然并不能获得对方不好轻易收回的承诺。如果你不能兑现你的承诺,你也没办法要求对方兑现他们的承诺。然而,你却给别人留下了这样的印象:你们企业行为随意,或者根本不值得信任。这会让你的合同履行团队带上同样的一笔印记,哪怕这些人根本没参与到谈判中来。因此,你最好在承诺时三思而后行,充分认识到你正在创造承诺可靠性的历史。

信息共享

信息共享这个因素更为微妙。在谈判阶段和合同履行阶段我们建议的信息共享,其共享程度以及特性都存在着差别。在谈判阶段,你很可能会向你的谈判对手隐瞒一些信息。这种隐瞒信息的做法是出于战略和策略上的考虑的,而且也完全是正当的。例如,你完全可以不去回答像"你最高能出多少钱?"或者"你最少想要多少?"等类似的问题。在绝大多数情况下,问问题的人也不会真的相信你的回答。如果他真的相信了,说明他在鼓励你误导他。谈论这样的话题无聊至极,你要知道哪些问题属于这类。和盘托出所有的信息很显然只是一种不现实的美好愿望而已。

其他的问题可能就涉及你需要达成交易的迫切性或者你终止谈判的可行性了。无论对方是直接还是间接地问到你对这些问题的看法,你都可以很得体地表示,你不想回答类似的问题。如果你真的回答了,可能会使你处于非常不利的地位。但是在有些情况下,有必要告诉对方如果你不签这个合同你会怎么做,尤其是当你的谈判对手低估了你终止谈判的意愿,没有意识到他们要毁掉这笔交易时。但是通常来讲,当你谈论这些事情的时候,就跟讨论你们如何合作无关了——这个问题与其说是在讨论你们对共享信息起到什么样的示范作用,不如说是在讨论这个话题对于谈判来说是否有意义。

此外,还有很多有意义的对话。例如,探讨某个具体问题如何牵扯到你的利益,你对解决某个具体问题提出的意见(不用做出承诺),或者可以帮助你确定合理估价的一些相关参照因素,所有这些问题探讨起来似乎都很公平。你想对如何与对方进行信息共享这一问题做出某种示范作用,就要考虑到合同的履行因素和取得成功所需要的信息流动情况。谈判人员在谈判时为交易达成后考虑得越多,就越容易形成那种早晚会对你有用的历史。

利用优势或者手段

谈判中,一个特别不合适的做法就是利用某种优势或者手段。肯定存在某一方在谈判中具有某些明显优势的情况。这种情况大多数都出现在谈判的一方比另一方对交易的迫切性更高,或者是一方面临时间的压力,而另一方却没有时。我们看到,有很多的谈判人员非常善于捕捉这种优势地位上的不对等因素,而且还竭尽全力创造这种不对等或将其作用发挥到极致。就其本身而言,这并没有什么错误——让对方知道你有一套非常好的备选方案,如果他们想达成这笔交易,他们就得拿出点实际行动来,提出一些对你有利的条件来让你接受。但是你要记住,当合同的履行确实非常重要的时候,虽然可能性不大,但至少存在某种可能性,那就是优势地位会随着时间的推移而发生转移。如果你的做法是"一朝权在手,就把令来行",那么当对方拥有这种优势地位时,你可能就悔不该当初了。

当然我们不能保证所有这些做法——不管是好的还是坏的——都会在合同的履行阶段重现,但是"种什么因,得什么果",这么想会更安全

第五章

一些，而不能想着恶因求善果。在谈判阶段你的示范作用起得越好，而且注意保持参与的人员与对方相处的关系的延续性，那么你就更可能从中多受益。有经验表明，你不能指望你积极的做法就一定能在你遇到问题时帮你摆脱困境，但是如果你最开始的做法就很消极，那么你注定会在遇到麻烦时越陷越深。

牢记一点，哪怕谈判团队里只有一个唱反调的也会破坏你想创造的历史。不管出于何种原因，人们总是倾向于关注那些不好的行为和事情，而且往往还记得更深刻一些。好的做法却很难引起别人的注意，因为在某种程度上，它已经被人们"预料"到了，但是那些不好的做法却总会因为被认为不公平或者不应该那样而不断地闪现在人们的脑海中。举例来说，想一想我们中有多少人认为对方做的很多好事都是理所当然的，却对对方所做的一些惹恼我们的小事耿耿于怀。我们知道这样不对等，但是我们往往还要这么做。

如果你想去创造历史，而且如果你的谈判团队对于起到良好示范作用的重要性认识一致，那么你成功的概率就增大了。当谈判团队认识到如果合同履行不顺利，单纯的交易是毫无意义的，而且还知道谈判阶段团队的行为会促进（或者妨碍）合同的履行，则参与谈判的人员就会更加注意团结起来，共同掌握集体的命运。

看一下表5-2的一些想法和表现出的行为。只是参与谈判的交易达成者和关注合同履行的谈判人员，他们的想法差别真是很大。他们的想法在谈判桌上直接就体现在他们的行为上了。当然，谈判不是电视剧本，按照写好的东西去发展，但是我们发现当团队成员对某些关键问题达成一致之后，他们更可能会按照既定的方案行事，甚至当他们临场发挥时也不会偏离太多。

当然，这个表并不能涵盖驱动某个谈判人员的行为的每一个想法，而且对每一个可能发生的事件都给出解释也是不可能的。那些细节问题如同很多其他的事情一样都不太重要,最重要的还是要围绕这个核心:你是不是要创造一个有意义的历史?

要想知道谈判的过程是不是为未来合同的履行起到了好的示范作用,你可以回答一下下面这几个问题:

➢ "如果我们现在所采用的程序和我们以后在合同履行阶段可能用来消除双方差异的程序一样,我那时会对那样的结果不高兴吗?"

➢ "如果我在结束谈判之前,强行用我具有的某些优势来取得某些进展,是不是在合同签订后的某个时候这些优势反而会转换成我的劣势呢?"

➢ "如果我们换位思考一下,我现在的这些做法会不会让对方今后产生报复心理呢?"

➢ "如果我们现在的行为方式与我们签订合同以后的行为方式没什么区别,我还会担心无法获得交易所带来的好处吗?"

对于以上的问题,只要你有回答"是"的,你就该好好考虑一下,是不是应该改变一下谈判的方式,以便给未来合同履行阶段双方良好的合作起到好的示范作用。

表5-2 单纯的交易达成者的想法与以合同履行为出发点的谈判人员的想法的对比

谈判策略	交易达成者		以合同履行为出发点的谈判人员	
	想法	行为	想法	行为
创造性	"解决他们的问题不是我的事。"	➢ 不采取任何行动 ➢ 等待让对方制订计划,并等着指出他们的漏洞	"今天我们如何解决谈判中的问题,可能会为明天我们怎么和他们一起履行合同打好基础。我希望他们具有良好的信誉和创造性,因此现在我自己需要先表现出来。"	➢ 在自由讨论时,不要随便对对方进行评价和批评 ➢ 提出一些对双方都有好处,而不是只对己方有好处的解决方案

第五章

(续表)

谈判策略	交易达成者 想法	交易达成者 行为	以合同履行为出发点的谈判人员 想法	以合同履行为出发点的谈判人员 行为
信息共享	"告诉他们相关的信息,纠正他们的误解,那可不是我们的事情。"	➢ 隐瞒信息 ➢ 不去纠正给对方留下的错误印象	"跟我们打交道我不想让他们有受愚弄的感觉。我想让他们在合同履行的时候保证良好的信用,而不是勉强去遵守承诺甚至不履行。"	➢ 成立一个联合信息调查小组 ➢ 委托第三方进行调研和分析 ➢ 对每个人的想法公开地提出你的问题
尽可能地获取价值	"能捞的好处尽量捞。不让他们做一笔糟糕的买卖是他们的事情,与我无关。"	➢ 能争取的都争取,而且起点非常"高" ➢ 用对方的需求来胁迫对方做出让步	"如果我们现在利用我们的某些优势,而用它的原因仅仅是因为我们可以用,那么当他们找到机会时,他们也会这么对待我们。"	➢ 扪心自问:"如果我们的位置调一下,我是什么感觉?会不会影响我们对合同履行的态度?" ➢ 说出你的惯常做法:"这个问题感觉比较棘手。我在想是否我们可以考虑双方都额外做点什么来解决这个问题,以期尽我们最大的努力实现我们在合同履行阶段的最终目标?"

资料来源:本表经过《哈佛商业周刊》允许进行转载。摘自丹尼·厄特尔的《达成协议》,2004年11月。版权由哈佛商学院出版公司持有,版权所有,仿冒必究。

如何让别人了解你对过去做法的看法?

双方也会由于对历史记录的看法存在分歧而出现争执。我们在和以色列以及巴勒斯坦的谈判代表们合作时发现,我们听到双方对于以前的一些事情的叙述几乎没有任何相同的地方。人类非常善于选择性地回忆某些过去发生的事情。黑泽明（Akira Kurosawa）的电影《罗生门》（Rashomon）讲述了这样的故事：由四个不同的角色用不同的方式来复述同一件事情。那些熟悉这个电影的人都知道，故事被讲述的方式完全取决于是谁在讲，他站在哪个角度上去讲。

你可以遵循我们给你提供的这些建议。例如，与对方分享你的兴趣点，或者建设性地解决存在的各种问题，这些对你、对交易本身、对合同的履行来说都很有益处，不管它能否形成某种示范作用。但是，如果你想把你对谈判的某些做法直接默认为合同履行阶段解决问题的方式，简单地依靠原来的行事方式是不够的。你需要弄清楚，尽管你是用这种方式来行事，也希望双方今后都能用这种方式来做事，然而这只是你的主观意愿而已。

即使你没有明确地形成某种示范，在合同的履行阶段，你原来的做法仍然可能会帮助你摆脱你所面临的困境。你可能会向对方说："还记得当我们刚刚开始进行谈判的时候，我们与你们分享了很多我们不一定非要提供的信息吗？"或者说："让我们先尝试一些做法来帮助我们达成这笔交易；在我们开始对对方提要求之前，让我们一起来分析一下深层次的原因。"

但是如果在谈判阶段你就给对方发出信号，让对方清楚你乐意与对方分享信息，或者当问题出现时，你会积极地与对方一起去解决，而不是事情发生很长时间后才去处理，那么你所面临的局面就更为安全了。其实，在谈判阶段，你可能会对你自己的感觉、理解和意图非常明确，但是对对方来说，他们却对你的这些感觉很模糊，即便并不是一点都不清楚。人们会对各种各样的信息进行过滤，并添加自己的一些理解在里面。关于为什么有些人一直按照他们现在的做法行事，尤其是当双方的合作境况出现一些问题的时候，我们一直在寻找原因，而且这些原因通常是负

第五章

面的。让别人记住你采取的一些好的举措很容易——或者不是你刻意,而是他们留心观察到的——他们可能通常都不会认为你是刻意这么做的,而是一种不经意的行为。因此前期所做的哪怕是一点点闪光的事情或者好的示范作用对你来说都是有益的。

如果在谈判阶段,你能跟对方说"我认为,我们一开始就把关键信息都拿出来摆在桌面上以及我们花些时间详细地分析我们各自的需求以便更好地决策,这些都很重要",那么至少你告诉了对方这样的信息:你的做法与以往那些谈判中很多戒备心很强的、把底牌埋在自己心里的做法不太一样。如果你接下来真的明确了对方所需的信息,并对信息的收集和交换方式建立了一个有效的合作机制,那么当以后真的出现什么情况时,你去提你过去的做法会更合适一些。

当你发现你在努力解决双方的争执,尤其是当你这一方是受害方时,则可以考虑下面这种可能你不太情愿采取的方式:"我们不要一上来就相互责怪,以后再说这些也不迟。我们可不可以先来共同了解一下问题出现的原因以及导致现在这种局面的我们在各种事情的处理上采取的不同做法?这些可能会为我们提供一些好的线索,来弄清楚如何去解决这些争执。"不管这种做法会不会帮你们找到一个合理的答案,你至少唤起了对方的注意,让他们知道你们完全可以就如何更好地开展合作来进行各种抉择。在谈判阶段这么做,可能会对今后你在某些问题上陷入窘境时非常有帮助。

正如前文所述,这种事情不能一蹴而就。要想保证合同履行得非常顺利,对这种交易进行谈判确实非常劳神。同样,你也无法保证你在谈判阶段表现得非常积极、努力起到非常好的示范作用,而当合同的履行阶段出现问题时,对方也会按照你的做法行事。他们可能不认为以前的做法对现在出现的新问题有任何的说服力或适用性。做事的人可能都换了,新来的人可能并不关心原来谁做了些什么。在目前的情况下,他们可能不会表现得那么积极。

  但是,我和我的同事们25年多来与数千位谈判人员的合作经历告诉我们:虽然你无法保证对方会按照你所开创的积极、有建设性的先例行事,但是你完全可以肯定的是,他们会牢牢记住你的每一个不好的做法,并且一旦有机会就会伺机报复。这是千真万确的。

第六章　说出你的担心

如何在确保交易没有风险的情况下讨论风险？

每个谈判人员面对每个需要履行的交易，都会从某个角度来考虑哪里可能会出现问题。

他们有可能会太过担心风险，甚至都被吓怕了；也有可能过于轻率或过于傲慢。这两个大相径庭的结果之间的差异仅仅在于你对某件事情的看法而已，或者取决于你怎样评价什么都不做的风险。由于你谈判的内容不同，我们无法了解你的风险厌恶程度可能或者应该是多大。当你认为风险适中的时候，我们不鼓励你去冒更大的风险或者降低你的风险。

但是我们可以知道的是，大多数谈判人员并没有与他们的谈判对手经常进行风险问题的谈判，而且就算他们这么做了，他们做得也不够好。就算有些人勉强参加风险问题的讨论也似乎是迫于企业面临着一些问题而不得已才进行的，比如像协商企业标准或对交易达成进行奖励的奖酬系统等等，绝不会因为履行合同的风险因素过高而终止谈判。我们将在第十章对这一问题展开讨论。在其他情况下，不愿意讨论风险更多的是一种个人行为，因为很多人不愿意面对那些比较劳神的对话。

第六章

不去讨论风险就没有风险了吗？

从我们所看到的各种情况进行分析，对于如何在谈判期间提出自己关注的问题有很多种不同的观点。一种被认为比较合理的做法就是"如果你没有什么可说的，那就什么都不要说"。赞同这种观点的谈判人员通常担心在谈判时谈自己有疑虑的问题经常会被对方误认为是在谴责他们信誉不好或者做事情没有诚意。这导致的结果是，他们努力压制自己内心合情合理的担心，而正因为此，他们失去了与对方在谈判期间一起探讨这些问题的机会。甚至有些时候，这种担心在内心里越积越深，以致双方还没有真正把这些担心放到桌面上来谈时，过重的心理压力就扼杀了该交易，因为一方可能认为对方不会如期顺利履行合同，因此终止了谈判。

另一个普遍存在的态度就是鼓励谈判人员在合同中事无巨细，尽可能在合同中写入每一项可能出现的偶然因素，比如冗余能力（redundant capability）、保险合同以及出现问题时的惩罚措施。有趣的是，我们有时候可以看到第一种对待风险的态度从形式上发生一点变化，形成了第二种对待风险的做法：双方不愿或者不能以一种积极的态度来讨论他们的顾虑，因此他们就把这些问题留给他们的律师，让他们去签署一个"防弹合同"，这样一旦原来没有说开的那些顾虑真的变成了现实，至少这样的合同可以保护他们自己免受伤害。

你可能已经知道了我们上面描述的这两种方法存在的区别。我们认为这两种方法都会导致谈判人员陷入困境，而这本来完全是可以避免的。当双方就某一方存在的顾虑进行讨论时，或者当他们通过合同上的制裁条款来解决其顾虑时，他们实际上是在营造一种相互对抗、不断争论的氛围。

谈判时你可以设身处地地想一下：你和你的谈判对手对坐在谈判桌前，你担心对方可能不会按照合同进行交付，或者担心可能会发生某些不可预知的事件使得你们双方都无法取得既定的目标。但是你根本没有听到对方有任何的疑虑，因此你感到非常沮丧。你需要找出解决问题的应对措施，但是你还不想直白地说出你的顾虑，因为那样可能会激怒对方，或者使谈判愈发困难。但是，不说出你的顾虑，你的担心并没有消失。如此一来，只会使你更加不高兴，并且可能有种无助的感觉。因此，你继续为此而焦虑，而且还继续对此避而不谈——听起来你已经陷入了一个恶性循环的怪圈，不是吗？

当你尽力用适当的合同条款来保护自己时，你的这种做法需要接受这样一个前提，那就是如果真的出现问题，对方得愿意做出补偿。当然，他们面对你的要求，或者你对他们不能兑现承诺的含糊其辞的谴责肯定会不高兴。他们并不想承担一旦出现问题所相伴而来的各种风险，因此他们更愿意将你的顾虑降低到最小的程度，保护他们自己，降低他们出现问题的概率。他们甚至可能会对你建议的合同条款非常反感，因为他们认为这些条款过于片面，没有站在他们的角度考虑。

当然，他们对于合同中这些偶发情况出现后你所提出的要求有些抵触，或者他们对你建议的合同条款做出回应，都印证了你们双方的顾虑：谈判演变成了一种相互的较量，你提出的这些保护性条款成为了这种发展态势的推动因素。最后的结果就是，当你想继续往下谈时，产生了一系列影响双方开展合作的障碍——一方或者双方对对方的能力、信誉或者当出现问题时双方继续合作的意愿等，产生了一些怀疑或不信任。

当然，这种恶性循环的出现是可以避免的。最好的办法就是设想一下，如果你不把它当成一个竭尽全力让对方相信你的谈判，你会怎么做呢？如果你就把它当成是和你最亲密、最值得信任的朋友关于你们都关

第六章

心的某些问题进行的一次私人对话，你会怎么和他们去探讨存在的潜在风险呢？

从一开始，你就应该很清楚，探讨风险问题并不会使风险增大。因此，你不必担心"总是关注负面问题"就可能会导致谈判失败。

接下来，你应该有充分的信心相信这一点：探讨风险问题并不会冒犯你的朋友，他们不会认为你把提这样的问题当做一种谈判手段。不论他们认同你提出的风险与否，他们只会认为你可能比较细心，担心以后会出现什么问题所以现在才会这样做。实际上，他们会把你的这种做法当做是你发出的一种信号，告诉他们你这么做是在尽力帮助他们，实际上是把他们当成了朋友。

最后你会发现，提出这些关于风险的议题并且让你的朋友们帮你想想哪里可能会出现问题，这样做你会对如何预防可能出现的问题准备得更加充分，即便这些问题是不可避免的，也会减少它们给你造成的影响。

因此，当你提出这类问题的时候，你的谈判对手可能会也可能不会怀疑你有问题。在谈判过程中如何与他们进行这类议题的谈话呢？不幸的是，我们无法消除这样的对话存在的所有风险，但是我们提出如下建议以供参考。

如何决定该对哪些风险进行探讨？

一个谈判最理想的结果应该是，谈判双方对于合同履行阶段可能存在的风险和问题都不存在没有表达清楚的疑虑，双方都非常清楚如何管理主要风险。该在什么时候提出你这些潜在的疑虑呢？对于这个问题最简单的答案就是，当潜在的好处比可能会导致的成本大时就应该这么做。

这么做的好处非常明显。提前确定风险和问题并就其进行讨论，可

说出你的担心

以使双方提早开发预警系统，制订偶发因素管理计划以及应对这些问题的支持机制，可能还会对风险如何分担的问题进行有意义的探讨（因此双方就非常清楚，一旦问题出现谁来承担责任了）。最起码，双方在达成协议之前，对于这笔交易成功的可能性以及失败导致的结果都有了更清楚的认识。当合同的履行非常重要时，关于市场、经济、国家安全、外部环境等因素随着时间的推移可能会出现变化这样的疑虑都应该作为谈判各方在谈判时考虑的事情。当曼尼和杰尔就让杰尔的团队帮助曼尼完成其项目的事宜进行讨论时，如果他们不讨论一下要是曼尼的项目进一步推迟怎么办或者杰尔的团队突然出现危机该如何处理等问题是不对的。

另外，对于很多谈判人员来说，探讨自身或者对方履行合同的能力这个问题似乎听起来风险不小。岂止是风险不小啊，这个问题对谈判来说可能是致命的。但是实际上，你首先要敏锐地判断出，如果不提这个问题你要付出的代价。

怀疑你自己的企业履行合同的能力无异于向你的谈判对手发出危险信号，让对方对你的企业产生原本没有的怀疑。提出这种不适当的问题反而会让对方担心未来根本就不可能出现的一些偶发事件。甚至对方由于过分担心而终止谈判，全身而退。当你并没有不想履行你的责任时，为什么要告诉对方你可能会"出问题"呢？如果多年后事情真的不幸被你言中了，对方还抓住了你的把柄，把它写进诉讼词中作为其起诉你违反合同条款的证据，你何必这么做呢？

怀疑对方企业履行合同的能力可能会惹怒你的潜在合作伙伴，他们会认为你根本不信任他们。这会让他们出于报复心理而给你履行合同制造障碍，或者让他们感觉未来的任务可能很难顺利完成而退出合作。如果他们看起来非常值得信赖，有意完成交易中属于他们的全部工作，你为什么还要对他们说，你怀疑他们不能有效地履行合同呢？

第六章

因此，这个问题说与不说要取决于交易所面临的环境以及可能存在的风险的程度。表6-1总结了提出潜在疑虑所带来的好处和因此可能付出的代价。如果在谈判过程中谈论风险问题关乎整个谈判的风险和收益，那么我们提出了一个相对比较简单的等式，来确定什么情况下该提出某些疑虑，什么情况下不该。解决这个问题主要是用到了风险管理中一些现成的考虑风险状况的思想。

从考虑潜在问题的重要性入手：如果这个问题发生了，产生的影响有多坏？然后把它和可能出现的概率相乘。换句话说，如果你要量化这个风险，那么它等于潜在的危害乘以这个危害出现的概率。如果你什么都不做——如果你不和你的谈判对手探讨这个风险问题——你的噩梦出现的"期望值"可以用下面的公式来表示。

期望值＝风险出现的概率×风险的重要程度

如果风险的期望值很小，你可能会认为提出这个风险问题不值得，因为提出它所付出的成本和可能带来的那一点点好处不对等。在这种情况下你可能会想，虽然很多问题可能存在风险，但是这些风险几乎不可能出现，或者即便这些风险出现，所造成的损失也非常小。例如，在生物制品公司和生物技术公司合作的那个例子中，这样的风险可能包括流星袭击生物技术公司的工厂、食品服务员工罢工或者牵扯到CEO的财务丑闻等等。

但是，如果风险比较重要而且发生的概率比较大，那么你需要看一下应对这样的风险的两种不同的方法：自己独自应对风险或是和对方一起应对风险。换句话说，双方共同应对风险时，如果你提出这个风险问题相比你不提而言，你们双方得到的好处会多多少？相对于与对方合作，如果你自己一方单独防范问题的发生或是应对问题发生所导致的后果更有效率，那么你提出这个话题可能得不到多少好处。如果你的谈判对手对如何预防及管理风险不能给你提供什么帮助，那么对你来说，也没有必要冒险来探讨这些问题了。设想生物制品公司正为一种新药品可能受到的管制问题而担心,如果生物制品公司认为自己在与美国食品及药品管理局打交道上有很多的经验,而生物技术公司的员工根本帮不上多少忙,那么他们就可以得出结论,他们根本不值得去冒险来探讨这个问题。

如果你对以上这些问题都想清楚了,而且仍旧认为与对方一起合作来应对那些比较重要的风险更有利,那么现在,问题就变成了怎样进入这样的话题更合适了。

表6-1 提出潜在疑虑的代价与好处

谈判期间提出问题带来的好处	谈论风险问题导致的风险
➢ 对方可能会告诉你别担心、没问题,因此你可以不用为你杞人忧天的想法寝食难安了。	➢ 你可能会惹怒对方。
➢ 可能你会与对方联合起来制定方案来降低风险或者解决问题,这样会使得合同的顺利履行更有保障。	➢ 你可能提出了以前他们根本就没有想到的潜在的问题,可能他们会因此而终止谈判。
➢ 通过提出清晰的风险分担议案来改变你的交易,即便你的疑虑并没有真的发生,至少双方彼此都非常清楚未来会发生什么,谁来承担哪些后果。	➢ 你可能会因此而丧失某些讨价还价的主动权(例如,如果你所探讨的风险是关于你自己履行合同的能力的,或者你的担心可能暗示对方你放弃该交易的可能性较小)。
➢ 如果未来注定要发生非常严重的问题,你完全可以立刻终止该交易。	➢ 最终你们签订的合同非常复杂,里面包含了很多处罚条款(而且很多的法律草案本身也为合同增加了更多复杂性因素)。

如何将探讨风险问题的风险降至最低?

从我们的经验看来,绝大多数谈判人员都不愿意冒险提出自己的质

第六章

疑和顾虑。换句话说,即使当他们明知道对方可以帮助自己防止某一问题的出现或降低该问题出现的概率时,他们也担心提出这些问题的风险超过了潜在的合作所带来的益处。我们不能说有这种想法的谈判人员都是错的,但是我们知道,稍微注意一下提出这些问题的方式可以极大地降低其引发的风险。如果你能够降低探讨风险问题所带来的风险,你完全可以控制局面,以便保证你们的讨论有意义。

使联合风险管理自然地成为谈话的一部分

降低探讨风险问题的风险的一种做法就是将这种探讨当成是谈判中再普通不过的,然而却非常必要的一部分就可以了。不要把它当做很大的、很令人恐怖的问题突然摆到你的谈判对手面前,也不要在他们说完了某些事情之后直接就探讨这个问题。(他们说:"我们打算让琼来负责合同的履行。"话音刚落,你就说道:"好吧,让我们谈谈风险问题。")如果有些事情你迟早要说,那么不如尽早将风险问题提到你的议事日程上来。曼尼可能会对杰尔说:"我非常感激你愿意帮我们摆脱困境。可能如果找个时间我们来探讨一下合作可能存在的某些风险问题会更好,比如像我们的项目拖延的时间太长或者你的团队突然有其他的任务使你们分身无术,可以吗?如果我们大家都了解了未来事情发展的态势,或者我们该怎么来面对这些问题,那么一旦出现某些问题,我们可能都会觉得更踏实一些。"

具体该在何时何地来探讨有关风险的问题要取决于双方所要达成的交易的具体特点。但是如果双方要在合同签订后以某种方式来展开合作,那么总会有些事情可能会出现问题——你能预见到这些事情,因此也就会把它管理得更好一些。在你考虑达成交易之前与对方探讨一些你需要了解的问题,把这些有关风险的问题列到讨论的议事日程上来有什么问题吗?

将探讨风险问题列到议事日程上来并不意味着你需要在交易的基本轮廓成形之前或者还不确定有没有必要探讨之前就对可能面临的所有风险进行详细的讨论。但是,你需要确保所有在场的人都希望你在某种场合来探讨可能存在的风险问题。这样,当你真的提出这些问题时,大家不会感到特别意外或者担心;别让他们认为你是因为突然发现了某些问题而产生了一些顾虑或者对他们不再信任,才会来探讨这些问题。

另外一种降低探讨此类问题风险的方法就是要按照某些规定的程序来进行讨论。例如,我们发现有很多谈判人员工作非常出色,他们把要讨论的一些风险管理的问题都进行了分解和细化,使大家更清楚地看到他们所讨论的这些问题实际上与已经讨论过的其他问题没有什么区别。对于风险问题都遵循大家比较熟悉的流程来进行,同时添加一些确保关于风险问题的对话更为安全的辅助流程。表6-2向我们展示了讨论"棘手问题"议程的一个具体例子。当然,这个例子并不是对所有的谈判和所有情况都适用。可以把它当成是组织对你所面临的"棘手问题"展开讨论时的一个参考。

表6-2 探讨"棘手问题"的议程

1. 提出在合同履行时可能面临的各种风险。
   目的:探讨可能会出现问题的事情,以便共同决定如何对这些风险进行管理。
   结果:对我们应该管理的不同风险(例如市场、资源、规章制度、自然灾害)进行分类,并列出每一类中可能存在的各种风险。
   基本做法:
   ➤ 仅用头脑风暴法。
   ➤ 不要对任何观点进行评价和批判。
   ➤ 不要具体到某个人——不要说"乔(Joe)的问题",而应该说"X可能会存在的某些问题"。

第六章

(续表)

> ➤ "不要担心"并不是真正解决问题的好的回答方式。

2. 将需要进行管理的风险按重要性排序。

目的:帮助我们确定各种风险的重要性。

结果:与对方分享我们在合同履行阶段要面临的风险及其发生的概率和重要程度,并与对方积极探讨如何有效地管理这些风险。

基本做法:

> ➤ 在表达不同观点之前先把问题弄清楚。
> ➤ 与对方分享你之所以得出你的观点的依据以及支持你的观点的各种数据资料。
> ➤ 在对风险的理解上存在分歧并没有什么——我们正在寻求风险管理的方案,而不是绝对的真理。

3. 制定风险管理方案。

目的:制定管理方案以预防我们讨论到的棘手的问题;一旦这些问题出现,降低它们所造成的危害。

结果:制定行动方案,细化下一步要做的工作,以便更好地了解风险,并且为了预防和减少风险造成的危害,进一步修改行动方案。

基本做法:

> ➤ 不要现在就对方案进行实施,还需要进行一些成本—收益分析才可以。
> ➤ 细化某些行为:谁能做什么?什么时间做?为了更好地了解风险和它出现的可能性,我们需要知道些什么?或者一旦风险出现,我们该如何削弱它的影响?
> ➤ 对于流程可以进行任务的分配:谁来进行哪些研究?搜集哪些资料?与团队中的其他成员分享哪些信息?什么时候完成?
> ➤ 确保具体的工作落实到人,规定工作完成的时间,并把这些都落实到纸面上。

在探讨风险管理时要保持谦逊的态度

对于大多数人来说,在谈判中面对风险管理或者"棘手的问题"都比较难处理。除此之外的谈判内容,比如双方探讨如何创造有价值的事物,如何解决双方的争议,或者如何为了更好地合作制定方案等等,双方都很期待,也都很乐意去展开讨论。但是风险管理面对的通常都是容易出问题的事情。

　　探讨一下哪些事情会朝着好的方向发展,双方应该努力去做些什么,总比讨论哪些事情会朝着不好的方向发展容易得多。谈论好的事情时语气和态度给人的感觉是自信、果敢的,而谈到不好的事情时却听起来总是有威胁和谴责的味道。在双方的讨论过程中,谈论双方获取的利益时表现积极会受到对方的欢迎,并让人感到你是高度配合的;但是当双方谈到哪里可能会存在问题时如果表现得太积极,就会让对方感觉你想操控这次讨论从而为你方争取过多的主动权。

　　当然,有很多书籍专门来介绍如何针对这类棘手的谈话进行准备,以及如何展开此类对话。我们不想在这里再赘述它们的观点。[1]但是,我们认为,如果你牢牢记住某些重要的关键点,那么在面对这些非常重要的谈判内容时,你会感到更加轻松自如,也会收到好的效果。第一点很难做到,但是从某些方面来说,如果你真的做到了,它会使你的谈判变得更有意义,也更有效,那就是要保持一种谦逊的态度。

　　在进入风险管理的谈判时,如果你总是表现得非常确定,似乎对一切都了如指掌,非常肯定要做哪些事情,这样反而对你更为不利。一个关于风险管理问题的有效的对话应该主要针对未来哪些地方可能会出现问题,你们能做些什么来进行具体的探讨,并且要通过双方共同的努力尽量避免这些问题出现,以及一旦问题出现,要尽力降低其造成的危害。但是双方都不知道在这些风险中到底哪一个风险会变成现实;双方对哪些地方可能会出现问题,以及哪些工作会受到这些问题的影响观点可能也并不一致。

　　如果比尔担心休的质量评价团队不能很好地完成工作,他不能一上来就谴责他们工作不力或者粗心大意,也许他这样来提出他的问题会好一些:"我们都在尽力避免未来再次发生同样的问题,我们已经就新的时

第六章

间要求和新的流程制定了详细的规范。我们怎么才能知道我们都已经尽了最大的努力,不会再陷入困境了呢？如何让你的质量评价团队对他们所做的工作更有信心,就这个问题我们能做点什么呢？会有什么样的结果呢？"

设身处地地站在你谈判对手的角度考虑一下。不要总是想当然地认为你比他们更清楚,也不要想当然地认为你的工作就是要说服他们按照你的方法来思考问题。毕竟我们是在讨论不确定性问题,你谈话的方式能清晰地反映出你的态度。你做这些工作的目的是要把这些问题摆到桌面上来讨论,这样你们双方都能很好地审视这些问题,并且共同寻找双方制定更为合理的决策所需的各种信息。你的工作还要保证你不能总是自欺欺人,总是天真地假设问题不会出现。最后,你的工作是要确保通过讨论风险问题,可以为双方形成双赢的局面;当问题不期而至时,双方可以通过更好的合作来解决这些问题。

当你与对方讨论那些"棘手的问题"时,应该按照上面所说的方法来做,并且要保证具备以下的谈判技巧。

不要把意图和影响混为一谈

你非常了解你自己的意图。但是谈判桌对面的对方并不一定了解。他们知道的只是出现了哪些情况,对他们造成了哪些影响。反过来,你也不确定你所说的那些话和你做出的那些行为给他们造成了哪些影响,尽管你可能并没有想到会这样。

反过来也是一样。你知道对方是怎么得罪或者伤害到你了,但是他们真实的意图你并不知道。当你提出关于风险的问题时,要留心可能给对方造成的影响,尽管你并没有什么恶意。尽量把你的意图表达清楚,而不要把你的想法一笔带过。请看表6-3,思考一下谈论这些棘手的问题时可以采用的不同表达方式。

表 6-3 谈论"棘手的问题"时采用的不同表达方式

对于不确定的事情过于肯定	稍微谦逊一点的态度
"我们刚开始合作,你们就出现了供应不足的问题……"	"对于如何解决这些问题我还不是很确定,但是如果你们不能保证稳定的供给——即使市场上也供不应求——对我们的影响是非常大的。"
"这种做法不对,但是我知道你们花掉了我们的钱后,让你们保持应有的注意力已经很难了。"	"我们之前没有合作过,因此我们所说的情况并不是针对你们。但是我们看到过很多情况,在最初的资金支付后,正常的接触和沟通都变得更为困难了。"
"我们做了很大的让步,而且在整个合作过程中都表现出了良好的信誉,你们居然还说我们要手段,真是太过分了。"	"我并不确定你们说这些话的目的,但是我想告诉你,听了你们所说的话,感觉你们似乎对我们不太信任,尽管我们到目前为止都做得不错。请您再解释一下,您说这些话到底要表达什么样的观点呢?"

帮助你的谈判对手了解你的想法

你可能很快就知道某些事情意味着什么,或者事情在朝什么方向发展,或者结果是什么样的。但是,如果你只是告诉对方你的结论,对方可能并不清楚你是怎么得出这个结论的。如果你仅和对方争论你得出的这个结论到底是对还是错,那么你永远也不知道,你们之间之所以出现分歧是因为你们看到的是不同的事实,还是因为双方以前各自的经验所导致的对同一件事情有不同的看法,抑或就是思考问题的角度不一样。[2]

向对方解释你们各自的想法,以及各自都做了哪些设想,这样不仅可以帮助双方达成更为有效的实施方案,而且还能让你们双方彼此更深入地了解对方,这些都能极大地帮你解决一些你原来不曾想到能够解决的问题。

第六章

当双方就哪些地方会出现问题进行讨论时,向对方解释一下你为什么这么想,尤其是当你这样做可以更好地帮助对方理解你的顾虑并不是来自于他们说的某些话也不是由于你对他们不信任时,这对你来说是非常有帮助的。例如,你的想法可能来自于某些数据资料、以前发生过的事情或者曾经出现过的某些案例等等。接下来,要告诉对方你是怎么把这些零散的问题拼凑起来形成你的顾虑的。也就是说,这些问题对你们的交易有哪些潜在的影响。最后得出你对这些风险问题的结论,以及为什么你认为这些风险可能会出现,而且与你们息息相关。这与你直接提出你的顾虑的做法是截然不同的;这样做让对方更愿意坐下来倾听你的陈述和你的分析过程,而不是简单地坐在那里接受你的谴责,并想着怎么来保护自己。

以假设的口吻表达你的顾虑,等待双方共同来检验

当双方协同工作来制定合同的实施方案,并尽力就如何处理潜在的问题达成一致意见时,你不要去说服别人,让别人感觉问题肯定会出现。双方就这些问题展开对话的关键目的是要仔细地探究此问题,并共同来评估问题的严重程度,以及需要付出多少努力来进行风险管理。

如果对方不同意你的观点,不要反唇相讥。花些时间来了解一下对方与你在哪些地方存在分歧,为什么会存在这些分歧。在风险管理领域,主要有三个方面的原因让人们认为某些风险不值得采取任何行动来管理。他们可能认为这些风险根本不可能发生;即使这些问题真的出现,也不会产生多大的影响;或者他们认为即便这些风险真的出现了,解决起来也不费多大的事。

抱定以上任何一种看法,人们都会说"别担心",或者说"没问题的"。他们的这些想法听起来对这些风险是如此地不屑,而且他们并没有给我们一个充足的理由,没有告诉我们为什么他们想当然地认为这些风险不

需要进行管理。

因此,我们需要向他们提问。

只是生气或者只是坚持认为需要考虑你的观点无济于事。也许别人知道一些你不知道的事情,像风险出现的概率、重要程度或者可能降低风险的方式等等,如果你了解了这些,可能你也会觉得事情没那么严重了。也可能对方对某些事情不了解,比如像为什么这些风险更容易出现,风险出现后会给我们造成多么惨重的代价,或者为什么他们想到的一些降低风险的方法解决不了这些问题。那么,进行这样的探讨就非常必要了。

要承认提出这样的话题确实有一定的难度

要知道,把这些问题放到桌面上来讨论很容易引起强烈的不满情绪,可能是你,也可能是对方。甚至提出这个问题本身可能就会让某些人感到自己受到了不公正的审查,甚至觉得自己受到了对方的侵犯,他们做出的回应可能会让他们从理性来说无法继续讨论。对对方宽容些,对自己也宽容些;当你在谈判中迈出这样艰难但是非常有意义的一步时,让你的谈判对手也这样对你就好了。

让对方更容易表达他们的顾虑

就风险管理问题进行有效的对话,其中很重要的一部分就是要认识到不仅仅是你这一方对此交易存在顾虑。当然,别人存在顾虑是他们自己的问题,你没有义务去打消他们的顾虑,而且实际上,这一点很难做到。但是你需要让他们在合适的场合更容易地表达出他们存在的顾虑。那么,你怎样才能做到这一点呢?

首先要记住(而且要做到,比仅仅记住更难),当对方在谈判时提出某些棘手或者令你尴尬的问题时不要动怒。要知道,对他们来说能够做

第六章

到这一点也是很不容易的,他们可能也不是非常善于进行这样的对话。仅仅考虑他们担心的风险问题就可以了,不要过多地关注他们是如何提出这些问题的,也不要管他们这么做是基于何种假设、出于什么原因。

稍微有一点好奇心对谈判来说是有好处的。当对方把问题摆在桌面上时,很可能你脑海里的某些声音会瞬间放大,甚至会惊叹"他们真敢说啊!"或者"他们把我们当成魔鬼了!"之类的。如果让你的这种想法任意驰骋下去,很可能你会错过他们说到的一些内容,这时你自己会进入一种高度戒备的状态,开始准备你自己的各种言论来展开辩驳,来告诉他们的那些担心究竟错在哪里了。

与此相反,要以一种带有好奇心的立场来看待这些问题。将你脑海里的那些声音朝着更有用的方向来引导。例如,"我很奇怪,为什么他们这么想呢?"这种想法就比较中立了,它可以让你继续听完他们的陈述。"他们原来有过哪些教训才会让他们有这种担心呢?""他们的哪些想法会让他们产生这样的顾虑呢?"提出这些问题对你来说都是有帮助的。实际上,你不需要把这些想法表达出来,但是你自己要琢磨清楚这些问题的答案,至少这些问题会让你从不同于简单的辩驳的角度来倾听他们的陈述。

记住,人们都很善于看穿别人的伪装。如果你仅仅是略带倦意地说一句"我非常能体谅你的处境"之类的话就想应付掉他们的顾虑,他们很容易就会识破你的虚情假意,也会因此而恼火。而另一方面,如果你真的很关心他们所担心的风险,他们也能觉察出来,并且会感激你真的在审视并试图消除他们的顾虑。

另外一些比较有用的、能让对方更容易和你一起探讨他们担心的问题的做法就是,给他们点时间为这些风险问题的讨论做一些准备。如果你突然在他们面前提出这些问题,他们当时可能还不能立刻做出回应。这种谈话和用头脑风暴法提出问题的解决方案还不太一样,头脑风暴法有时候需要一些即兴的发挥。而探讨风险管理和做最坏的打算并不是一件容易的事情,它需要双方提前对这样的谈判做一些思考才行。

　　要考虑到把问题摆在桌面上所面临的风险。你需要花些时间来研究它们,评估一下你认为它们出现的可能性,它们可能会发展到的严重程度,以及你站在自己的角度提出这些风险问题对你的好处,然后你才能得出结论是否值得把这些风险问题提出来。你同样要尊重对方,确保他们有时间来思考——哪些风险值得提,哪些不值得,以及该如何提——才会更有建设性。

　　这就意味着,双方在探讨风险管理时都应提前做些准备。告诉你的谈判对手们下次会议或者未来的某个时间,你想和他们一起来探讨这些问题,并与他们就这次讨论起草一个议程。告诉他们你是如何对这次讨论进行准备的。这样,对方不会感觉你在命令他们该怎么做,你仅仅是对你要做的事情提高一点透明度而已,他们对是否按照你的方式来准备有自己的选择权。

　　把风险问题摆到桌面上讨论,而且让对方更轻松地提出他们的顾虑,这样,你们达成交易的可能性就更大了。下一章我们主要来介绍一下双方如何确保对方做出真实的承诺。

第七章　不要让对方过度承诺

如何确保对方兑现其承诺？

作为一名谈判人员，你的任务不就是让对方认同你的观点吗？的确，让他们点头同意并不是件容易的事。而这也就是你能赚大钱的原因。

听到"赚大钱"这个说法，你会觉得很有趣，甚至会笑起来，也可能你对于你为什么能赚钱有另外一些看法。但是，对于谈判人员来说，"让他们点头同意"是你最基本的工作，不是吗？就像工程师要设计作品，医生要帮助人们恢复健康，飞行员要开好飞机一样，谈判人员要使双方达成协议。

然而，当合同的履行非常重要时，要确保交易成功，双方签订合同还仅仅只是个必要条件，而非充分条件。仅仅让谈判桌上的每个人都点头并不意味着这笔达成的交易就切实可行。

"一名优秀的谈判人员能确保协议善始善终。"至少一部分人是这么认为的。如果把"善始善终"理解为谈判人员能保证交易的顺利实施，而不是虎头蛇尾、草草了事，我们也同意上面那句话的观点。如果你们达成交易的关键是你和你的合作伙伴必须要履行你们的承诺，那么仅仅让他们点头同意某些事情，随后又对他们的言而无信进行指责似乎并没有

第七章

任何意义。

快速达成交易也许能让你签署更多的合约,但是对方对某些问题不了解可能会给你造成损失。即使你成功地签下了一份非常严谨的合同,把对方牢牢地套住了,并让他们做了很多承诺,但是如果他们在不能保证兑现承诺的前提下就草率地跟你签了合同,那么你可能并不能因此而获得多少好处。如果合同中规定的那些严厉的制裁措施能够对对方不履行责任起到一定的震慑作用的话,也许这些制裁手段还发挥了一点作用。但是当某一方不履行承诺时求助于这些制裁措施并不是我们谈判的目的之所在。

有些人可能会产生疑问:这不是要视具体情况而定的吗?就没有交易是因为一方出了问题而不能真正兑现的吗?回答是肯定的,在某些情况下确实如此。我们要强调的并不是没有这样的情况存在,即双方就某笔交易进行谈判,一方对对方是否能自始至终履行承诺持漠不关心的态度。我们要强调的是,在很多情况下,履行合同的团队更想要取得某些成果,而不想进行争执或者履行对对方制裁的权利。

在各种类型的交易中过度承诺

下面让我们来看看我们可能会从事的各种交易,并且来对比一下,它们之间是否存在着明显的差别。当谈判旨在解决双方存在的冲突和平息争执时,双方会表现出对对方极大的不信任;也会经常坚持要对方拿出履约的证明,以及己方违约给对方造成的后果的证明。他们甚至会谈到那些严厉的制裁手段。这也就是说,如果谈判的目的是解决冲突,而不是将其转化为另一场(关于制裁手段以及是否该执行这些手段的)争吵,合同双方还是想要达成一个可以付诸实施的协议,而不希望以一方无法兑现承诺而结束。

如果谈判的目的是买卖或是创造某种价值，则买卖双方当然想得到签订合同时预期的那些价值。不管他们是否在合同中列有具有法律效力的违约清算条款还是有效的仲裁条款，在通常情况下，他们更愿意获得原始合同给他们带来的好处，而并非把精力集中在这些条款上，尽管由于某些不确定性和成本问题，他们不得不应用这些条款来弥补违约造成的损失。毫无疑问，没有履行承诺的一方对于这些制裁条款表现出不满是肯定的。而受损一方可以寻求这些条款（制裁或某种保险条款）的帮助，总比没有这些条款保护所面临的境况要好一些。但我们在这里要强调的是，双方更愿意达成这笔交易、兑现曾经做出的承诺，而不愿意被迫去使用其他的权利。

最后，当双方交易的关键是要为谋求共同合作进行工作安排时，如果一方没能履行其承诺，则会完全破坏该交易的基本目标。不仅双方在达成协议的某些事情上会有所损失，而且也会严重影响双方对彼此的信心以及日后的合作。

更上一层楼还是过度承诺

那么，你怎么知道对方是否过度承诺，随后却无法兑现诺言呢？如果我们能很好地解决这个问题，很多人就会省去担心。实际上，你很难判断出对方真实的想法。除了骗子以外，在商业交易中有很多谈判人员，他们都有着良好的信誉，也愿意履行其承诺。除非是那些签了协议就走人，根本不关心以后会怎么样的"以签协议为目的的家伙"，很多谈判人员通常不会故意许下那些不现实的承诺。

在现代商业中，大部分谈判人员即使觉得有些交易略有挑战也会争取达成，并寄希望于合同的履行团队能团结起来，克服困难，战胜挑战。以生物制品有限公司和生物技术公司合作的例子来说，两位交易人员菲

第七章

比和比约恩都知道，他们各自的企业都很难完成他们要达成的合约。菲比认为，她的实验室主管已经分身无术了，突如其来的一个新项目落到他头上可能会令他愤怒。但是她不希望菲尔来破坏这个项目，或者不安排人员来做这个项目。她认为，只要菲尔有更多的资金和人力，他们的项目团队就一定会把这个项目完成好。毕竟生物制品公司为了研制这个产品投入了大量的资金，不惜一切代价想开发出这个产品。同样，比约恩认为他并不是在卖狗皮膏药，他和他的公司对未来开发出这个新药品有十足的信心。他非常希望他们公司的科研专家们能够努力工作，完成这个任务，并为公司树立一个新的里程碑。

  我们关心的并不是双方当事人有时会陷入困境。将目标设得"略高一点"会鼓励企业成长并使企业达到一个新高度，同时企业也常常可以通过"增强技术系统的运转能力"来收获更多的东西。当你和你的谈判对手开展合作时，你或许希望他们竭尽所能，富于革新精神，能够有所改进，而不仅仅是局限于现有的能力，做出些不费力气就能兑现的承诺。然而，你同样也不希望他们过度承诺甚至把交易搞砸了。这对于注重合同履行情况的谈判人员来说似乎进退两难了。你该在碌碌无为的交易和不现实的交易间做何选择呢？我们建议，不要按照交易流程是否成本太高，交易进程是否缓慢、麻烦这样的层次来划分和处理。从我们的经验来看，你应该做些事情来确保你所达成的交易可以帮助企业实现其最终目标。

如何防止对方过度承诺？

  让对方过度承诺并不能满足你的利益所需。毕竟，如果他们本不该说"是"，也无法履行交易，你实际上会得到什么呢？让我们来看看你应该对此做些什么。

不要逼迫对方做出毫无意义的过度承诺

这个问题最容易解决的部分就是你能够控制的那部分。除了那些一开始就对他们能做什么说假话的谈判人员外，如果有谈判人员同意一些他根本不应该同意的事情，那么主要是由于对方的某些行为逼他们做出这样的承诺的。从这个角度来看，如果是因为你向另一方施压，让他们做出了一些不可能兑现的承诺，而最终导致没有达到你的预期目标，那么你的损失实际上是你自己造成的。

这个建议从本质上来看非常简单。记住，你的目标是要获得交易的价值，而不是要对方做出某些大而空的承诺。实话实说，其实"避免犯错误"这句话比给你一条建议听起来要空洞、单薄得多，特别是你可能原本并没有想到要犯错误。可能很多谈判人员的本意并不是要逼迫对方做出毫无意义的承诺，如果是这样的话，为什么那么多的谈判人员却都这样做了呢？问题的原因可能在于，是这些人的某些想法驱使他们犯下了错误，而他们自己本身却并没有意识到这个问题。也许我们的建议需要进一步细化，并且要针对他们的那些谈判策略所基于的假设来展开。

以合同的履行为出发点思考问题

为什么思维正常的人却非要别人做出无法兑现的承诺呢？一般来说，这种情况很少见。而我们却发现，一些谈判人员居然乐此不疲，专注于这样的交易——他们想尽一切办法让对方接受自己的条件——而对合同生效和人们回过神之后将会发生什么却漠不关心。他们或多或少地使用了那些老练的汽车销售员们"这价格就只有今天才有"的手法，但得到的却是自毁前程的后果——如果另一方屈从，那么对交易本身来说，根本没有任何意义。下面我们一起来看看表7-1，我们在第五章中

第七章

就曾见到过的交易达成者的想法和以合同履行为出发点的谈判人员之间存在的差别,这一次我们主要关注于那些竭力让对方过度承诺的一些做法。

表7-1 单纯的交易达成者的想法与以合同履行为出发点的谈判人员的想法的对比

谈判策略	交易达成者		以合同履行为出发点的谈判人员	
	想法	行为	想法	行为
意外	"让他们感到意外对我们来说是件好事。这样他们也许会对一些他们没有想到的事情进行承诺,这自然会对我们的交易有利。"	➢ 在谈判过程中对某些战略要点进行商谈时,引入新人或者拿出新的资料来 ➢ 在谈判快结束时提出新的观点	"让他们感到意外,对我们来说也是有风险的。他们可能会做出一些他们无法兑现甚至可能反悔的承诺。"	➢ 提前拿出议程,这样双方都可以提前进行充分的准备 ➢ 提出一些双方要讨论的问题,并提供相关数据资料 ➢ 尽早提出问题
达成交易的技巧	"告诉他们相关的信息,纠正他们的误解,那可不是我们的事情。我感兴趣的是,如何能尽快地达成交易。"	➢ 编造假的谈判截止日期 ➢ 威胁升级 ➢ 提出"仅限今日"的条件	"我的工作是通过草拟可行的协议来创造价值。为了能让谈判双方达成一致意见,我们投入一点额外时间是值得的。"	➢ 为了确保交易取得成功,要确定双方各自想要得到的利益 ➢ 清楚地表明:尽快达成的交易和考虑到合同未来的履行问题所进行的交易之间存在着本质区别

(续表)

谈判策略	交易达成者		以合同履行为出发点的谈判人员	
	想法	行为	想法	行为
比较合理的承诺	"只要他们答应就行。能不能兑现那就是他们自己的事情了。"	➤ 仅仅关注于把对方的承诺落在纸面上,而没有考虑他们所做的承诺的可行性问题 ➤ 依靠制裁条款来保护自己	"如果他们不能兑现承诺,我们也无法得到我们所预期的价值。要问问自己:'这样做行得通吗?'"	➤ 就双方是否能够按期履约提出一些比较苛刻的问题 ➤ 让合同的可执行性成为双方共同关注的问题 ➤ 建立早期预警系统并制订应急计划

资料来源:本表经过《哈佛商业周刊》授权进行转载。摘自丹尼·厄特尔《达成协议》,2004年11月。版权由哈佛商学院出版公司持有,版权所有,仿冒必究。

如果你能够少做些表中列出的交易达成者的行为,取而代之的是多采取那些以合同履行为出发点的行为,那么你不太容易逼你的谈判对手做出一些无法兑现(或者一旦他们有机会想一下就不愿意兑现)的承诺。

回想一下曼尼和杰尔之间就杰尔向曼尼的团队提供援助,来帮助他们完成一个滞后的项目所进行的那个内部谈判的例子。曼尼对杰尔答应"我看看我能做点什么"这样的软承诺非常满意。但是如果杰尔经过反思,觉得现在腾不出人手来,或者不能长期提供这样的帮助,再或者认为没有合适的人选来帮他们的话,那么曼尼实际上得到了什么呢?你也许会反驳道,曼尼现在可以因为杰尔给自己带来的麻烦而责备他。但是这又有什么用呢?如果你是曼尼的老板,如果曼尼解释他的团队之所以不能按时完成这个非常重要的项目,其原因是别的团队没能提供额外的帮助,你会原谅他吗?曼尼需要从杰尔(或者其他能真正提供帮助的人)那里得到一个真正可行的、有实际意义的承诺才好。

第七章

　　一个有效的谈判应该产生的是经过双方仔细斟酌后做出的承诺。没有为将来考虑、内部股东没有达成一致意见就草草达成的交易很容易在合同的履行阶段出现问题甚至彻底破裂。对于很多谈判人员而言,帮助对方充分考虑整个交易及存在的分歧有悖于他们惯常的做法。在激烈的谈判中,当谈判人员都试图保证自己能达成一笔合同条款对自己尽可能有利的好交易时,只能寄希望于让对方犯些错误,并在没有仔细衡量利弊的情况下就做出承诺了。

　　在《积极反对的力量:如何在说"不"的情况下仍保证合同达成》(*The Power of a Positive No: How to Say No and Still Get to Yes*)这本书中,比尔·尤里在谈到为什么很多谈判人员往往在本应该表示不同意的时候表示同意并且还做出一些承诺时,有很多绝妙的分析。[1]在这本书的引言部分,尤里还提到了在试图维持双方关系和行使权利之间权衡时很多人会掉进的"三A陷阱"(Three-A Trap):我们经常会陷入迁就(Accommodating)、攻击(Attacking)和避免(Avoiding)的循环之中。这里和我们息息相关的就是比尔对为什么我们要迁就,并在该拒绝的时候反而表示同意(看重双方的关系,即使这意味着以牺牲我们的关键利益为代价),以及为什么我们避免说不(即便我们强烈反对)所给出的解释。无论我们从对方那里得到的是积极的支持还是被动的认可,我们都应该确保我们的谈判对手能够做出慎重的承诺。

　　埃森哲咨询公司于2006年成立了一个谈判人才交流中心。这个中心由埃森哲公司的两位高级主管人员保罗·克拉默和威廉·D.佩里(William D. Perry)联合领导。中心的一部分任务就是确保埃森哲达成的协议能在协议签订前就阐明双方的期望并明确双方的权利义务,从而确保合同的顺利履行。克拉默告诉我们:"我们要求谈判人员切实、谨慎地考虑他们正在做出的承诺。我们要确保双方联合起来共同实现各自的期望、兑现各自做出的承诺并履行各自的义务,为我们的客户持续传递价值,进而维护双方所期望的良好的合作关系。设置这些期望要从销售关系入手,但需要在整个谈判过程中不断进行重新确认。"克拉默还说道:"为了确保交易取得成功,任何一方都不应该做出无法兑现的过度承诺,因为那对于双方建立值得信赖的合作关系来说是不公平、不负责任的。"[2]

许多律师认为,可以确保对方说的"同意"二字真的意味着他们愿意且确保合同顺利履行的最好方法就是形成具有法律约束力的制裁条款。因此,他们专注于那些违约条款、清算损失赔偿、合同履行细节要求、如何选择最好的法律条款等类似的问题。从我们自身的背景因素考虑,我们也认为制裁条款在很多精心编制的合同中确实扮演着举足轻重的作用。但是我们的经验告诉我们,仅仅依靠对违约行为有较大约束力的制裁条款作为迫使对方顺利履行合同的推动因素本身就是个错误。如果你的目标是成功地履行合同,那么保证合同顺利履行的推动力应该是:让对方充分地了解他们所做出的承诺以及兑现承诺究竟意味着什么,让他们统一他们的企业中那些要参与合同履行的利益干系人的想法,让他们觉得他们可以从交易中获得较好的回报。

也许,在很多情况下你不想让对方有机会进行深思熟虑,以防他们发现达成这样的交易会对你们多有利,而对他们来说却是多么愚蠢。但是,大多数这样的交易都是简单的买卖交易,卖家想在买家意识到付了太多的钱、买不起、购买的东西其实并不需要,或者发现买回来的商品并不像承诺的那样好之前,先赚到买家的钱再说。在很多情况下,有消费者保护法或者其他专门的相关法律来保护买家免受此类误导性的冲动购买造成的损失。

接受"80/20"的事后质疑

要制定一个让双方都愿意步入合同履行阶段的方案。一个将这一简单的规则牢记在心的谈判人员不仅要考虑他答应去做什么,而且还要

第七章

考虑由谁在什么时候以何种方式去做。这个方案应该提供一个详细的线路图，为双方指明达到双方最终目标的路径（可能会很曲折），同时也要指明双方在行进过程中所遇到的迂回和曲折。

对于那些合同的履行非常关键，双方必须要通力合作才能取得既定目标的交易来说，要确保交易圆满结束才更可能满足双方的利益，而不能像赛跑比赛那样冲过终点就算了事。要接受"80/20"的事后质疑：让你自己（和你的谈判对手）设想一下，你们已经将交易快速推进到了合同的履行阶段，现在你要在谈判阶段所做出的决定和承诺中挑出 20% 来，对于这些决定和承诺，你会认为如果你之前要是能进一步将其澄清就更好了——这 20% 可以进一步阐明的决定和承诺会使你们双方对交易增添 80% 的信心，从而确保双方能获得各自对交易所期望的价值。

实际上，这种做法比你想象的要简单得多，并且会比你想象的更容易获得你所需要的信息。首先，提出问题会让你更加专注于合同履行的相关问题。其次，除非你、你们企业中的其他谈判人员或者是你所认识的所有人中没有人做过这类交易，否则你完全可以借鉴他们的经验，从而知道哪些问题和决定往往容易被忽视。首先就是要吸取他们现成的经验和教训，并将其运用到你所进行的交易中去。这样你们双方才更可能做出比较合理、切合实际的承诺。

简柏特公司是一家商务和技术服务提供商，公司非常重视让员工了解哪些承诺是切合实际的，并要求把这些知识运用到具体的谈判中去。这种做法始于简柏特公司培养其谈判人员的方法。公司经常反复将工作人员在操作岗位和销售岗位间进行轮换，这种做法能够使谈判人员以一种更为可行的方式了解履行那些不切实际的承诺究竟会是什么样。此外，简柏特公司也会安排一些合同履行人员在谈判初期参与谈判，这种做法不但可以帮助公司确保谈判中做出的承诺切实可行，而且也能确保执行团队充分理解谈判的关键，并能立即着手履行合同。[3]

不要让对方过度承诺

在谈判期间,你并不需要细化合同履行所需的每一个细节问题。我们并不建议你非要制定一个带有甘特图和时间表的详细项目方案。当合同的执行团队启动工作时,这些工作留给他们做更合适。但是考虑合同的履行问题确实能够极大地帮助双方就某些关键问题仔细斟酌并进行反复磋商,从而确保双方对这些问题形成一致的认识,同时也能帮助双方认清谁应该参与进来才能确保这些关键问题得以解决;此外,它还能帮助你找到那些对合同成功履行起到关键影响作用的利益干系人,并确保他们能积极地参与进来。

如果你觉得这个建议有点过于简单了,这是件好事,至少这意味着你做起来不会遇到什么麻烦。好好回想一下最近那些合同的履行非常重要的谈判。如果当初在谈判议程当中添加一项具体的条款来制订一份初步实施计划,那么你会发现那些谈判中有哪些地方存在问题呢?如果你们双方能多花点时间和精力把这个问题当做谈判的一部分,而不是在合同签订之后才去考虑,那么你们双方的做法会有哪些改变呢?你们达成的交易又会发生哪些变化呢?

如果答案是什么也不会发生改变,那大概就意味着你在谈判过程中已经相当仔细,合同履行的思想已经深入你的脑海了。你做得非常好。

如果你的答案是,你可能会对认同的一些事情做一些调整,那么接受"80/20"的事后质疑,将会帮助你和对方真真切切地检验你们所做出的承诺,也会使双方对合同的履行更有准备。难道不值得这么做吗?不同的交易所得出的答案也不同,但是你越是希望能多改变一些你原来的做法,这种努力就越值得。

如果你的答案是你根本不该进行这笔交易,那么我们所探讨的"80/20"的事后质疑对你来说就变得至关重要了,如果你忽略了这一点就会做出非常糟糕的决定。当然,你可能会认为,有些交易如果从事后考虑本不该达成,但是你做了,而且你并不后悔。人们常说:"即使是爱过再

第七章

失去也比从未爱过幸福。"在浪漫的爱情世界里,这句话可能千真万确,甚至有时在复杂的商业世界里也是对的。但是我们仍旧坚信,那些经不起执行检验的交易一般来说是不该达成的,因为它们根本就没有抓住交易的关键。

让所有的推进者和关键人物参与进来

最后,作为最后一个防止他人过度承诺的机制,就是要确保对方让所有直接参与合同履行的利益干系人都参与到谈判中来。除了让对方的谈判人员确认已经让所有的推进者和关键人物都参与到谈判中来以外,你还需要谨慎地选择一种方式来面对他们(或者说让己方的推进者和关键人物与他们进行交流)。

寻找一种恰当的方式与这些人进行交流,其目的并不是要判断是否你的谈判对手已经很好地与他们达成了一致意见,而是去考察那些合同的履行人员是否和谈判人员一样对这笔交易充满了激情。谈判人员对于交易有着较高的心理预期,对达成交易充满激情,这种情况非常常见。毕竟,交易达成是他努力的结果。如果你遇见的谈判推进者和关键人物对交易本身持怀疑或者消极态度,或者对交易如何顺利履行表现出担忧,这也许就是谈判人员过度承诺的信号。当然,仅仅因为其他人有他们的顾虑或者缺乏热情,你不能就认为一定存在过度承诺的问题。但是,确实存在这样的可能性,你需要在达成协议之前花些时间和精力来弄清楚这个问题。这么做是值得的。

现在,你已经做了你能做的一切来确保双方的承诺是切合实际的,交易也可以顺利履行了,你是不是觉得你已经大功告成,并准备好好休息一下了?如果你要确保下一个阶段的交易能够顺利开始,现在还不是休息的时候。在第八章中,我们将一起来探讨,谈判人员如何帮助交易顺利地过渡到履行阶段。

第八章 冲过终点线

如何锁定最终目标？

如果交易的关键不仅仅是为了签订一份合同，那么很显然，谈判并没有因为达成协议而结束。如果谈判双方在签订协议后就觉得完事大吉，即使这份协议是经过精心策划的，将所有应该参与谈判的人都纳入到了谈判中来，并在谈判阶段起到了良好的示范作用，双方也很难取得各自最终的目标。

有竞争意识的田径选手说得好：为了取得最好的成绩，必须把目光放得远一点，要放到终点线以外，这样才能促使自己以最快的速度到达终点。如果你在穿越终点线的一刹那就认为你已经跑完了，那么实际上你在到达终点之前就已经在减速了，这样你才能在终点的地方停下来。但是为了获得最好的成绩，只有你以最快的速度穿越终点线后，你才能减速。

不要放松

田径比赛这个例子仅仅是个比喻，我们也不想去言过其实地渲染，但我们认为这个例子确实给谈判人员提供了一些有用的启示。首先，如

第八章

果你在达成协议之前就放松下来,对那些比较重要的事情——交易的关键问题——注意力不集中,你将很可能在接下来的合同履行阶段遇到麻烦。很多谈判人员都是在谈判的最后阶段犯错误,因为谈判马上就要结束了,谈判双方难免有些走神儿,所以导致谈判人员在最后达成的协议中犯下很多的错误。当谈判越是接近尾声时,谈判人员就越容易忽略那些后来(在合同的履行阶段)证明是非常有用的细节问题。

然而,如果说在谈判阶段没有谈到的问题以后就肯定会出现问题,这么说也是不对的。但以我们的经验来说,一些不可抗拒的促使交易达成的因素,往往使谈判人员高估了自己的谈判能力,却低估了协议履行中遇到的各种风险因素,导致遗留了一些亟待解决的问题。交易代表们希望达成这笔交易而进行下一笔交易的愿望会因为老板人为规定的谈判的最后期限、财政年度结束等因素的影响而逐渐增强。虽然这些因素也很重要,但是通常情况下,这些因素对合同的顺利履行起到的都是反作用。

让我们再来回忆一下比尔和休的那个例子。他们在试图解决双方的争执。起因是休所在的公司有瑕疵的零部件安装到了比尔他们所生产的设备上,比尔将产品交付客户后给客户造成了巨大的损失。如果他们在这500万美元的损失该怎样分担这个问题上达成一致意见以后就认为完事大吉了,那么其实他们并没有把更多的精力投入到更重要的事情中去,比如今后该怎样避免这种情况再次出现等等。他们今后一起合作要采取的新方式中有许多细节问题需要他们来协商解决,如果他们现在不去讨论这些问题,他们将错失一个创造持续价值的机会。

注意交易的动力和交接

田径比赛的那个比喻给我们的第二个启示就是交易存在一种动力。

如果你不能把你的能力、创造性和良好的信誉注入到谈判中去，促使双方达成协议的话，这种动力被削弱的风险就会加大，而且你们不得不从一个静止状态开始合同的履行。这就是通常发生的状况：谈判人员签署了协议，并将交易移交给合同的履行团队，让这个对合同议题还没有理解透彻的新团队来完成交接和合同的履行工作。他们还不太明白为什么有些问题按那样的方式来解决，甚至都不知道还有多少细节问题正等待着他们去和对方沟通解决。正因为缺少这样一种稳定的工作关系来协助他们把问题理清楚，所以合同的履行团队无法像最初的谈判人员那样，能把这些问题解决得非常圆满。

没有动力的交易注定要失败，甚至可能还没等合同开始履行就会宣告流产。合同的履行人员根本无暇享受合同签订伊始的"蜜月"期，看到的全是各种各样的误解和对事实的歪曲。交易代表们的意图越不明确、拟订交易的方法越模糊，没有参与谈判的人自己发挥的空间就越多。如果没有一种好的运转机制让谈判人员将谈判的精神和交易的意图向合同的履行者们传达清楚，那么你就等着看吧，很多人——没有数百个也得有几十个——都会认为他们自己对合同的理解才是正确的，做起事情来就好像他们是合同管理者一样，而这将后患无穷。

谈判可以进行得像短跑一样既快又好，也可以像马拉松一样漫长且耗费人的精力。不管遇到哪种情况，如果谈判人员只是瞄准终点线，没有把目标放得更远些，他们肯定无法实现交易的真正目标，也会导致合同的履行者从一开始的出发点就是错的。可能把真正的价值体现在合同履行阶段的这种谈判比做接力赛更恰当。谈判人员的工作不仅是要达成一笔好的交易，而且要将其有效地交接给下一个团队，以便更好地解决问题，创造价值。如果谈判人员不能建立一个有效的交接机制，甚至更糟糕的情况是，他把接力棒掉到了地上（见表8-1关于交接失败的例子），那么仅仅跑完第一棒有多大的意义呢？没有任何意义。

第八章

表 8-1 谈判交接时出错的一些典型做法

➢ 谈判人员没有向合同履行人员讲清楚交易的最终目标。

➢ 谈判人员没有与合同履行人员分享他们与对方一起合作和共同解决问题所取得的经验。

➢ 谈判人员没有告诉合同履行人员在谈判过程中(特别是在谈判快接近尾声,双方都已经非常疲劳,都在疲于应付时)他们所做出的一些非正规承诺(例如非书面的承诺)。

➢ 双方的谈判人员对交易达成的内容以及为什么要包括这些内容向各自的合同履行人员传达了不同的信息。

➢ 谈判人员无法帮助合同履行人员清晰地了解交易的具体内容,也无法解释为什么有些问题按照那样的方式来解决;这时,合同履行人员的做法可能就会与合同真正的精神不太一致。

➢ 谈判人员匆匆忙忙地接手下一笔交易,导致合同履行团队有被抛弃的感觉,甚至他们都不知道从哪里下手来履行合同。

如何从签订合同过渡到合同履行阶段?

交易达成并不表明交易已经完成。不管你个人是否负责履行合同,只要你参与了谈判磋商,你就有责任确保合同正常地开始履行。如果说交易的目的不仅仅是让对方点头同意签订合同的话,那么只有这笔交易从达成交易的那些人手中有效地交接给合同履行人员后,谈判人员的工作才算结束。

把工作交接作为谈判人员的一部分工作

回顾过去签订的协议,考虑下一步将会发生什么事情,显然,这些都应该是完成交易不可或缺的一部分工作。

当然，工作交接有很多种方法，我们充分相信，那些帮你达成交易的创造力和聪明才智同样能帮你设计好并圆满完成工作的交接任务。不过从某种程度上来说，能意识到你有责任要进行工作交接要比你怎样具体完成你的交接任务重要得多。对于很多谈判人员来说，这是他们思想上发生的一个重要的变化。

如果谈判人员还能腾出些时间或者手头上没有别的交易等着签署，他应该详细地向合同履行团队介绍一下这笔交易的来龙去脉。我们也知道，复杂的交易通常需要花费比预想更多的时间才能达成，而且谈判人员实际上也都很忙，手中还有很多其他的项目等着谈判。但是，如果他们不能帮助合同履行团队顺利地开展工作，那么他们就没有真正完成他们的这项工作。如果他们没能解释清楚他们所达成的协议、因缺少时间而搁置在一边的工作，或者双方对合同的模糊理解，那么合同的履行工作注定会问题不断。

双方考虑共同举行一场工作交接会议

我们在那些非常有远见的企业中所看到的最好的做法就是，不仅要求谈判人员向合同履行人员对合同进行详尽的介绍，而且还要求这项工作由双方的谈判组帮助双方的履行团队共同完成。如果能这样做——很遗憾，现在这样的做法还很少见——我们会看到，无论是对合同履行人员来说，还是对谈判本身来说，都会有一个非常圆满的结局。第一个好处就是，双方的履行团队都能够听到"直接来自现场的第一"声音。比如，双方进行的交易意在达到什么目的，为什么要这样来做。他们也可以提出各种各样他们感兴趣的问题，像这些事情意味着他们要做些什么，希望他们怎样做，谈判人员的期望是什么等等。这时，双方的履行团队也都能亲耳听到这些问题的答复。

做好这项工作需要做一些准备工作。在谈判人员进行介绍时，我们

第八章

最不愿意看到的事情就是他们对一个问题给出各种不同的答案,或者是对如何开展工作给出不同的建议。这会令人感到非常不安。单单是这种情况都足以把别人吓走,使联合交接工作无法顺利完成。但是走之前请先停下来想一想,如果双方给出的答案不一样,那么除了让谈判人员当时感到有点不好意思之外,还意味什么呢?

如果那样就意味着,谈判双方对他们刚刚谈妥的交易该如何履行持不同的观点,那么你希望在什么时候意识到存在的这个分歧呢?是在工作交接会议上,还是在合同履行了几周或几个月后呢?(如果谈判人员在会议结束后拂袖而去,再也不管这笔交易了,他们当然希望这些分歧越晚被发现越好。但严肃地说,如果你对交易的关键非常关注而且你非常关心如何履行这笔交易,那么你希望在什么时候知道对方对达成的协议存在不同的理解呢?)

在这些工作做完之后,你突然意识到有些事情还没有得到圆满解决,虽然这可能令人很痛苦,但毕竟早知道要比晚知道好些,这样至少不会给交易造成太大的损失,也不会对最终目标的实现构成多少威胁。但如果你知道得太迟,对方肯定会感觉特别不好,甚至会生气地说出像"他们不想兑现承诺"或者"他们真不可靠"这类的话来。而且那时去弄清楚你们之间存在的误解和没能解决的问题已经变得更困难了,一方面是因为时间确实已经过去很久了,而另一方面人们肯定要极力为自己对合同的理解去辩护。

总是感觉你有很多的工作要做,做都做不完,你能高兴得起来吗?对于谈判来说,进行的这种工作交接有点像生产企业里的质量控制流程。如果存在问题,尽量在产品出厂前或者在问题给你造成更大、更严重的损失前把这些问题找出来。这就如同消防训练:如果出口堵塞了,或者人们很难在黑暗的楼道里辨清方向,那么你当然希望在真正着火之前就得知这一点。

联合工作交接不仅仅是为了确保质量。其目的不在于找出谈判人员观点不一致的地方。共同介绍合同的情况这种做法的最主要好处在于,能让双方的合同履行人员就交易的深层次目标、为实现这些目标而需要共同付出的努力以及谈判人员为什么那样拟订这笔交易,都有更清楚的认识。

要解决的一个重要问题就是双方的合同履行人员对如何理解谈判人员的想法存在着差异。之所以这样,主要是因为当时他们并不在场,没有听到双方谈判时就此问题展开的讨论。最终达成的协议仅仅是这些谈判人员达成的一系列结论,很少包括他们的论证过程,我们也很少能了解到合同条款背后的逻辑。在立法领域,一段立法的历史会提供关于立法者意图的附加信息,以便帮助解释那些看起来模棱两可的法律条款。谈判人员最好也能给合同履行人员提供一些关于签订合同之后如何继续操作的线索,哪怕是非正式的也好。

双方共同介绍合同情况的另外一个好处就是,你会在谈判后期策划一次联合会议这件事本身从一开始就影响着谈判人员的行为。试想一下,作为首席谈判人员,在合同签订之后,你知道你还要就合同的内容对双方的履行人员进行解释,而且对方的谈判人员也在场,也会发表他们对合同内容的看法;而不能签完合同就接手下一笔交易,或者(充其量)暂时放下你手头的工作,草草地对你们的履行团队说些"我都为你们做了什么"了事。如果情况果真如此,那么在谈判期间,你可能就会开始考虑并跟对方讨论交易条款的合理性,以及这些条款为什么(或者是否)合适等问题了。

你可能会说:"那些条款可能没什么问题,但是我们怎样向他们解释我们是如何达成这些条款的呢?"对于一项谈判而言,如果双方的谈判人员能保证达成的交易在向合同履行人员进行解释时可以自圆其说,那么这样的谈判更可能是无懈可击的。这样也更容易获得合同履行人员的

第八章

支持。如果最初的"点头同意"还不够,那么来自于他们的支持就变得非常重要了。一项以客观标准、行业标准、实践经验或公认的惯例为支撑的谈判很容易被那些没有机会参与谈判的人所接受。合同履行人员也会在履行合同时将这些标准牢记于心,并且更可能以与达成本次交易相同的方法做出接下来的一系列决策或权衡。

如果比尔和休能共同简要介绍一下合同的情况或者工作的交接,他们能收获哪些益处呢?对交易的发起者来说,如果能将这笔交易解释给他们各自的履行团队,他们可能就会认识到,仅仅解决了谁来负担500万美元中的多少这个问题实际上并没有清楚地告诉别人应该怎样才能避免问题再次出现。当他们描述这个看起来有些烦琐、用来提交和批准请求的全新流程时,他们很可能就会听到来自制造车间或者质量控制车间的员工提出的诸如这个流程是否会妨碍双方对信息的共享,使我们不能更紧密地合作等问题了。如果他们早就知道他们要向别人解释清楚这笔交易的来龙去脉,他们也许就会更努力地工作来找到一个双方都认可的分担成本的方法了,这样也会减少双方对对方的敌意。

怎样维持动力来应对各种变化?

当你就一项需要几个月甚至几年才能完成的交易进行谈判时,实际上也是在进行博弈,因为可能在你完成交易之前有些因素已经发生了改变。如果一笔交易没有考虑期望与现实间存在的变化或差距,那么当这笔交易从理论向实践过渡时,履行起来至少会进展非常缓慢,甚至全盘崩溃。要确保交易能有好的结果,谈判人员必须要认识到交易过程中所面临的挑战,并且要考虑到那些可预见的意外情况。

当合同履行团队接手谈判人员留给他们的工作时,他们所面临的一个最大的问题就是,他们发现正在发生的事情和原本在谈判桌上所想象的完全不一样。当他们对未来的预期产生变化或者期望与现实间差距过大时,他们会逐渐失去工作的动力,甚至会对这笔交易完全丧失信心。

　　为变化做打算已经超出了传统观念中"补救"条款的范畴,这个条款通常在一方行使终止权之前给对方"调整"他们做法的机会。依我们的经验来看,在当事人启动"补救"条款时,双方通常已经开始准备证据对簿公堂了。不要等这些事情在以后的合同履行阶段出现,再来厘清权利和责任,确定谁来承担哪些风险以及如何应对本可以预见的变化,在进入合同的履行阶段之前就该把这些问题处理好。

　　即使存在一些无法准确预知细节的变化,也可以遵循固有的方法来妥善地处理好它们。贷款人无法准确地预测利息率未来的变动情况,但是他们基于某些标准(比如伦敦市场同业拆借利率或者短期债券利率)设定了抵押贷款或信用贷款可变利息率。IT外包服务提供商无法预测5年后计算或存储设备以及最新的电脑硬件的单位价格,但是他们可以在长期合同中加入基准参照机制。当你知道以后肯定会发生变化但却无法准确预测,需要根据未来的市场状况进行调整时,这些所谓的"二级"协议其实是很有用的。虽然你现在无法给出准确的答复,但是你们可以达成一份相对合理的协议,以便以后需要时可以给出答复就可以了。

　　让我们再回到生物制品公司和生物技术公司的例子上来看一看。它们很清楚,随着它们合作的深入,它们会在研制这些新产品的过程中学到许多新的东西。它们也会了解到很多以后会服用这些药物的病人的临床反应。然而竞争格局总会发生改变。美国食品及药品管理局批准新药品的流程甚至标准都会发生变化。如果它们的交易没能制定一份方案来定期地考虑它们的某些做法是否与最初的目标相违背,它们的交易是否还有意义,以及它们双方能共同做些什么来提高成功的可能性,那么它们的这笔交易是考虑得非常不周到的。

第八章

在戴维·拉克斯和詹姆斯·西贝尼厄斯共同编写的《三维谈判》一书中，他们提出了一个非常有效的建议，即在谈判过程中拟订一份"社会契约"作为惯常的经济合同的补充。他们认为社会契约甚至超越了双方良好的合作关系。他们提倡用社会契约来管理合同双方的各种期望，像对风险投资的本质、程度和投资期限的期望，所遵循的方法的期望，以及对那些无法预见的事情采取的处理方法的期望等等。[1]他们力劝谈判人员要尽他们所能帮助交易顺利实施，并保证交易能很好地适应变化，特别是适应那些可以预见到的合理的变化。[2]

出现些变化是不可避免的，因此要提前制订计划，这样这些变化就不会扼杀你履行合同的动力。通常这些计划不用涉及复杂的财务手段以及第三方服务。它可以简单到只在计划中提出"双方达成的协议要能保证随着市场的变化而变动"就可以了。作为管理已达成协议的流程的一部分，常规的规划会议对复杂的中长期协议管理来说是非常关键的。如何组织那些会议？如何决定谁应该参与这些会议？探讨哪些主题？对于这些问题的处理方法有很大的差别吗？当然有差别。但是总体来说，有些谈判包含了一些良好的运转机制，而且谈判人员肯花一些时间和精力来探讨如何对项目更好地进行管理，而不是把问题留给合同履行人员后就拂袖而去。这样的一些谈判通常会有更好、更持久的效果。

第二部分 谈判与组织

THE POINT OF THE DEAL

第九章　管理谈判人员

如何驾驭他们达成有价值的交易？

你认识那些说自己的工作是管理谈判人员的人吗？

企业中的各级管理者管理着从事各种工作的员工，但几乎没有人认为他们自己的工作是管理谈判人员。你绝对无法想象不对销售人员管理就让他们销售商品，或者不对采购人员进行采购管理就让他们去采购商品这种情况发生。然而，几乎没有管理者认为自己真的在管理那些会向他们汇报工作的谈判人员，也几乎没有管理者可以清楚地阐释，除了给他们一个具体的目标和一个最低层职位，并将其权限限制在某个范围之内外，管理谈判人员究竟意味着什么。在这个问题上，很多企业存在着一系列严重的错误，遭遇了无数的挫折，也错失了很多机会。

在前面的章节中，我们谈到了谈判人员想法、行为以及习惯上发生的改变，这些变化对达成关键的交易来说非常重要。现在让我们来考虑一下，这些谈判人员拥有哪些支持要素来确保实现交易的目标呢。事实上，在大多数企业中答案是没有。的确如此。大多数企业很清楚地规定了签字的权限，谈判人员往往也深知他们自己的权限范围。但是这与所谓的管理相距甚远。

当你仅仅通过给谈判人员提供一个目标和底层的职位而对他们进

第九章

行"管理"时,你实际上限制了他们的创新能力,甚至更糟糕的是,还限制了他们的说服力。同时,你也向他们发出了明确的信息,即作为他们的管理者,你认为什么是重要的。通常,这会让他们觉得达成交易并不是他们这些底层人员的事。除非你的信息中还为他们提供了一些指导,告诉他们签订一个可履行的合同的重要性以及如何达成这样的交易,否则如果你的谈判人员没有抓住交易的关键问题,你也不要感到丝毫惊讶。

为什么管理者不能朝正确的方向引导谈判人员?

谈判是商业活动中最难管理的一个环节。为什么谈判过程总是处在遥不可及或者不被授权的极端状况下呢?为什么谈判人员的管理者们往往要么是彻底放权要么是一点权限都不给,差异如此之大呢?答案可以归结为以下几个相互联系的原因。

过度操控:对谈判人员管得过细

人们普遍认为,谈判讲究的是艺术和技巧,需要谈判人员利用以往的经验在"重要时刻"做出伟大的判断,因此无法被管理。基于这种理念,一些管理者因而得出结论,要么就聘用优秀的谈判人员,自己置身事外,听之任之;要么就得事必躬亲,事无巨细地指挥他们的谈判人员,告诉他们该做什么、怎么做。

但是,如果将谈判交付给个别"优秀"的谈判人员,完全凭借他们近乎完美的判断力、时机掌控能力和经验,那么你将不可避免地以你所不希望发生的,或者听起来不错但却无法兑现的交易而告终。如果让他们完全按照他们自己的思维行事,那么这些谈判人员——作为你的代理人——所选择的方式对他们的委托人(即公司)而言不一定是最好的。

一个众所周知的例子就是，为了在季末完成更多的交易，销售代表们会向顾客提供非常大的折扣。他们不管以前的做法，也不管现在这种做法带来的问题，实际上这种做法给顾客形成了这样一种习惯，那就是等到季末再进行购买，逼商家不断让利。以这种方式完成的交易也很少为合同的履行制订适当的计划，同样很少能获得对交易的成功起重要作用的关键人物的支持。

另一种极端的情况就是，谈判人员根本没有什么"发言权"。他们的管理者们认为这些一线的谈判人员并不比管理者做得好到哪去；相反，他们认为自己会做得更好一些，只是他们分身乏术而已。如果管理者认为谈判的结果取决于谈判人员的水平，而且他们认为他们自己的水平比谈判人员还要高，他们就会得出这样的结论：要想保证谈判成功，必须由他们来推进谈判；必须由他们来做出艰难的抉择；必须由他们来定下谈判的基调，操纵谈判。实际上，管理者变成了谈判人员，而谈判桌前的这些谈判人员仅仅充当了分身乏术的真正的谈判人员的信使而已。但是，信使这个角色完全不具备说服别人或者创造任何价值的能力。想想你自己对那些总是要跑到他们上司跟前请示的汽车销售员会做何反应。即使你把这种方法作为一种谈判策略，令你自己保留承诺的权力，不让谈判人员去乱承诺，这个例子也充分地说明了，一个仅仅被视为信使的谈判人员是完全没有任何说服力的。

操控力度不够：缺乏管理谈判人员的清晰流程

管理者们面临的挑战使我们想起了古老的西德尼·哈里斯（Sidney Harris）漫画，其中讲到，一群科学家正盯着黑板上的一组等式仔细琢磨，正中间有一个符号写着："奇迹在这里发生。"许多自认为结构合理、管理有序、严格遵照程序行事的企业在为商业流程绘制流程图时仍然会留出一个方框或设定一个步骤给"谈判"这一要素。这个"黑盒

第九章

子"中发生的一切总是那么不透明,无法追踪,无法测量,所以也无法管理。即使那些想对谈判人员进行管理的管理者们也缺乏有效的方式来对他们进行管理。因此,为了确保管理的有效性,管理者需要制定一个清晰明确的管理流程,并设计出一系列随后要采取的行动。但是,大部分谈判人员往往把谈判的各个步骤分解成如下活动:提出价码;开始讨论并确定目标(或者随着事态的发展看对方的表现);自己让步,或者让对方做出让步;以终止谈判相要挟;自己或者对方做出更大的让步;达成交易(或者交易失败)。也难怪管理者们不去管理谈判人员,因为看起来他们除了阻碍谈判以外没有其他什么可以做的事情。

当合同的履行非常重要时,这个问题会表现得更为明显。管理者要想发挥有效的作用,就不能只坐在那里说一句"结果要好一点",他需要做些实事才行。要想达成值得做的交易,管理者需要清晰地界定何为成功——要考虑到交易的目的,即交易达成之后会发生些什么。然而,几乎没有管理者能制定这样一个清晰的流程来做到这一点。

次要因素发挥作用:谈判人员拒绝被管理

当要求谈判人员做些解释的时候,他们通常会反驳说:"我只能那么做。"但是,我们既然不接受别人这样的解释,为什么要接受谈判人员这样的解释呢?至少部分原因在于,管理者自己对于如何管理谈判人员也缺乏足够的信心,因此只能回避这样的问题。谈判人员在这个问题上实际也并不轻松。

我们把谈判看成是只注重结果的行为,而管理者并不想对他们无法控制的结果负责任。为了避免这样的状况出现,一些管理者对谈判彻底放手不管(这使得谈判人员更加坚信,管理者起不到任何有价值的作用,因此不听他们的也没有什么)。而另外一些管理者则往往管得事无巨细

(反而进一步激起了谈判人员的抵制情绪,因为他们在谈判中失去了所有控制权,不能发挥任何有意义的作用)。无论哪种情况,管理者的行为都会引起谈判人员更为强烈的抵制情绪,而这种抵制情绪反过来使管理者的管理工作变得更难做。让我们来看看下面这个非常典型的对话,了解一下在这个再熟悉不过的场景下,管理者和谈判人员都在想些什么(见"谈判人员与管理者的对话")。

谈判人员与管理者的对话

管理者想说但没有说的话	他们实际的谈话内容	谈判人员想说但没有说的话
我需要知道谈判的进展情况,以防有人问起。	管理者:那项谈判进展如何? 谈判人员:挺好,正如你所预期的那样进展顺利。	噢,拜托!不要让我花那么多时间来复述每一步的进展情况吧。
拜托!给我透露一些吧。	管理者:那么,你认为你们很快就可以结束谈判吗? 谈判人员:啊,我可不清楚。你也知道这帮家伙是怎么做事的。	噢,不。我还不准备预测这件事情。这要取决于我们是否愿意做些让步了。
好吧。或许需要给他些指导才能帮助他结束这场谈判。可是我之前已经指导过了。	管理者:当然当然。相信我,我也经历过的。你给他们再让1.5%如何? 谈判人员:我可以试试。但我还不确定这些就能摆平。我还有多大的权限呢?	这还不错,1.5%还能起点作用,但恐怕还不够。你难道就不能把底线告诉我,让我签下这笔交易吗?
正如我所想的,他完全不知道需要多少。如果我现在给他更多,他只会过早地把它送掉,以后还得回过来再跟我要。	管理者:尽你最大努力吧。我们确实想赢得这场谈判。如果你认为还需要我帮忙就来找我。	呀!谢谢,老板。很高兴你可以"帮忙"。

第九章

挥舞着象征结束的方格旗(The checkered flag)：激励机制使问题变得更糟

一些企业将谈判人员的管理问题当做一个薪酬问题来处理。它们试图勾勒出需要谈判人员取得的结果，一旦谈判人员取得了这样的结果就会得到相应的奖励。这样的做法常常会"刺激他们达成交易"。而这再一次强调了"达成交易"的重要性，因为这才是大家所需要的结果，达成了交易就会得到相应的奖励。许多企业在季末前或财年结束前会根据销售人员达成交易的数额来给他们发奖金，这种做法实际上会造成销售人员销售行为的波动，因为销售人员会在这段时间尽他们最大努力来提高"达成交易的数量"并把奖金装进口袋。然而不幸的是，对于那些合同的履行非常重要的交易，谈判达成的结果通常非常复杂，需要对其从多个角度进行考虑，因而将达成交易视为赢得奖金的衡量标准通常会导致错误的目标。

在销售和采购谈判的例子中，我们很容易看到采用激励手段是如何导致问题变得更糟的；而在专利权许可的谈判中，我们可以看到更为复杂、更为棘手的例子。我们可以想象这样一个场景，一家全球医药公司的CEO想要改善公司的业务拓展流程，他想让他的团队在谈判中能达成更好的交易，这没有什么问题。然而，他对"更好"的定义却让人难以捉摸。它既不单指对新产品的投入减少，也不单指对下游的销售决策增加控制能力；在他的概念中，专利权许可和战略风险管理息息相关。他想填补这样的空白——如果药品的销售非常成功，那么可能意味着十亿美元甚至更多的销售收入；但是如果失败，代价同样非常大。他希望他的团队能更快地达成交易，而且还要尽量避免犯较大的错误。尽管他不是特别在乎非要把专利使用费压到许可方所能接受的最低水平，然而这并不意味着他不在乎股东的钱，对一个药品花冤枉钱。他应该采用什么样的激励手段呢？

对于何为成功的谈判界定得越复杂，设计一个合理的激励机制就越困难。激励手段越是机械化，做起来就会越容易，因此也就更容易产生意想不到（以及令人不快）的结果；然而，激励手段的主观性越强，就越难形成细化的可执行的奖励措施。企业的利益和谈判人员的利益往往是不一致的，这类"代理问题"会导致销售人员在季末提供更大的折扣以完成其定额，也会导致负责采购的谈判人员仅仅为了总额折扣上的那一点点利益，在谈判时以改进服务水平或者不断寻求创新为代价把巨大的利润留给了对方。实际上，在现今大多数复杂的企业中，我们不仅要关注谈判人员完成了哪些工作，而且还要关注他是如何完成的。这就需要比激励机制本身更完善、更广泛的一套管理工具了。

一线管理者往往无法控制激励系统的设计流程，这一事实也导致无效测度的问题变得更为严重了。即使他们知道某些激励系统居然对一些错误的谈判行为进行奖励，他们也无法改变这一现状。面对这样一个不能帮助他们取得他们想要的结果的笨拙工具，他们不得不换一种方式，把相关信息委托给代理人，自己来掌控谈判的真实目标或底线。这样，在谈判过程中，谈判人员就不会过早地直奔那个目标而去了。

那么管理人员该做些什么呢？

对这个问题最简单的回答就是：如果你想要你的谈判人员达成有价值的交易，则你需要扮演管理者和教练的双重角色，起到积极的推动作用。你需要向他们说清楚交易的关键要素和你认为对于达成交易至关重要的那些活动。然后，就取决于你对某个谈判人员的了解，掌握他的强项和弱点，并就此对其进行监控，给予奖励并加以专门的指导。

不过，我们还是不要将问题停留在"具体问题具体分析"上了。虽然

第九章

一个有效的管理者必须根据不同的谈判任务和负责完成此项任务的谈判人员来选择合适的管理手段,但还是有些一般性的做法可以付诸实践的。

从合同履行的角度来定义成功

当合同的履行非常重要时,仅仅派某个人去"进行交易的谈判"是不够的。我们需要清晰地界定成功。我们在第三章到第八章中谈到的那些操作方法可以作为指导管理者以及谈判人员行动的非常有用的路线图。作为一名管理者,你有责任为你的谈判人员清晰地界定衡量成功的标准。这样,当他们真的取得成功的时候要举办庆功宴大肆庆祝,而不是过早地就去褒奖那些无法真正实现价值的交易。这里介绍一些为了帮助谈判人员管理者可以做的具体的事情:

- 阐明交易的目的。你必须知道究竟为什么要做这项交易,而且要确保谈判人员也了解。交易的目的并不是签订合同这么简单,而是要完成合同规定的所有细节。交易中各方所追求的目标是什么?实现这些目标需要做些什么?

- 广义地理解谁是利益干系人。谈判人员是否懂得:即使他一直将反对派拒之门外,直到签订合同为止,也不一定就能取得"成功"? 时常与谈判人员碰碰面,进行些交流,看看都有谁处于这个利益圈之中,其中有哪些支持你,哪些站在对方一边,在达成交易之前还应该让谁参与进来。

- 要求谈判人员起到良好的示范作用。根据你的经验,你知道出现哪些问题容易导致交易陷入困境吗?为了解决这些问题,你在谈判过程中打算起什么样的示范作用呢?把你的管理经验和你对其他谈判人员达成的交易所总结的心得体会告诉谈判人员,这样他们就可以在新的环境中应用"80/20"事后分析了。要提醒你的谈判人员,交易的成功不仅要通过合同上所写的内容来衡量,而且还要用双方履行合同的能力来衡量。告诉他们:"不管你喜不喜欢,双方进行的第一次合作就是谈判,它为今后双方如何进一步合作起到了非常重要的示范作用。"

➤ 指导他们怎样提出质疑,并就合同履行中存在的障碍进行讨论。许多谈判人员在讨论那些虽真实存在却忌讳提到的问题——在合同的履行过程中可能会出现的问题——时总是有点犹豫。要让他们清楚怎样以一种有效的方式将这些"不可讨论的问题"拿到桌面上来讨论——不要以一种面对面地相互指责的态度,而是以一种在谈判阶段共同解决问题,以便双方未来可以更好地履行合同的姿态来讨论。

➤ 确保做出或得到非常清晰的承诺。告诫你的谈判人员一定要清楚都做出和得到了哪些承诺,并阶段性地总结各方做出(或未做出)的承诺。有些交易双方对谁做出了什么承诺都理解得不一致,或是因为疏忽大意而做出了不切实际的承诺,它们所达成的交易是不可能抓住关键要素的。

➤ 让谈判人员懂得,直到他们制订了清晰的计划,保证交易顺利交接到合同的履行阶段,他们的工作才算真正完成。谈判人员通常认为,一旦达成了交易,他们就可以把它束之高阁,转向下一笔交易了。而你直到最后才告诉他们还有些工作要做从而令他们大吃一惊,这种做法既不合理,也不是一种好的管理方法。要想很好地管理谈判人员,你必须清楚"达成交易"意味着什么,"好的交易"是什么样的。你需要引导你的谈判团队去思考如何将交易从谈判向履行阶段顺利过渡,并告诉他们在给合同履行人员介绍合同并参与合同履行的过程中他们所扮演的角色。如

第九章

果你想要达成有价值的交易,就要确保你的谈判人员懂得谈判并不以握手或签字为结束标志这个道理。

想象休和她的领导之间进行的这样一场对话。休所在的公司为比尔所在的公司提供了有缺陷的零配件,她打算就如何分担有瑕疵零配件造成的 500 万美元损失的问题与比尔进行谈判。

如果她的管理者没有读我们写的这本书,那么对话可能会很短,听上去有点像这样:

管理者:休,你要开始与比尔谈判了,你打算怎么去谈呢?

休:当然,我们要解决如何分担这些损失的问题,而且还要确保不损害我们之间良好的合作关系。

管理者:那么你认为我们应当承担多少损失呢?

休:我在想,我们最开始应该提出来承担 20% 的损失——如果我们以 100 万美元开始来谈的话,至少他们不会太生气。如果在双方关系不受影响的前提下我们最终承担 50% 的损失,那么我认为这样的谈判就算是非常成功的了。当然,只要我们能把这些损失分摊到未来几年里,保证以后绝不会再次出现类似的问题,最后就算我们把这 500 万美元的损失全承担下来,也不能冒险去损害和我们最大的客户之间的关系。

管理者:不要做超出我们承受能力之外的事情。我同意最开始主动提出承担 100 万美元这个观点。但是最好不要过快就松口,否则你这种做法很可能会给对方发出信号,让他们误以为我们可以承担大部分甚至全部损失。在这个问题上,你的最终权限就是可以同意承担不高于 200 万美元的损失,并且只有在对方给我们施加很大压力时你才能同意。如果这样还不行的话,我们得重新进行评估。不过一定要让对方清楚,我们的态度非常坚决，最多就能承担200万美元的损失。而且即便这样，也不要很快就走到这一步——尽量让他们觉得这对我们的影响非常大，我们不可能再做更大的让步了。

这个对话可能会使休认为谈判的唯一目的就是解决如何分担损失的问题，而最好的结果就是承担最低的损失份额。她的领导也在暗示（并且明确说出来）他只关心他们承担了多少损失。她的领导采用的给你"底线"的方法可能并没有考虑到双方的一些非常重要的利益干系人，他们可能对问题到底出在哪里、今后如何避免类似问题再次出现等问题掌握着非常有用的信息。

他所奋力争取的这种讨价还价的流程很可能会导致今后与比尔的关系更难相处；并且，如果休一开始坚持非常强硬的立场，而当她发现比尔毫不退让时采取了缓和的态度（这会暗示比尔，得对他的供应商采取强硬态度才能取得满意的结果），或者当比尔想直接和她的领导进行对话时采取了退一步的姿态（这会暗示比尔，如果他对休给出的结果不满意，就要求见她的上级领导，直到得到令自己满意的结果为止），这很可能会破坏休的威信。以上这两种情况哪一种都不应该是公司与自己最大的客户打交道所采取的做法。这个领导并没有考虑去制定一个方案来防止这种代价很大的问题再次出现。这样做只会敞开大门等待将来出现更多代价高昂的残次品和更多这类的对话。简而言之，他没有抓住谈判的关键。

如果休的管理者真的抓住了问题的关键，那么他们之间的谈话可能会更有底气，听起来会更像这样：

管理者：休，你要开始与比尔谈判了。你希望达成什么样的结果呢？

休：当然，我们要解决如何分担这些损失的问题，而且还要确保

第九章

不损害我们之间良好的合作关系。

管理者:好的。你的意思是我们既要保证我们双方的关系,又要解决谁来承担多少损失的问题。为了以后更好地合作,我们是不是还需要共同制定些流程,以保证以后不会再出现类似的问题呢?

休:是的,这当然很有意义。

管理者:那么我们该怎么做呢?

休:我们可以共同探讨一下我们的工程团队是否还可以推荐一些别的产品生产规格来提高这些零部件的稳定性,或者可以简化或改进他们的测试和质量控制流程。

管理者:好,不错。看起来这样的讨论还是比较有意义的。现在我们来谈谈损失问题。在考虑这个问题时,我能为你做些什么呢?

休:我在想,我们最开始应该提出来承担20%的损失——如果我们以100万美元开始来谈的话,至少他们不会太生气。如果在我们双方关系不受影响的前提下我们最终承担50%的损失,那么我认为这样的谈判就算是非常成功的了。当然,只要我们能把这些损失分摊到未来几年里,最后就算我们把这500万美元的损失全承担下来,也不能冒险去损害和我们最大的客户之间的关系。

管理者:让我们先退回来想一想。到底谁了解这些零部件出了什么问题?比尔对这些非常清楚吗?

休:他已经跟他们的生产和质量控制人员谈过这些了,所以我想他心里一定有数。

管理者:好,如果把双方的工程、生产和质量控制人员全都召集到一起,仔细回顾一下事情发生的整个过程,对究竟在哪个环节出现了什么问题尽可能有个清楚的认识，以这种方式开始谈判你觉得好吗？

休：好，这样做当然很有意义，特别是在我们一起探讨以后如何预防这类问题再次出现时更有意义，因为我们以后还要生产更复杂的零配件呢。

管理者：跟他们讨论一下换一些其他的产品生产规格来提高我们生产的零部件的稳定性，或者简化测试和质量控制流程……这种场合讨论这些问题非常合适。

休：但是，我担心他们会将这场讨论演化为一场口水战来证明错误在我们，我们应该承担所有的损失。

管理者：很有道理。或许我们可以先和我们的工程人员单独开个预备会，来讨论一下以后如何避免这样的问题再次出现。然后再与比尔开会讨论损失的问题。如果比尔感到我们已经很严肃地对待这个问题了，而且我们也想和他们一起共同努力来确保这个问题不会再次出现，那么他对于谁来承担多少损失这个问题可能就不会那么在意了。我认为，他不会想通过让我们为此付出高昂的代价这种方式来保证以后不再发生类似问题吧。

休：好的，那么我以我方承担20%，对方承担80%开始，然后由此进一步展开怎么样呢？

管理者：实际上，我倒是很担心你过早地锁定某个比例。我们应该承担多少损失在很大程度上要取决于究竟是什么原因导致了这个问题，我现在手中掌握的信息还不足以让我拿出结论说我们该承担多少。如果结果证明比尔的生产团队损坏了我们正常交付给他们的零部件，或者我们应他们的要求使用他们的托运人，零部件在运输途中遭到了损坏，就算我们承担100

第九章

万美元的损失我也不愿意。另一方面,如果在我们托运时零部件就已经是损坏的了,而且我们本应该挑出这些有问题的产品,那么责任就在我们这方了——作为供应方,我们应该承担一半甚至更高的损失,这取决于他们在将零部件投入使用前是否本该能及时发现这些问题。

休:那么我的底线是多少呢?我们最多可以承担多少呢?

管理者:我真的没有掌握足够的信息来判断多少合适。我想,要解决这个问题,你和比尔需要更好地了解问题出现的原因以便提出一些有效的解决方案来。我相信以后我们还会有机会在问题解决后重新来分析这次损失造成的数额问题。如果下次再出问题,我想让比尔知道,我们不会仅仅因为他给我们施加压力或威胁双方的合作关系,就随便答应一个负担额。现在,我们再来谈谈如何确保双方的工程师可以很好地展开合作,执行你们在这些会议中所做出的有关新测试或修订产品生产规格的决定。

这次谈话,管理者对于成功的认识很清楚,与第一次对话中的表现大相径庭。休被引导着去更加充分地考虑谈判的真正目的——最大化与比尔公司维持长期互利的合作关系的可能性,并在这个前提下处理损失问题。休可能会求助于双方公司中的一些重要人物,这既可以解决现在存在的问题,又可以与这些人一道努力,避免未来再次出现这样代价高昂的问题。休在处理这个难题时,可能会认识到自己处理这个问题的方式的重要性,这样她和比尔今后可以更为有效地处理将来出现的任何问题。最后,休可能会在结束谈判时提出一个明确的方案来规定她和客户一起向前推进时各方接下来都要做哪些工作,而不是简单地给比尔的公司填上一张支票,也不管自己承担了多少损失,照样和这个不稳定的客户维持着原来的关系。

要做好充分的准备

你不可能一直和谈判人员坐在一起进行谈判，也不可能守在电话旁边接他们打过来的每一个电话。你也不想对谈判进行事无巨细的管理。你要弄清楚你到底想要谈判人员取得什么样的结果，这非常关键，但是还不够。这就是为什么要进行充分准备的原因。

经验告诉我们，谈判会按照你预先准备的那样进行。很多谈判人员会在之前准备好开价或者准备做出一些让步，然后在谈判桌上就真的去那么做。

要成为一名优秀的谈判人员管理者，一个最有效的方法是要求你的谈判人员在参加所有重要谈判之前都要花些时间做准备，并与你一起对准备工作进行必要的检查。由于谈判至少有两方参与其中，因此不可能提前完全"草拟"整个的谈判过程。把准备工作想象成"穿过树林的林间小路"则谈判很可能会失败，因为在动态的谈判的过程中，对手有时候会让你的团队迷失方向。将有效的准备看做是"了解目的地，观察地形"就好得多了。这样一来，即便你的谈判人员没有按照规定路线行事，他们仍然能够引导谈判驶向最终的目标。此外，你对你的谈判人员所做的训练与指导是有限的，还要让他们的谈判对手参与进来共同发现问题、解决问题、交换意见。

要求谈判人员在谈判前进行准备，这样做你可以让他们了解，你对他们的期望已经从他们谈什么上升到了怎样完成这个层面。你也要让他们清楚，他们并不只是你派出的信使，像鹦鹉学舌一样复述你的观点；他们是专业的谈判人员，作为团队的重要一员去进行谈判，要运用自身的技能充分调动组织资源来完成组织的目标。某个大型媒体公司的采购部门甚至这样说，一个团队或谈判人员就谈判进行的详细准备如果未

第九章

经采购部门高级主管审核批准,其采购费用不得超过 200 万美元。这意味着不仅要对谈判人员的签字权进行审核,而且要对很多其他因素进行评估,像谈判可能为双方带来的利益、一些可能的备选方案、解决关键问题的客观标准、退出方案的认识、所要做出的和应该要求对方做出的承诺,以及谈判过程中对沟通和双方关系的管理计划等等。[1]同样,作为差旅费开支预审批过程的一部分,较大的再保险公司现在都要求其理算人同时提供一页谈判准备概要和行程合理性说明。越来越多的企业逐渐认识到,管理者影响谈判的能力在谈判前的准备阶段体现得最明显。

谈判准备会同时也为管理者提供了一个直接指导谈判人员、规范其行为的机会。如果管理者能与一线谈判人员一起参与谈判培训,那么这样的指导环节将会有助于运用和强化训练。这些准备会同时也可以使管理者对谈判有更充分的了解,甚至不需要接手谈判就可以给予谈判人员相应的支持。管理者也更便于在需要时省去或引入更多的训练。

作为训练的副产品,这些谈判准备会还形成了一个支持企业不断学习的非常有价值的知识库。每一位做了准备的谈判人员都会阐述他在某个问题上对企业利益以及如何实现这些利益的想法;会认真分析他们对某些特定谈判对手的看法,并将其进行总结和概括;同时,还会针对某个具体的交易谈谈自己的看法从而拓宽企业对相关问题的理解。在谈判准备会上,企业可以收集到大量的信息,这些信息可以在谈判人员以后进行其他交易的准备时使用。每一个谈判人员在企业的知识积累过程中,既做出了自己的贡献,也从中获得了好处。谈判准备数据库是企业的一个巨大的无形资产,而大部分管理者却完全忽略了或没有充分利用这一资产。

谈判准备的最后一个环节就是实战演练。让我们非常吃惊的是,谈判人员第一次进行谈判就要面对谈判对手,这时各个方面都存在很大的问题。我想我们没有谁会认为我们第一次尝试去做某件事情就能做到最好。很难想象,泰格·伍兹(Tiger Woods)会在高尔夫锦标赛前拒绝练习,只因为他更喜欢在比赛过程中享受场地给他带来的惊奇和"新鲜感"。世界一流的诉讼律师在对高风险的案件进行正式诉讼之前都会选任代理人陪审团,聘请退休的法官来听取他们的辩论并请他们提出批评意见。而且,案子的风险越高,他们练习的强度也越大。谈判人员应该从中得到些启示。休对她的管理者说:"我一开始就会提出来,我们应该怎么做才能避免这个问题再次出现。"可能这种做法并没有她的管理者建议的方法效果好:"休,我们先花点时间来想几种不同的开始谈判的方法,看看哪种让你感觉最好。我来演比尔。让我们来模拟一下,我就坐在谈判桌前,当你走进会议室时怎么开始会比较好。开始吧,我们会在五分钟后暂停一下,来看看这种方法如何。再换一种方式时,你会做出哪些调整。"如果第二次、第三次或第四次演练,仍没有任何起色,这只能说明一个原因:谈判人员根本就没有认真对待这个问题。

在整个谈判过程中要一直对谈判人员进行指导

你可以使用很多不同的风格和方法来对谈判人员进行指导,到底用哪种方法取决于你的喜好也取决于"被指导者"的实际需要(二者并不总是一样的)。如果你已经为谈判人员对成功做了清楚的界定,并要求他们在谈判前进行充分的准备,那么你就已经完成了一名优秀管理者应该做的事情,帮助你的谈判人员开了一个好头。接下来,当他们调整方法,或者当他们进入谈判过程中,要依据从最初的谈话中所获知的信息做出相应的调整时,你就该发挥你的指导者角色了。

我们发现,当谈到帮助谈判人员进行策略调整时,各种问题就成了指导者最好的朋友。一个优秀的指导者并不需要接手谈判,也不需要针对对手的每一个行动都采取相应的措施做出回应,他应该能帮助他的谈判人员验证他们的想法,从不同角度考虑问题,并得出相应的结论告诉

第九章

他们该如何进行下面的谈判。比如,如果我们回顾一下第三章到第八章的内容,就可以知道应当如何设计每一节谈判之间指导者要问的一系列好问题。这样就可以确保谈判人员不会错过交易的真正目的,不会忽略重要的利益干系人,不会起到你不希望他们起到的那些示范作用,不会把那些应当提出的质疑压在心里,不会做出或接受不切实际或未经深思熟虑的承诺,也不会忘记为合同的顺利履行制定相应的方案。

表9-1列出了一些为管理者准备的指导性问题。列出这个表并不意味着管理者要在每次的准备会上都把这些问题例行公事地过一遍,它应该作为管理者指导谈判人员时可以参考的一些有用的建议。

表9-1 为管理者准备的一些指导性问题

关于交易目的的一些问题
➢ 我们为什么要进行这笔交易?
➢ 我们怎么才能知道我们是否实现了交易的目标?
➢ 各方都有哪些极其看重的关键利益?
➢ 我们有没有更为广阔的目标,可以将其整合进这笔交易中来呢?

关于谈判涉及的人员的一些问题
➢ 我方必须参与谈判的人员有哪些——既包括那些支持你的,也包括那些对合同的履行起关键作用的人员?
➢ 对方必须参与谈判的人员有哪些——既包括那些支持你的,也包括那些对合同的履行起关键作用的人员?
➢ 对方在统一关键参与人员的意见时出现了问题,我们可以从中得知什么?
➢ 我方在统一关键参与人员的意见时出现了问题,我们该怎样跟对方的谈判人员说呢?
➢ 各方是否还存在我们应当关注的制造障碍者呢?
➢ 在进一步进行谈判之前,各方是否还有应当参与进来的谈判推进者呢?

关于我们想创造历史的一些问题

- 谈判是否正在以考虑合同履行的方式进行着？
- 对方是否知道，我们认为这次谈判是在创造我们的合作史？
- 谈判过程中各方是否能适度地进行信息共享呢？
- 谈判过程中，各方依靠说服力来取信于人还是依靠高压政策呢？
- 是否发生了会对双方之间的信任以及合作关系的发展造成影响的事情？

关于风险管理的一些问题

- 我们对于在合同的履行过程中获得价值存在的最大顾虑是什么？
- 对方的顾虑可能会有哪些？
- 将这些顾虑拿到谈判桌上来讨论可能造成的风险和带来的好处各是什么？
- 我们应当如何以一种有益的方式讨论这些顾虑呢？

关于承诺的一些问题

- 双方是否都清楚所做的这些承诺以及谁在什么时候应该做哪些事情？
- 对方的哪个承诺最难兑现呢？
- 我们可以做些什么来帮助对方兑现承诺呢？
- 我方的哪个承诺最难兑现呢？
- 对方可以做些什么来帮助我方兑现承诺呢？

关于工作交接的一些问题

- 在交易达成后，我们是否考虑过要从谈判向合同履行阶段过渡，并进行工作交接呢？
- 在谈判过程中我们是否了解到了一些可能对合同履行团队有用的信息呢？
- 什么事情可能会令合同履行团队感到惊讶呢？
- 我们需要为哪些可能的变化做准备呢？

除了实战演练，在指导谈判人员时我们最喜欢使用的方法就是角色转换，不论是对那些非常有经验的谈判人员也好，还是新手也罢。这种指导方法要求管理者扮演谈判人员，而让谈判人员扮演其谈判对手，而不是简单要求谈判人员听从那些事无巨细的管理者的吩咐——这种做法除了让你变成一个信使外不起其他任何作用。如果谈判人员表现得很好，他们在谈判中就可以处于更为有利的地位，站在谈判对手的角度

第九章

从一个非常直观的层面来理解对手是如何听取你的解释、他们是否会被说服等问题了。这个简单的练习也让管理者了解了谈判人员掌握的信息,并根据谈判人员在角色转换中所获得的经验来帮助他们改进其谈判策略。这种方法有助于谈判人员将可利用的时间和精力投入到真正重要的问题中去——不只是关注于他们的方法听起来怎么样,而是关注于它会产生什么影响;同时,这种方法也有助于谈判人员将其听到的管理者在扮演自己的角色时所说的话作为一种参考——在激烈的谈判中这些话是很容易被记住的。

不管管理者是有意还是无意,他们总在不断地发出一些信号,来表明他们对谈判人员与他们自身角色的看法,以及哪些事情谈判人员应该请示他们,而哪些事情谈判人员应该自己去解决。思科公司服务销售副总裁斯科特·斯佩哈尔(Scott Spehar)要求他的业务经理们共同为公司的一线谈判人员举办一些谈判培训班。[2] 为了达到应有的效果,首先他必须进行一些投入,并确保那些经理们不仅成为优秀的谈判人员,而且要清楚自己在整个过程中所扮演的角色。对于管理者来说,其好处在于,他们必须要熟悉材料并把相关的知识传授给员工;对于员工来说,其好处在于,能够与领导一起参与角色扮演并对真正的案例进行研究分析,这种方法所带来的好处是无可比拟的。在培训之后,他们形成了一种模式。这种模式使管理者不需要接手谈判就可以对谈判人员进行指导,而谈判人员既可以保证管理者随时掌握谈判动向,也没有被剥夺权力的失落感了。

表9-2 思科谈判人员谈判能力指导摘录

下面你会看到一些关键的谈判能力,以及我们希望你在接下来的三个阶段中所展现的能力上的提高。请注意,这些与管理者一起对谈判进行的回顾是你职业发展的重要部分,同时也决定了你是否能够得到他们的授权来就某笔交易进行谈判。

谈判能力	在下一次谈判中，你应该能够做到：	在接下来的谈判中，你应该能够做到：	在第三次谈判中，你应该能够做到：
你不应该只关注于你在讨价还价中所处的地位，而且还要充分理解客户和思科的利益所在。	➢ 在准备过程中，你应该能够清晰地说明关键利益方都是谁，他们可能关注哪些问题。 ➢ 在谈判过程中，你应该能提出一些好的问题来帮助你验证你的假设：关键人物到底是谁，他们的关注点在哪里。 ➢ 当你与管理者一起回顾此次谈判时，要向他们汇报你从这次谈判中学到了哪些新东西，哪些与你的假设存在差距。	➢ 在准备过程中，要求自己和其他谈判人员能清楚地说明在这一特定的机会中思科的重要目标排序。 ➢ 在谈判过程中，进一步试探客户所关注的问题，并尝试帮助客户对这些问题按重要性进行排序。同时也将思科看重的事情作为关注点而非立场提出来。 ➢ 当你与管理者一起回顾此次谈判时，要向他们汇报你在这次谈判中所了解到的各个内部和外部利益干系人对于他们所看重的问题的排序情况。	➢ 在谈判过程中，要就利益和目标优先级问题进行彻底的探讨，即使你遇到的是一个只想让你再一次让步的难缠的谈判对手。 ➢ 当你与管理者一起回顾此次谈判时，要向他们汇报你认为可以让对方跟你一起共同探讨双方利益的最有效方法。

资料来源：思科系统。许可使用。

第九章

斯科特也将"不脚踏实地,你就干不出什么名堂"这句古训牢记于心。他与他的业务经理和谈判团队一起努力工作,并形成了对如何谈判,如何在具体技术层面改进的一些期望。谈判人员知道管理者对他们的期望就在于此。在表 9-2 这个例子中,你可以看到斯科特使用了一个巧妙的方法来支持管理者和谈判人员。表中列出了对准备、执行和回顾三个谈判阶段清楚、详细的期望。这些期望主要针对管理者希望谈判人员在谈判时的具体表现而设定,当谈判人员的经验越来越多时,对他们的期望也随之提高。

欢迎问题

对管理者来说,这个建议比较难以接受。我们大多数人宁愿永远都不出现任何问题,或者只想听到我们的员工是如何巧妙地解决了问题。我们通常会含蓄地(有时也会明确地)表达出我们的态度:"不要带着问题来找我,我只想要解决问题的方案!给你发工资就是要你去解决问题,而不是让你拿问题来找我的。如果我来解决你的问题,那么我就是在做你的工作,而你就多余了。"

虽然我们可以理解这种态度,但是如果我们让谈判人员形成了这样一种心态,即因为担心他们自己的前途受影响而不敢提问题,那么当我们听到由于时间的原因,来不及预防或者减轻问题造成的影响而导致谈判全盘崩溃时,我们也不应该感到惊讶。我们有一个企业客户,它的采购部门员工知道,如果把与供应商之间产生的问题提交给管理层会导致这些员工进入他们所谓的"人才流动蓄水池(talent mobility pool)",成为其中的一员——难怪以前很少有人向管理层汇报问题呢。后来该企业上下共同努力,欢迎员工提出问题,并奖励那些早期提出预警的员工(而不是处罚那些提出危险信号的员工)。他们发现,针对与供应商之间存在的一些潜在问题,他们得到了来自采购部门的员工提出的更好的建议,从而较早地采取措施避免了代价高昂的商业后果。

帮助谈判人员做好收尾工作

退出那些不值得进行的交易,这是很多谈判人员很难做到的事情;还有些谈判人员不愿意花时间来关注那些已经达成的交易的细节问题。在这两种情况下,管理者在谈判收尾时都要起到一些关键的作用。做好收尾工作可能意味着从谈判中退出来(但是要为今后合适的交易敞开合作之门)或者有效地将其过渡到合同的履行阶段。

并非所有交易都值得去做,即使从合同的内容上来看感觉不错。这不仅仅是谈判人员是否做好了充分准备,是否了解他还拥有别的选择的问题。即使企业鼓励谈判人员认真思考他们的最佳替代方案,但由于不能充分满足公司的利益而做出放弃交易的决定和由于很难将合同在实施阶段兑现而做出放弃交易的决定,二者之间仍然是有区别的。作为一名优秀的管理者,他的一项工作就是帮助谈判人员明白,仅仅达成一个表面上看还不错的交易是远远不够的。如果他们不能确信他们所达成的交易一定可以顺利履行,那么继续向前推进很可能没有任何意义。

一名优秀的管理者会帮助他的谈判人员退出那些不应该达成的交易。由于管理者没有参与激烈的谈判,所以对这些交易而言,他们可以保持一定的客观性和距离感。他们有责任来提醒谈判人员:必要的利益干系人都出席了吗?交易的目的明确了吗?交易各方是否都了解达成目标所需要付出的努力?我们是否与对方形成了良好的合作关系,并起到了良好的示范作用?如果没有,那么这意味着交易最终取得成功要担多大的风险呢?管理者不用非得唱反调甚至故意持相反意见,但他们确实需要查明事情的真相,并确保谈判人员达成了一笔可以实现其最终目标的交易。

"做好收尾工作"的另一方面是确保工作有效交接,即确保谈判人员

第九章

不急于进入下一笔交易，以免他们都没时间留心那些一旦交易付诸实施需要提醒合同履行人员注意的问题。如果由其他团队来负责履行合同，那么需要一个全面的工作交接流程，主要包括以下几步：

> 解释交易的真正目的，而不仅仅是交易的条款。

> 将双方的关键人员介绍给对方，并帮助双方充分了解所有重要的利益干系人。

> 向合同履行人员传达关于对方的重要信息，包括他们的经营风格、沟通方式，以及他们如何维系与我们的关系、如何管理承诺。

> 确保谈判人员努力树立起的示范作用能顺利传递给合同履行人员，以便他们可以从中获益。

> 与合同履行人员一同作战，以便使谈判期间制订的计划可以得到更充分的部署并付诸实践。

根据我们以往的经验，当双方的谈判人员与双方的合同履行人员共同完成工作的交接时，取得的效果最好。但同时我们的经验也告诉我们，很多谈判人员都需要他们的管理者不断劝说才愿意进行联合工作交接。需要强调的是，对于较大的团队以及较大的交易而言，工作交接很难进行时间规划。谈判过程常常需要超过预期的时间，而且还有其他工作等着谈判人员完成；与此同时，由于合同履行团队急于开始工作，因此这一步经常被跳过。管理者可以而且应该坚持完成这一步——没有这样一个工作交接流程，很多重要的信息都会因此而丢失，交易的目标也经常会被误解，最终导致交易的价值遭到破坏。

第十章 构建一个做真正有价值的交易的企业

这么多优秀的企业究竟错在哪里?

到目前为止,我们把焦点主要集中在了谈判人员和他们的管理者身上——他们做了什么,没能做什么,才导致交易无法创造应有的价值呢?虽然谈判人员可以去做很多事情来确保他们达成的交易抓住问题的关键,但是如果我们不去关注他们所处的外部环境的话,我们还是不够细心的。毕竟,谈判人员(及其管理者)都是在别人的指挥和掌声(或嘘声)下进行工作。企业会以一种微妙的方式告诉谈判人员和他们的管理者应该取得怎样的结果,如何取得。

成交文化的危险性

任何一家公司,即使公司再大再成功,都不能避免在谈判桌前做出糟糕的决策。这里我们举出三个例子——其中两个大家都非常熟悉,另一个可能不太熟悉——来阐释成交型企业文化造成的潜在后果。

第十章

美国在线商务部的故事：通过竞争来决定谁有能力来做那些最令人无法容忍的交易

美国在线商务部（AOL Business Affairs），在内部简称为"BA"，负责美国在线最复杂、最重要的在线广告业务——这些交易常常在财务季度末达成，以帮助美国在线完成甚至超出其当期的财务目标。[1] 不管美国在线帮助互联网公司发迹这一说法可信度有多高，其商务团队却利用这一优势不断向其合作伙伴施压，经常提出非常苛刻的要求。然而，将一批手段强硬、聪明绝顶的能为公司创造价值的交易人员剥离出来，形成一个豪华的交易人员明星团队，并将他们与下游（合同履行团队）的工作结果分开来对待，美国在线不经意间为达成那些没有实际价值的交易创造了条件，形成了没有抓住关键要素的交易。

商务部团队内部的文化氛围就是要争赢，赢得创造的一切财富。谈判人员加入商务部团队后很快就会发现，他们处在一个竞争性的环境当中，要想获得提升——管理者对其尊重程度的提升，在团队中权力等级的提升，以及获得的报酬的提升——他们不得不去做比以往更具侵略性的交易。这几乎演变成了一个不断向前推进的游戏，在不停地问你"你能超过这个吗"。但是当成功的衡量尺度变成与你的同事相比你是否可以从对手那里攫取更多的让步，比团队其他成员能更多、更快地达成交易时，很多这样的交易要么会导致对手破产，要么需要经过监管机构仔细的检查，似乎就不足为奇了。

安然公司项目开发者："工作就是达成交易"

安然国际公司，简称"EI"，负责安然的全球能源交易。尽管该分公司在 20 世纪 90 年代末被认为已经相当成功，然而公司的一个固有的缺点就是：领导们喜欢奔走于世界各地去做那些价值数十亿美元的生意

(并从中获得报酬),然而一旦交易达成,双方进入合同履行阶段,就没人愿意对这些项目进行管理了。为了确保交易达成,安然国际公司的谈判人员常常假设不会出现任何问题,不论位置多远、实施环境多复杂。[2]

安然公司瓦解后,我们很容易发现公司的资金流动方式存在很多问题。那时候,很多人都头脑发热,可能至少一部分员工认为他们真的形成了一种新的模式,可以帮助公司有效运作并不断创造财富。然而,公司为负责能源开发项目谈判的团队支付报酬的方式是公司走向灭亡的原因之一。由于向谈判人员支付项目股权(类似于来自于项目收益的年金)的方式对公司造成了损害,安然转向为负责研发项目的谈判人员支付基于项目预计未来现金流量净现值的项目奖金——有时高达整个项目价值的 9%。所以,如果谈判人员估计某个项目价值 1 亿美元,他们就可以从一个项目中挣得 900 万美元左右。这意味着谈判人员可以在谈判结束后马上就得到这笔报酬,甚至不用等到建造厂房、铺设管道。他们的动机很明确:寻找具有最大价值的交易,想尽一切办法让谈判对手签字并投资,然后开始下一个项目。

电子资讯系统有限公司和海军陆战队内联网:"大项目"的诱惑

2000 年 10 月,电子资讯系统有限公司与美国海军签署了一份价值 69 亿美元的合同,为海军陆战队建设一个先进的新网络。海军陆战队内联网(NMCI)在涉及的领域和延伸的范围上是仅次于全球万维网的第二大网络,它用统一的语音、数据及视频系统将全球范围内的所有海军陆战队用户全部连接起来。[3] 这种大型项目以及其他类似的项目对电子资讯系统有限公司新上任的 CEO 理查德·布朗(Richard Brown)的发展战略而言至关重要。

电子资讯系统有限公司以月为单位向每个联机用户收费。按照项目的最初构思,公司会很快将网络搭建起来让用户使用。用户数量将急

第十章

剧增加，强大的 NMCI 大约两年后就能产生正现金流。理论上，到 8 年合同期限的中期时，电子资讯系统有限公司将会收回所有的初始投资，并从网络运营中获得巨额利润。

然而不幸的是，项目实施两年后，搭建新网络的工作已经推迟了 18 个月之久。电子资讯系统有限公司在还没有开始向 NMCI 用户收取任何费用之前，就已经为建设该系统投入了 6.4 亿美元。2002 年 10 月，公司 CEO 理查德·布朗宣布，虽然公司最近在海军及其他项目中遭遇了挫折，"但是，我们的企业战略目标不会发生任何改变，我们仍将继续寻求大型项目。"[4]

截至 2003 年 3 月，电子资讯系统有限公司已经在海军项目中损失了 8 亿多美元，公司 CEO 理查德·布朗由前哥伦比亚广播公司（CBS）CEO 迈克尔·乔丹（Michael Jordan）取代。在新的体制下，电子资讯系统有限公司对于公司可能签署的合同变得比以前挑剔多了。

另一方面，海军方面也并不比电子资讯系统有限公司的股东欣慰多少。对方未满足服务品质协议要求进行的赔偿并不能让海军陆战队的全体人员使用这种全球化系统。电子资讯系统有限公司还没有充分认识到整个海军陆战队有多少旧系统，就做出了支持"所有"旧系统的承诺，从而损害了电子资讯系统有限公司的利益，而海军也并未因此而获益。2006 年 3 月，合同延期至 2010 年，合同价值也随之增长至 99 亿美元。然而，电子资讯系统有限公司起初希望在这个大项目中获得的收益却再也看不到了。

企业常犯的六个错误

安然、美国在线和电子资讯系统有限公司所经历的问题并不少见。这些问题并不是仅仅存在于大型企业或者仅仅是受个人主义驱使的高

156

管才会导致。以我们与大大小小的各种公司合作的经历来看,我们发现了在处理有关如何聘用、组织谈判人员以及如何应付谈判的问题时,尤其是在合同的履行很重要的交易中,管理者们常犯的六个错误。

有时,这些错误就是针对某些糟糕的交易进行调整,或者是增加企业需要谈判的特殊条款的数量所导致的直接后果。有时,造成这些错误也可能是企业为了其他目的采取某些措施所带来的完全无意识的后果。它们可以因采购部门重组而产生,也可能因调整销售佣金结构、创建公司的"操作清单"、创造一种业绩型的文化氛围而导致。这些活动是企业出于良好的目的而经常采取的一些重要而有效的行动,但是却对谈判人员达成的某些交易造成了意想不到的后果。

创建一个独立的"达成交易部门"

在考虑如何获得更好的谈判结果时,许多管理者认为他们首先应该做的一个决定就是:"我的谈判人员应该坐在哪个位置上去谈判呢?"

有些情况下,他们通过建立一支专门的团队将谈判任务集中到他们团队中来解决这一问题。这一决定背后所做的假设往往导致原来设想得很好的企业陷入不断的麻烦之中。假设之一就是:专业分工会产生更好的结果。换句话说,如果你在开始就用相对专业的谈判人员,并把大部分谈判的机会都交给他们,那么他们的经验会越积越多,得到的结果也应该越来越好。然而不幸的是,这一假设并没有考虑合同履行的重要性问题。通过更多的谈判机会使谈判人员积累了越来越多的谈判经验,其专业和技能也变得越来越熟练,然而这并不能保证那些专家们所达成的交易就一定能抓住谈判的关键。除非能保证那些项目团队以外的或下游负责实施的人员对交易是否能正常执行向谈判人员提出他们的意见,否则谈判人员仅仅知道哪些技巧可以帮助他们达成协议,而并不知道哪些技巧可以在合同的履行阶段创造价值。

第十章

举例来说,美国在线商务部团队在组织结构上就是从那些界定公司受众和客户的工作人员以及那些在交易达成后要与对方共同履行交易的人员中分离出来的。他们要听从"为了达成交易"而新成立的部门的领导的指挥。这造成的结果是,一些项目要求美国在线主页在规定的时间段内为客户投放更多的广告,而这一要求已经超出了公司当前拥有的在线空间;还有的项目要求公司将浏览网页的人从英语的欢迎界面直接链接到西班牙语站点,而这一行为已经超出了广告客户服务器所能承受的最高运转速度。[5]

出现这样的部门调整的情况并不仅仅是疯狂的互联网公司。绝大多数医药公司也设立了自己的业务拓展团队,以确保公司能在解决各种争端问题、了解谈判对手潜在的症结、何时以及如何利用他们在谈判中所拥有的各种手段和优势等问题上能够表现得越来越好。截至现在,情况一直都还不错。但是,如果将他们从合同条款的实施结果中分离开来,那么他们就根本无法得知他们"赢得"那些条款到底是件好事还是坏事了。

作为宝洁医药公司(Procter & Gamble Pharmaceuticals)负责战略规划与联盟的副总裁,汤姆·芬恩(Tom Finn)要负责维护与宝洁公司业务拓展谈判对手交易达成后的后续关系。从扮演的这一角色中,他收获了另外一种经验:哪些条款往往会在未来合作的生命周期中令他们陷入困境。一般来说,这一经验是业务拓展谈判人员所无法得知的,而它在达成合同实施方可创造价值的交易中却是至关重要的。芬恩解释说:"这不仅仅是双赢的问题,而且还将我们联盟管理者难得的经验与那些容易导致合同履行出现问题的条款紧密地结合在了一起,可以防止这些条款出现在我们的交易中。"芬恩把向谈判团队传授获得的经验,确保交易代表们签下的交易不给宝洁公司造成很大的成本当成了自己分内的工作。[6]

构建一个做真正有价值的交易的企业

另一个推动成立"达成交易部门"的关键假设就是：通过在这一更小、更专业化的团队中集权这种方式，确保交易不会被其他一些经验较少或不认同交易的人员所干预、耽搁甚至破坏。这一假设也没有考虑合同的履行问题。这种观点认为，评价一个谈判的好坏仅仅取决于它是否有助于或阻碍交易的达成，而不是取决于该交易是否不但从纸面上看可行，在实际执行时也令人满意。

有些人认为，把握住交易的最好方法就是让谈判人员不受别人的干扰以自己的方式行事，同时在"达成交易部门"中赋予其一定的交易权限。这一假定往往也会将这些人分离出来，将其地位提升到汤姆·沃尔夫（Tom Wolfe）在《虚荣的篝火》（The Bonfire of the Vanities）中所描述的有影响力的"宇宙的主人"（Masters of the Universe）。然而，这对于帮助谈判人员认识到他们的行为对合同履行的含义毫无作用。相反，却形成了安然国际公司普遍存在的以达成交易为目标的想法。的确，这种想法非常强烈，以至于即使安然设立了一个风险评估与控制部门（简称"RAC"）监督并评价处于谈判中的交易的风险，仍然不能抵制和阻止谈判人员去做他们想要达成的交易。（该部门没起什么作用，交易在最后一刻才进入到RAC进行审核；此外，RAC成员审批这些项目也面临着巨大的压力，他们要给谈判人员的项目挑毛病，而在年终时却由这些谈判人员对他们进行评价。[7]）

公司创立独立的达成交易部门的最大推动力是一些人希望更快达成更多、更大的交易的欲望。当组织为某些特定的人员分配一系列范围较小的活动时，他们做事会更有效率。更少分心、更清楚目标以及朝着同一个方向努力的更强大的团队意识有助于提高企业的生产效率，这一点往往无可非议。然而，当这一方法被应用到"达成交易"中的时候，往往会导致一个团队将交易达成视为最终的目标，而不是通向目标的手段。他们以完成交易的数量、规模，以及与自己或别人上一单交易相比

第十章

这次达成的交易规模大了多少、结果好了多少来衡量成功。他们无暇思考合同达成后谁会去做什么,因为他们认为他们的工作已经结束,其他的交易还在等着他们呢。

依靠第三方达成交易

与企业设立的单独的达成交易部门相对应的另一个极端是,一些企业聘用第三方谈判人员来代表自己就关键交易进行谈判。它们有各种理由来寻求外部援助:它们需要某些专业知识对那些不经常做的交易进行谈判,比如复杂的外包交易;需要一些第三方的合法性证明,例如投资银行会提供关于合并或兼并的"公正意见";有时,各方处在诉讼争端之中,它们可能会需要一个中间人来进行调解。这些虽然都是寻求第三方帮助的很好的理由,但是并不一定要把谈判任务委派给他们。

有时候,企业会寻求其他观点来支持使用第三方进行谈判,或者通过让第三方代替谈判负责人的方式使其参与到谈判中去。过度依赖第三方进行谈判最普遍的理由就是,很多企业认为谈判需要采取一些强硬的策略,而为了保持谈判双方之间良好的个人关系,应该由其他人(例如第三方)出面去扮演"无情杀手"的角色。这样,在谈判过程中,即使谈判桌上血溅三尺也无所谓。因为当谈判结束、第三方退出后,双方当事人仍可以建立起积极的合作关系,而且还不会伤了双方的和气。当组织试图将这种方式付诸实践时,只要遇到可能会引起争议的议题,就会让其负责人离开谈判现场。

当然,这一点在实际中很少能奏效。如果你所聘用的第三方谈判人员代表你在谈判中做了"坏事",你的谈判对手是不会这么轻易忘记他们的,他们的怒气不会这么快就消掉,也并不会因为你这个背后指使人已经离开,受到侵害的感觉就会有丝毫的减弱。他们会责备你聘用了这些枪手;他们会认为你完全了解这些人所使用的各种策略(或许聘用他们就是为了使用这些策略);他们会认为那些"坏家伙"正是在你的指使之下才会让他们一次次做出让步,还拒绝透露任何相关的信息,或者利用各种强制手段达成交易。

尽管藏在第三方背后对于你们的合作关系而言有一点点好处,然而你失去的也不少:无法了解对手,无法共同探讨可能存在的合同履行问题,无法为你们今后的合作树立积极的示范效应。从我们的经验来看,将谈判授权给第三方也会损害到企业的两方面宝贵的知识性无形资产:对谈判对手的了解以及对交易谈判过程的了解。

首先,如果你聘请的专业谈判人员并不能真正代表你们的企业文化和企业运作方式,那么你通过他们进行谈判的次数越多,各方对如何与对方共事所了解的就越少。委托谈判人员进行谈判,你也无法获得第一手信息来了解对方真正关心的是什么,他们的目标是什么,他们的利益干系人有哪些,以及潜在的合同履行障碍可能有哪些。如果你把谈判看做是了解对方如何解决问题的机会(并向对方展示你如何解决问题),那么你就必须在谈判中占据核心位置。

其次,当企业把进行关键谈判的任务交给第三方时,它们同时也就失去了亲自对那些交易进行谈判的机会。谈判中获得的各种经验和教训都可以留给以后就此类交易进行谈判的团队。如果你聘用了第三方谈判人员去替你谈判,那么你只能依靠他们去达成越来越好的交易(实际上,这是他们获得酬金的先决条件),但是这些交易却不一定能保证在合同的履行阶段获得有效实施。下次你在考虑聘用第三方担任这个角色,而且当合同的履行非常关键时,要记得向他们问一下在谈判达成交易后有关谈判记录的问题。尽管他们一定可以给你提供关于他们完成了多少交易,每个规模都是多大,以及在特定范围内其市场份额会有多少等问题的相关统计数据,然而几乎没有人可以告诉你,在他们离开后会发生哪些事情。

第十章

将达成交易作为衡量标准

企业常犯的另一个错误——常常（尽管并不总是如此）与设立达成交易部门有关联——就是通过衡量谈判人员作为交易代表所取得的谈判生产率来监督并奖励他们的表现。这些衡量标准中最常用的方法，尤其是在销售部门和业务拓展部门中，就是看达成交易的规模和数量；还有一些其他的方法，在采购部门应用更为普遍，就是考虑最终获得的折扣或对方做出的让步。在更加关注过程的公司里，人们可能会发现有关诸如"达成交易所花费的时间"、同时并行的交易数量以及合同调整的频率等衡量标准。

了解这些内容本身并没有什么问题，而真正的问题在于企业设计并沿用这些衡量标准的原因以及如何使用这些方法。企业为什么要设计这些达成交易的衡量标准呢？我们发现通常有两个主要原因：一方面它们想将其作为激励措施来推动达成更好的谈判结果，而另一方面它们要确保按照员工实际完成的工作而合理地向他们支付报酬。那些长期以来赞成将谈判视为基本业务流程而并非只是一项个人技能或者一种艺术形式的人应该赞同这种做法。当然，我们也支持这种做法。谈判应该同其他的业务流程一样接受严格的审查与分析，同时谈判人员也应当在工作中应用定量的衡量标准。问题不在于对谈判进行衡量，而在于你如何去衡量。

激励机制往往因某人取得了某项成果或者参加了某项活动而向其支付报酬。然而这两种情况均存在很多我们非常了解的问题：如果你因某人参加了某些活动而向其支付报酬，但他没有取得你想要的结果怎么办？打个比方来说，你可能接到了无数个购买意向电话，但是却一笔新交易都没有达成；如果你因某人获得了某个成果而向其支付报酬，你可能觉得你得到了你想要的结果，但是如果这些结果却是使用你无法接受

构建一个做真正有价值的交易的企业

的方式获得的该怎么办呢？例如，企业为了销售某些商品，实际支付的销售成本比商品的真正价值还高很多。那些严重依赖于衡量标准和激励机制的企业也常常会发现，它们的一些员工出现了玩世不恭的态度，并且学会了与激励机制"博弈"：他们算计着如何出最少的力完成那些"有用"的工作，而不管实际是否可以产生一些有价值的结果。

当谈到谈判的衡量标准时，人们会想到交易数量、交易规模以及谈判所花费的时间。然而，当价值在合同签订后才能体现出来时，达成更多、更大的交易，或者更快地达成交易就不一定是好事了。实际上，有很多实例都证明，达成某笔交易（可以获得相应的报酬）可能比放弃（会使谈判人员受到严厉的惩罚）这笔交易对企业而言更为不利；而且，由于谈判过程常常是为合同的履行打基础，并为企业共同开展合作起示范作用，因此一个有效的激励机制绝不能忽略交易的谈判方式。越是不能让各方以合作的心态处理合同履行中存在的问题，或者当双方位置互换后，越是可能去"报复对方"的交易，很显然，对企业来说越不利——没能考虑到这一点的激励机制都会危害到企业的某些利益，同时也会向谈判人员传达错误的信息。

当企业把注意力集中在它最近的三个交易规模有多大，上一季度以来订货量增长了多少，或者在某一特定细分市场中它拥有的客户数量时，我们就可以断言，这些企业会签订一些还没有做好实施准备的交易，或者即使企业可以进行实施，实施结果也好不到哪儿去。比较经典的案例就是关于四大公共会计师事务所的案例，它们为了争取收入上的突飞猛进的增长并占有更大的市场份额，不断地接手各种各样的项目，尽管有些项目它们知道它们做得并不能令客户满意。当会计师事务所为了获得自己本职工作以外的业务而采用压低报价的策略时，被安排从事这些项目的团队有时会感觉压力很大，既要更快地完成任务，又要和很多没有经验的年轻员工一起共事。制定萨班斯—奥克斯利（Sar-

第十章

banes-Oxley)法案至少在某种程度上是为了确保会计师事务所能更加彻底地进行企业内部控制,而不是让它们什么都不做就在审计意见上签字。

领导层的问题在于他们总是认为从事那些在成绩表中"计分"的交易就一定会对企业有利。电子资讯系统有限公司的CEO对与美国海军签订69亿美元的项目可能会感到非常得意。然而,交易的范围界定得并不清楚:结果证明8万个而不是1万个旧系统需要移植到新网络中去。海军指挥官中支持谈判的关键利益干系人也没有参与到合同的履行中去。由于没有得到与电子资讯系统有限公司合作的直接命令,他们使电子资讯系统有限公司偏离轨道四年之久,在这四年中公司付出了资金和声望的双重代价。

底线:如果交易不能够很好地履行,那么即使达成交易的数量一路攀升,净收入、客户满意度以及员工的士气也都会受挫。

允许谈判人员"保护交易"

谈判人员可能会用一切可以用到的比喻来为他们在谈判过程中的这一错误做法辩解。一些人会说,"太多的厨师,会坏了汤的味道";另一些人又说,"一条船只能由一个船长来掌舵"。当谈到决定还应当让哪些人参与谈判时,一些人就会发表反对意见,"我们不应当和自己谈判"。不管他们怎样说,他们的目的就是要坚持对交易流程的控制权,并保证这种控制权不会被其他利益干系人破坏。当企业允许这样的情形发生时,它们可能保护了交易,然而却为项目成功实施所需要的内部支持和团结带来了风险。

有时谈判人员会以证券交易委员会(SEC)或美国食品及药品管理局等机构要求保密为由,或者在参与谈判的人中强行设置"锥形静区"(cone of silence)的方式,将谈判的有关信息严格控制起来。他们可能会说，不论是从受托责任的角度还是从战略决策的角度考虑，都要求他们只把信息传达给那些"需要了解"的人。他们也可能是担心有人非法使用内部信息，或担心竞争对手会对公司的计划产生不必要的警惕。但是，驱使谈判人员常常这样做的动机是他们认识到了解交易的人越少，提出难题或反对意见的人也就越少。然而，严格控制与交易相关的信息，防止信息从谈判团队的内部核心集团传到利益干系人耳中，也会使他们最终丧失很多潜在的相关信息。

当然，如果理由充分，可以将谈判的有关信息限制在特定的人群中。比如有些情况下，与正在进行的谈判有关的某些信息如果泄露可能会提醒竞争对手或者会影响公司的股票价格。还有一些情况，谈判的真正目的或是人们臆想的含义可能会以各种方式影响员工的士气以及客户或供应商的反应，而在企业没有确定是否能达成交易之前，没有时间和资源来解决这些问题。然而满足企业的合理权益并不需要将对合同履行非常有帮助的利益干系人，或者掌握交易的可行性和交易特性的重要（即使是负面的）信息持有人排除在谈判之外。

例如，代表比较复杂的服务和解决方案提供商进行谈判的谈判人员，更希望在谈判过程中没有服务和方案交付团队的人员参与，因为负责履行合同的管理者们在听到负责销售的同事提出的一些议案时，往往要么会觉得非常可笑，要么会表现得眉头紧锁。在谈判人员试图说服对手——"我们当然可以按时并在预算范围内完成任务，且游刃有余"——时，这种表现往往会坏了他们的好事。那些允许谈判人员将真正了解实施过程的人员排除在谈判之外的企业可能会达成更多的交易，但同时，它们也不可避免地会达成更多让自己感到后悔的交易。

医药公司负责业务拓展的谈判人员在就共同研发新产品进行谈判时不喜欢让实验室管理人员和操作人员参与进来。根据经验他们知道，在他们试图说服对方让其相信他们会成为多么优秀的合作伙伴时，总有

第十章

一些傲慢的言辞表露出来,这些很可能会使正在讨论的问题变得更为复杂。但是,如果医药公司令其操作人员和实验室管理人员大感意外地与生物技术公司或其他公司达成了协议结为新的联盟,那么它们通常会令其合作伙伴失望,甚至无法履行联盟要求的义务。这时,这些操作人员和实验室管理人员反过来会说:"不让我们参与谈判根本不行吧。"

那些允许其交易人员将利益干系人隔离开来,免于接受他们的审查或批评,从而起到"保护交易"目的的企业,最终却损害了自身的利益。如果合同的履行非常重要,那么最终达成的交易必须要经过合同履行人员的严格检查。依我们的经验来看,那些表面上看起来不错但却无法顺利实施的交易大部分都是由于合同中存在的某些缺点造成的,而如果能让适当的人员有机会提前审查一下的话,就完全可以发现这些问题并对其进行有效的管理。这进一步印证了,谈判的目的就是达成协议这一错误说法必将给企业带来巨大损失。

让谈判人员难以同意成交

前面提到的问题——"我的谈判人员应该坐在哪个位置上?"——实际上等于问:"我该给他们多大权限呢?"谈判人员是否应该制定企业战略?是否可以与对方开始谈判?是否有权探讨某些业务问题可行的解决方案?鉴于这些问题还有待探讨,所以提出"我该给他们多大权限?"这一问题还为时过早。通常这一问题的真正含义是:"谈判人员自己有权做出多大的让步?"

但是,讨论有关让步的问题也为时过早。做出让步就意味着谈判人员承诺去做一些他在谈判一开始明确表明或者暗示的某些他不愿意去做的事情。做出让步可能是出于预先制定的方案——"起点要高",从而给自己留出些妥协的余地;也可能是出于禁不住对方的说服;甚至是出于一种绝望的情绪——做出让步就意味着谈判接近尾声了。比谈判人员是否有权这样结束交易这一问题更为重要的是,双方在做出承诺之前是否就双方的利益及可能的解决方案进行了详细的探讨。而与交易一旦达成能否产生价值这一问题更为密切相关的问题是,谈判人员是否允许对合同能否顺利履行非常关键的利益干系人参与谈判,他们是否确信合同已经抓住了交易的关键,可以表示同意了。

有些人在看了美国在线商务部出现的问题后说道,如果对那个谈判团队进行更严格的管理,对他们的签字权限制得再紧一点的话,就不会出现现在这些问题了。但是,美国在线向客户承诺登出比公司可以提供的屏幕空间还要多的广告并因此而陷入困境,这里面的问题并不是出在谈判人员的权限上。可能人们一直认为,谈判人员应该有权决定某笔交易的规模,有权接受某些合同条款,但他们还是忽略了这一关键点:没有向负责广告和屏幕空间协调的人员充分咨询,谈判人员就不能准确地说公司能否从某个交易中获得经济利益。在低库存期间达成的一组特定条款与在其他时间达成的同一组条款可能会产生截然不同的结果。将注意力集中在谈判人员的签字权上,还不如形成一种能有效地使下游利益干系人参与到谈判中来,多多展开咨询的文化氛围更有意义。

从我们的经验看来,很多企业根据交易规模、让步的程度或者与某些标准或先例的背离程度来设置谈判权限。例如,关于销售方面的谈判权限往往是基于交易的规模或者是谈判人员所能够接受的折扣额度来确定的。谈判人员的地位越高,经验越丰富,他可以批准的折扣也就越大。对于采购而言,谈判人员往往受到采购规模以及像对折扣、担保、补偿或者知识产权的讨价还价能力等因素的局限。即使是非常成熟的企业,在面对非常复杂的交易而为谈判人员确定权限时,也经常要列出一个清单,并根据清单中的内容逐条标明谈判人员可以做出的让步极限。但是,关注谈判人员表示同意的权限本身存在一个很大问题:擅自使用自己的权限往往在很多情况下都是"错误"的。对某些交易而言,即使没有

第十章

超出谈判人员的权限范围也不应该达成,而有些好的交易正是因为超出了谈判人员的权限,才导致了不必要的推迟甚至错失。

限制让步权限造成的另一个主要问题就是,许多谈判人员把限制理解为只要在他们的权限范围之内达成的交易都会有好的(或足够好的)结果。因为很多谈判人员知道,最简单、最快速达成交易的方法就是做出让步,所以他们往往通过做出权限范围之内最大的让步这一方法来快速达成他们认为迟早都会同意的结果。

然而在权限范围之内达成交易并不一定总是好事。如果你将大部分交易都达成在权限的最大范围或最大范围附近,那么你准备接受的最差水平就成了你达成交易的平均水平,这个结果非常糟糕。这样一来,管理者就会缩小你的权限范围,不让谈判人员得到"真正的"权限范围。但是,谈判人员往往知道他们的权限是人为限定的,在达到那个限度时一般还会有些让步的空间。所以,他们很快地做出妥协,因为他们知道他们迟早也会这样做。你的谈判对手也同样知道,当谈判人员说他们不能同意时,那只不过是发出了进入谈判下一个阶段——请示——的信号而已,他们会让你回来找领导争取更大的权限。除汽车经销商外还有很多人都告诉我们,直到我们从销售经理那里获悉这是他们"最大、最终"的让步时,我们才能和销售人员达成交易。

当然,这并不是说不应该限制谈判人员的权限。我们当然不提倡把公司都赌在某个人的谈判上。我们所说的是,在构建谈判团队和谈判流程以及拓展对有价值的交易进行谈判的能力时,简单地限制谈判人员的权限是管理中最拙劣、最没有意义的方法之一。在没有人监督也没有人审查的情况下,让谈判人员树立这样的"榜样"——夸大问题、隐藏事情的真相或是尽最大可能地发挥你暂时的优势——但却牢牢地限制他们的能力,使他们无法对一个需要双方共同履行的复杂交易进行丝毫价值(纸面的)上的改变,这种做法难道很好吗?

让谈判人员难以不同意成交

一些企业已经形成了一种以顾客为中心的文化氛围和业务模式,这样的文化氛围和业务模式使得谈判人员很难对顾客说"不";还有一些企业也有类似的禁忌,它们不允许公司的职能部门(例如采购部)对内部的其他业务单元说"不";而另外一些企业则向关系管理人员发出警告,要求他们绝不能让事情恶化到谈判对手将冲突升级的地步。不管谈判人员怎么能得到以及在什么环境下才可以得到这样的结果,企业的态度让他们完全相信,他们是不可能拒绝哪怕是一笔不好的交易的,否则他们将面对来自企业内部的讨伐。这样,最终的结果只能是,企业会得到许多它们本不想要的交易。

大多数有经验的谈判人员都很熟悉"退出方案"这个概念。许多与谈判有关的书中都提到了谈判人员最佳替代方案(BATNA)的概念,此概念在《达成协议》一书中使用后被广为引用。退出或最佳替代方案的重要性在于,它为谈判人员提供了一个可以用来评价潜在交易的参考基准,从而保证他们不会接受一个比放弃的结果还要糟糕的交易,也不会使他们错误地放弃一个比他们的最佳替代方案还要好的交易。谈判人员的最佳替代方案是基于对现实情况的控制,谈判人员对其可控性越强,他们在谈判时就会越有自信。然而当谈判人员对其可控性很弱,而且无法改变其现状时,最佳替代方案可以帮助谈判人员在不断检查中寻求进步,并帮助他们在现实世界的约束条件内做出不错的选择。一些企业不允许谈判人员对任何提议说"不"——即使他们有合理的备选方案——剥夺了他们否决的权力,也无法使他们具有应该具有的谈判效力。

企业可以有很多种方式让谈判人员感觉他们在谈判桌前无所适从,但是这些方式往往都表现出一个主要特点,即都把没有达成协议看做是谈判人员的失败。即便谈判人员达成了在合同履行阶段出现问题的交

第十章

易，也很少有企业会因造成的负面结果去追究这些谈判人员的责任。可是大多数企业通常并不把没有达成协议看做是企业对达成某笔交易所拥有的一种替代方案，而将其看做是谈判人员没有能力达成交易所致。在就那些合同履行阶段可能会出现问题的交易进行谈判时，这种压力就可能会导致非常严重的问题。

谈判人员如果被不能达成交易就是"失败"这种观念所驱使，那么他们就不太可能花哪怕一点点时间或精力去分析交易失败的原因，也不会去考虑可能延缓或妨碍协议达成的因素。如果企业非常清楚地向谈判人员表明达成交易就是企业关注的重点，则我们给他们提出的任何建议，无论是要提出他们面临的困难也好，还是要与利益干系人协同工作来充分了解合同履行阶段需要注意的问题也好，他们也都将充耳不闻。如果企业以有没有达成交易来评价谈判人员的表现，而不是以交易能否在未来为企业创造价值来衡量，就只会让谈判人员把注意力放在合同的签订（或不签订）上。但是，这样衡量交易的成功与否本身就是错误的。

如果放弃交易总是被当做失败而遭到嘲笑，而不是在某些情况下受到应有的表扬的话，即便谈判人员知道某笔交易在合同履行阶段注定不会成功，他们也不会选择放弃这笔交易，不是吗？那么当"成交"这个结果被证明是个糟糕的答案时，那些很难让谈判人员表示不同意的企业也没什么可惊讶的了。

到此为止，我们看到了即便是非常精明的公司也会做得很糟糕的一些原因。那么企业应该做些什么才能提高它们做对的概率呢？

如何构建一个做真正有价值的交易的企业？

本章前半部分提出的这些问题并非因为企业缺乏明确的目标。即使企业意识到它们需要改进其谈判结果，并开始创建谈判团队、分配审核权限、创建激励机制，它们关于谈判中哪些问题是关键问题、管理层应该控制哪些要素以及如何将企业需求和谈判流程相统一等问题的想法仍然可能存在某些误区。这些想法会使它们做出一些不利的选择，甚至会导致许多意想不到的后果。

为了更好地完成谈判，谈判人员和那些委派谈判人员的人都应该认识到，谈判不仅仅是一项个人技能的展示。很多人一提到谈判，就会想到那些能够不费吹灰之力就可以说服别人去做任何事情的高级谈判人员；但事实是，谈判这门实践性很强的工作既可以由个人也可以由某个组织来完成。然而，企业要想把这项工作做好，而且随着时间的推移想获得越来越好的谈判效果，那么它必须像对待企业的其他关键职能或流程一样来对待谈判，并且不断增强其组织能力。大约在10年之前，我们就提出了这样一个观点，在当时还引起了一些争议。现在，在公共和私有部门的很多实体单位都有很多实际的例子，从制定了业务拓展谈判流程细节的排名前20位的多数制药公司，到埃森哲及美国空军（the United States Air Force）新成立的谈判人才交流中心，它们都把谈判当做是企业应该具有的一种组织能力。

但是，企业应该怎样增强其达成有价值的交易的能力呢？

当谈到影响谈判人员——代表企业就交易进行谈判，要么全职要么还有其他工作——的行为时，企业有很多种方法来向他们"传达"针对某些事情是做还是不做，或者以什么样的特定方式来做或者不做。企业理论家们有时把这种做法称之为"杠杆"，管理者可以运用这些"杠杆"来确保他们的意图被彻底领会并得到贯彻执行，当然其大小、形状、形式以及相对的有效性会因不同的企业而有所差异。

我们从经验得知，谈判人员会对以下实际行动做出回应。当在考虑这些策略时，请将它们与你自己所在企业正在使用的方法进行一下对比。你如何召集一大群各种类型的人员来改变他们实施关键业务流程

第十章

的方法呢？你如何让他们改掉一些不好的习惯,并运用某种要求他们从不同角度审视自己角色的方法呢？如何引导他们做一些改变呢？

以合同的履行为导向确定你的谈判流程

斯科特·亚当斯(Scott Adams)以及他所创建的职场卡通人物迪尔伯特(Dilbert)教我们去嘲笑用流程图导致办事效率低下的咨询顾问们,他们认为这些人只会把简单明显的问题复杂化。他没有向我们征求意见。用一大堆话(经常是拼凑的)来描述日常活动并不能把模糊的事情解释得更清楚,更不会对个人工作改进有任何帮助。另一方面,只是告诉谈判人员去与"对方"谈判,或是将整个谈判过程描述为标着"达成协议"字样的图表中间的一个大框图,这样的做法同样也无济于事。

如果你想改变企业中个人或团队谈判的方式,一个很重要的方法就是要详细地描述谈判中的所有步骤或活动,清晰地说明谈判人员应该扮演的角色,并且明确地界定那些角色的责任。无论你把这个过程称为流程也好,线路图、蓝图抑或只是一个描述也罢,重要的是它能否充分地帮助谈判人员理解他们应该做什么、为什么要这么做,以及他们的角色与别人所做的工作之间的关系是什么。

绘制线路图

如果你想把线路图简单化,可以把谈判分为三个大的阶段:准备阶段、执行阶段、回顾阶段。在准备阶段,谈判人员需要弄清他们的利益干系人都有谁,他们要努力完成什么目标,还要预测他们谈判对手提出的主要问题。在执行阶段,谈判人员要与对手共同参与一些活动,从而设定谈判的基调,建立谈判成功所必需的关系,并实现各方想要达成的目标。这一阶段还包括了谈判人员在谈判之外所必须要做的一些工作,从而在达成交易与退出之间更好地抉择,并将自己的选择提交给组织。在回顾阶段,焦点转移到了以下几个关键问题上:我们从谈判中学到了什么?如何确保将谈判向合同履行阶段顺利交接?这个简单的框架详见表10-1。

表10-1 基本的谈判线路图

	准备	执行	回顾
关键活动	➢ 明确利益干系人 ➢ 预测并分析关键谈判问题	➢ 设定谈判基调并建立适当的关系 ➢ 探讨双方的利益以及可行的方案 ➢ 探讨外部基准、规范及先前的做法 ➢ 在达成交易与最佳替代方案间做出抉择	➢ 总结学到的经验教训 ➢ 保证工作顺利交接
持续进行的活动	➢ 设定利益干系人参与谈判的期望 ➢ 管理参与的利益干系人		

沿着这个线路图操作不用担心沿途会碰到转弯和岔路。绘制这个线路图的目的不是要像远程遥控或自动驾驶仪一样控制整个谈判过程。其宗旨就是给谈判人员一些路标来帮助他们理解他们的期望是什么,如何认识到他们取得的进步,以及何时、用何种方式请求援助。

思考一下你所在的企业及其企业文化。受"过程驱动"的影响有多大?在一些关键的业务流程中,企业不仅想得到好的结果,而且还想提高从经验中学习并随着时间推移不断改善这些结果的能力,那么在这些关键业务流程中通常要解释清楚多少细节问题呢?我们发现,当你关注这些问题时,你就可以很详细地描述谈判活动了。然而,相对于一个完全不确定的事件来说,即使一个非常简单的轮廓或流程也会很有帮助。

第十章

不管你所包括的细节的详细程度如何,你决定制定的这个轮廓或流程图并不需要特别复杂,更不需要对谈判何时开始、何时结束等没有意义的问题进行探讨。图10-1列出了我们在与客户一起合作时,比较完整的谈判线路图中所包括的一些有代表性的活动单元——每个活动单元可以展开成几个简单的步骤,也可以展开成复杂的决策树,这些都因谈判类型的不同而有所差异。

图 10-1 改进的谈判线路图

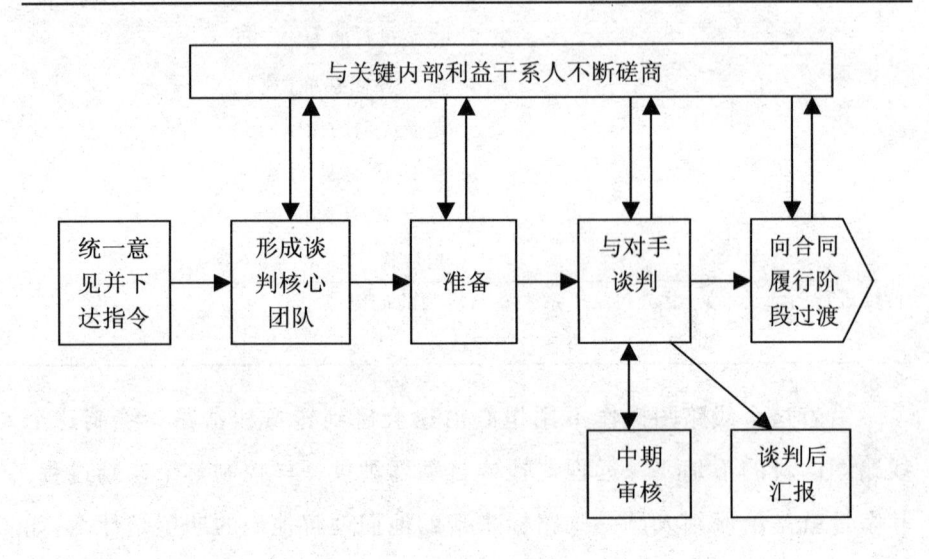

```
                    与关键内部利益干系人不断磋商
                    ↑   ↑    ↑    ↑     ↑
统一意见   →  形成谈  →  准备  →  与对手  →  向合同
并下达        判核心                谈判       履行阶
指令          团队                             段过渡
                              ↓          ↓
                           中期        谈判后
                           审核        汇报
```

将交易与交易的目的紧密联系在一起

如果企业想保证其交易有意义,就应该让企业的业务单元支持企业的每一笔交易,而且应要求谈判人员对某个交易如何促进企业战略进行简短而明确的说明。这似乎是再明显不过的事情了。举例来说,如果某个企业研发团队要对外构建战略联盟,却没有内部其他业务单元的支持,这是非常不正常的。但在其他一些情况下,这个环节有时却是可以

构建一个做真正有价值的交易的企业

省略的。当谈判人员为了多达成些交易而在季末进行产品打折时,人们可能会问:如果打破这种让客户等到季度末才进行采购的怪圈,是不是并不会对业务单元更有利?当采购专家榨干了供应商最后一枚铜板时,人们可能会问:是不是收到这些货品的业务单元不想要高品质的服务、灵活机动的送货时间安排,也不想早点使用新技术啊?你的线路图应该纳入关键利益干系人,从而保证谈判人员在开始谈判之前接受正确的指示,同时也要确保在没有确定交易能实现既定目标前不达成交易。

同样,一个只想要做真正有价值的交易的企业应当在其谈判线路图中明确:在达成交易之前,需要把该交易与企业的退出方案或最佳替代方案进行比较。虽然大部分谈判人员都会说他们一直在考虑是接受还是退出这笔交易,但事实是,他们通常都很盲目,或者坦率地说,是非常随意。谈判人员通常所考虑的是,正在谈判的这笔交易是否跟他们自己设定(或领导要求)的底线差不多。但是,底线与大家都知道的退出方案并不是一码事。底线是从对手手中获得的最低条件。它并没有告诉你,如果你不接受这笔交易你应该做什么。很多时候我们发现,与切合实际的备选方案所带来的价值相比,底线设得要么过高,要么过低。通过在谈判过程中引入一些控制手段,要求谈判人员将在谈的交易与明确的备选方案进行详细比较,可以保证他们不会在"谈判最激烈的时候"做出一些情绪化的决定。同时,企业也要确保每笔交易都要有明确的企业目标。

将利益干系人纳入谈判线路图

如果谈判人员无法令合适的决策制定者参与谈判,也不能获得来自关键合同履行人员的重视和支持,这种局面通常是很多因素交织在一起而导致的。他们可能不知道或没有意识到谁是合适的利益干系人;他们可能缺乏某种手段无法使那些利益干系人以一种建设性的方式参与到

第十章

谈判中来;因为审视自己角色的角度不同、从各自管理者那里得到的指示不一样,以及奖酬机制中激励方式存在差异等因素,他们可能发现自己不能或不愿意花时间和精力来与上述这些人达成对交易的一致意见。

如果这样理解的话,企业如何激励其谈判人员积极进行这些必要的活动以确保对交易的一致意见,答案就非常清楚了。在合同的履行很重要的复杂交易中,谈判流程必须明确相关利益干系人,并确定他们在制定关键决策或有效地履行合同时发挥的作用。谁是谈判的关键人物?谁是谈判的推进者?谁是制造障碍者?在哪些决定中谁扮演什么角色?各方如何彼此影响?谁要服从谁?谁又对谁不满?

明确合同履行人员要参与谈判中的哪些环节

确保谈判人员了解他们原来的做法对交易的重要性的一种方法就是将那些需要兑现承诺的人员——合同履行人员纳入到谈判中来。一个有效的谈判线路图应该为合同履行人员提供发言的机会,让他们说清楚谈判应起到哪些示范作用,我们要和对方建立何种合作关系。这并不意味着要让执行负责人或操作管理人员来负责整个谈判,而是要让他们参与其中,发挥他们的作用,并影响谈判的整个基调。

在外包领域,这一点已经成为了不争的事实。进行外包的客户或潜在购买者要求与项目管理人员和执行负责人会面,并坚持要求他们至少在谈判结束前参与到谈判中来,而且服务提供商也采取了默许的态度。在谈判流程中,最初不愿意过早引入"客户付费"资源的想法已经被新的想法取代了,人们逐渐意识到合同履行团队应该参与到未来如何设计需要兑现的承诺及如何绘制合同成功履行的蓝图的整个过程中去。

明确谈判人员要参与合同履行的哪些环节

同样,一个有效的谈判线路图还应该为谈判人员清楚地勾勒出交易达成后他们所扮演的角色,这样也可以让他们亲身感受到以前的那些做法对他们自己的影响并应该对其负责。至少,他们应该在工作正式交接以及共同回顾谈判结果的过程中起到非常显著的作用。比较理想的情况是,他们应当一直负责他们所达成的交易,直到顺利完成实施。

确保谈判人员有适合谈判的各种工具

"如果你只有一把锤子,那么任何问题看上去都像一个钉子",这是众所周知的真理。如果谈判人员认为他们进行谈判的主要工具就是做出各种可能的让步以及一个对这些让步方式进行评估的经济模型,那么他们往往只会通过做出(以及要求对方做出)让步这种方式来进行谈判。他们对于谈判战略的思考主要集中在何时做出何种让步,如何以合适的立场开始谈判,接下来要做出多大的让步等几方面。如果你希望能帮助谈判人员改变他们对谈判流程及他们在谈判中的作用的看法,那么你需要为他们提供一个更大、内容更丰富的工具箱,这才是解决问题的关键。

为谈判人员准备工具箱——并确保其得到使用

要清楚的是,我们并不是建议你只是丢给谈判人员一大堆工具,然后坐等谈判结果的大变化。过去的 20 年里,很多公司开发出了很多"闲置不用的工具"。这些公司还向我们保证,企业工作人员使用这些工具就可以做出更好的决策,生产力会增强,工作的积极性会提高,对工作的满意度也会不断增加。然而实际结果却是,员工们几乎不使用它们。不管我们谈论的工具是软件也好,铅笔、纸张也罢,抑或是抽象的"工具",它们充其量对解决问题只能发挥一部分作用而已。在一个现代化、结构扁平化的组织中,同时有很多谈判人员分别在不同地点、不同时间进行着不同风险的谈判。如果不在某种程度上依赖这些工具维持谈判的一致性和透明度,我们很难想象企业如何能真正改变人们的谈判方式。

第十章

　　为了确保这些工具有利用价值(并尽可能被用到),谈判人员的工具箱应当与他们遵循的谈判线路图相配套。如果这些工具不能帮助谈判人员更有效地执行线路图中的活动,那么使用它们还有什么用呢?从我们的经验来看,谈判人员主要是在谈判的准备阶段会对这些经过精心设计的工具需求最大,同时从中获益也最大。在这个阶段,这些工具也有助于他们吸取他人的经验教训。此外,这些工具还可以确保关键利益干系人能充分接触谈判过程,并使他们的观点被充分考虑。我们见到很多高效的企业使用这些工具来确定并绘制关键内外部利益干系人之间的关系,帮助它们制定和评价一系列符合不同个人和组织利益的解决方案,帮助谈判人员"站在对方的立场考虑问题",并帮助他们在谈判时选择一般的谈判战略和具体的谈判策略。

　　从长期来看,这些工具在回顾阶段也同样发挥了非常重要的作用。在谈判人员结束谈判后,不论是自己还是作为团队的一部分,花上些时间来反思一下从这次谈判中得到的经验教训,是一件非常有意义的事情。这样做不仅可以使这次参与谈判的谈判人员意识到哪些经验可以运用到以后的谈判中,而且也有助于以后进行类似谈判的谈判人员吸取这些经验教训,并有利于拓宽他们的视角来准备今后的谈判。

　　如果说提前进行充分准备是谈判人员改善谈判结果所要做的最重要的工作,那么对于企业来说,谈判后的回顾就是随着时间的推移不断完善其谈判结果的重中之重。然而,要想说服谈判人员花些时间进行这项工作,尤其是在他们急于进入到下一笔交易时,是非常困难的事情。

　　很多年以前,我们一个企业客户的领导就在考虑,尽管他们有一大批非常优秀的谈判人员,他们还是想寻找一些方法来改进以企业为整体进行谈判的效果。他们进行了许多改革,一个卓有成效的方法就是不断整理并采用他们从以往谈判中所吸取的经验教训。当他们开始着手这一工作时,他们的各个团队之间是彼此孤立的。企业处在保险行业中,每个团队都要处理不同的索赔请求：有海事的、航空的，还有关于健康、污染的。这些团队非常确信，由于涉及风险的性质、讨论的合同以及合同执行的法规等都不相同，所以每个团队所做的事情之间根本就没有相关性，也不值得与其他团队分享。通常，他们所处理的各种索赔也主要由不同的律师事务所代表，并遵循不同的流程，然而管理层还是决定要努力收集并共同分享其中的一些见解。

问题在于如何让谈判人员腾出时间来听取汇报。他们的工作本来就已经安排得很满了，而且他们所处理的很多索赔案例都是很常见的，几乎没有一点新东西。经过一些讨论之后管理层决定，把某个谈判是否值得汇报的决定权交给负责该交易的谈判人员，并告诉他们如果认为值得，就及时跟组织联系。然而，他们做这件事情的方式比较巧妙，这帮助企业阐明了进行问题的分析是如何支持企业的变革的。

企业采取了多层级的方法来回顾谈判过程。汇报与经验共享的必要性与这些经验的重要程度和相关程度成正比。对于所有的谈判来说，汇报只要求一个条件，即汇报不允许超过五分钟时间。在谈判结束时，理算员必须回答四到五个简单的问题，比如："你在谈判中尝试过一些新方法吗？""你注意到对方做的一些非常吸引你或非常有效的事情了吗？""你在谈判中学到了什么吗？"高层管理人员还表态，对这四到五个问题都回答说"没有"也完全可以接受，但是他们也明确表示不能每次都回答说"没有"。如果有谈判人员在最近十几次谈判后被问到这些问题时都回答"没有"，那么得提醒一下他们，看看他们是不是每次汇报都在梦游。即使有人对某个问题回答了"是"，也不一定就要进行集中且耗时的讨论，只需要该谈判人员与其管理者就所获得的经验以及是否有助于扩展企业的"知识树"（他们对知识数据库的统称）进行些讨论，或者举行一场汇报会，无论规模大小，向他所在的团队或者更大的团队进行一下汇报。

第十章

企业为谈判人员提供了简单的汇报模板和向知识树添加经验的简单表格，谈判人员可以用这一模板根据各自需要的时间长短和汇报内容的复杂性进行汇报。企业设计这些模板主要是为了鼓励谈判人员来应用它们。管理层明确表示，他们希望大家使用这些工具，并希望在小组的季度例会和部门的季度例会上各个小组都对他们所获得的相关经验进行陈述。在此项目最初发起时，管理层还举办了一些竞赛来鼓励各个团队提交总结的经验、普及知识树；之后该项目就显现出了自身的生命力：各个团队不仅经常提交相关经验，而且他们还发现，他们在谈判的准备阶段到知识树进行咨询时，总能找到一些有用的小知识。

为定位与利益干系人的关系提供工具

谈判人员可以用自己的方式来确定利益干系人，但是采用一些实用的工具可以确保谈判人员既不会遗漏重要的利益干系人，也不用浪费时间去寻找不必要的利益干系人来征得他们的认可。这些工具采用提出经过设计的好问题、直观地给出一些利益干系人的代表等手段来指导谈判人员准确确定相关利益干系人。在我们多年来的咨询实践中，我们见到过各种各样描述与利息干系人关系的工具，从比较简单的到非常复杂的都有。有些非常抽象，可能甚至在一张餐巾纸上就可以画完，而有些要调用公司信息系统中大量的数据资料才能完成。我们最喜欢举的一个例子是一个非常简单的软件工具（叫做"Sourcerer's Apprentice"），该软件是基于全球媒体和娱乐客户平台为企业的采购团队设计的。它要求用户输入三个变量（要查找的商品、采购的大概规模以及采购该商品的业务部门），在用户输入这三个变量后，为用户提供28个不同线路图中的一个，该线路图包括了应该参与谈判的所有利益干系人的完整列表，以及有关每类利益干系人参与程度的建议。

组织越复杂，就越需要有一套有效的"操作网络"的工具。过去人们

构建一个做真正有价值的交易的企业

一辈子都待在一家企业里，在一个岗位上工作，依靠建立的私人关系维系客户，这样的日子已经一去不复返了。随着流动性和运转效率的不断提高，高度复杂的团队也频繁地经历着调整和重组，因此对那些可以帮助确定正确的决策人员并促进团队达成一致意见的工具的需求也在不断增加。

将树立榜样纳入到你的战略指导手册中来

我们已经帮助许多企业制作了战略指导手册，并将其作为谈判人员工具箱的一部分。在这些战略指导手册中，有些很不正式、很概括，而且非常抽象，而有些则较为详细、战术化和具体一些。如果企业想要谈判人员起到好的示范作用，从而对企业在合同的履行阶段有帮助，那么应该把起示范作用的想法纳入到企业谈判团队的行动准则中去，这样才会有意义。有效的谈判工具要求谈判人员能预见到在合同的履行阶段会出现哪些问题，谈判过程中的哪些做法会对以后有所帮助。

举例来说，你越是认为以后双方的力量和地位会发生对调，在处理与对方的关系时通过说服而非高压处理、谈判时依赖客观标准和准则来起示范作用就越是重要。你越是认为合同的有效履行对反应速度要求很高，你就越应该做出榜样快速做决定，尽快解决问题，减少提交到上级的问题的数量。你越是认为合同的有效履行需要创造性和创新性，你就越是要去回忆双方共同分析问题并通过自由讨论提出解决方案的情景。一个有效的指导手册应当有助于谈判人员探讨这些及其他可能的实施需求，并有助于他们制定出将先前做法的重要性充分考虑在内的谈判策略。

无论要建立哪种类型的谈判战略指导手册，都要确保详细描述这种战略及策略产生的结果。如果你制定的战略是由对方来实施的，那么你要当心可能会产生对你极为不利的后果。我们这样说并非源于一些模

第十章

糊的至理名言("想要别人怎样对待你,你就怎样对待别人"),而是因为你在谈判中的做法会让对方觉得在合同履行阶段形势严峻时应该用同样的方式对待你才公平。

通过提供风险管理工具鼓励谈判人员应对风险

一些谈判人员总是忽略风险问题,乐观地达成那些不可能成功的交易。而还有一些谈判人员则尽一切可能通过各种交易条款将风险推向对方,并通过担保、反对、核准、加税补偿条款、服务品质协议、默认条款、清算损失等方式确保自己一方免于任何风险。但是这两种极端的做法实际上都无法帮助企业得到其所期望得到的结果——一笔运行良好并能创造价值的交易。谈判人员需要做的是将一些大家都已经接受的基本原理应用到风险管理中。一些简单的工具或模板可以帮助谈判人员将这个过程变得简单些。

我们的朋友和同事霍华德·雷法(Howard Raiffa)——决策理论之父,也是将精确的分析引入谈判领域的最重要倡导者之一——几年前曾教给我们一个管理风险的简单框架。面对巨大风险时,应遵循以下三步战略:

1. 学习——降低不确定性。寻找各种方法搜集更多的信息以改进决策。

2. 预防——降低出现风险的可能性。寻找各种方法降低问题发生的可能性。

3. 削弱——降低风险的影响力。即使做了预防工作,问题还是发生了,那么要采取措施将损失降至最低。

应用这些工具可以有效地履行合同并降低潜在风险,还可以帮助谈判人员更清楚应该问对手什么问题,为了共同预防问题发生应当考虑什么方案，以及为了减轻损失应当共同或各自采取哪些措施。谈判人员的工具箱还应该包括一个简单的模板，应用这个模板可以分析合同履行过程中可能存在的困难，并将合同有效履行的可能性最大化。

在具体环境中提高他们的技能

你会发现谈判培训课程，跟其他任何课程一样，有的好一些，有的差一些。除了给你一些很基本的建议——仔细看看它们打算教些什么，它们的教材是基于什么编写的，这些教材与你所处的环境紧密程度如何，以及谁来培训你——以外，我们还建议你将关注点从培训本身转移到如何把它与谈判人员的日常实际工作相联系并整合在一起上。

不管参加者怎样高度评价培训，它都无法改变他们的谈判方式，除非参与者能成功地领会到，培训不只是一个"实习车间"，他们还要在这个过程中努力武装自己，让自己学会某些对企业日常工作非常重要的相关技能。如果他们接受培训回来，发现管理者不知道或者不关心在培训中他们都学到了什么，也不关心培训课程鼓励他们去做什么，那么参加培训的谈判人员很快就会发现原来培训和实际工作是两回事。如果培训后他们没有机会去巩固学到的经验和寻求指导，谈判人员会认为，他们所学到的技术是很好的东西，但并不是常用的东西。如果他们培训过后，对于像做好充分准备以及内部相互协同等观点具有非常高的热情，想把这些观点积极投入到谈判实际工作中去，却发现那些活动不但不被鼓励，甚至还不被实际工作环境所认可，那么他们可能会变得愤世嫉俗，认为培训只是浪费时间的游戏罢了。

要影响谈判人员行为方式并让他们在交易中充分考虑合同的有效履行问题，应该将培训工作与谈判人员所遵循的线路图紧密联系在一起。比如说，如果谈判线路图要求大量的利益干系人广泛参与，那么谈判人员需要掌握一些技能来帮助他们确认相关的利益干系人并将其纳

第十章

入到谈判中来,帮助他们学会倾听这些人的意见,学习他们的经验——但不要受到某个利益干系人的立场的影响——同时帮助他们获得利益干系人对可行的解决方案的支持。但是如果在利益干系人数目很少而且直接参与谈判的情况下,掌握上述技能就变得不那么重要了;这时,帮助谈判人员与对手(或者也可能是其团队成员)就他们的承诺是否切实可行等问题进行艰难的对话所需的技能就变得更重要了。时间非常宝贵,应该对所需培训的所有事项进行优先级排序并进行权衡,从而确保谈判人员从培训中学到的东西能应用到他们的实际工作中去。

谈判人员不是在真空里工作,他们需要跟别人打交道。因此,为了提高交易的可实施性,不仅应当让谈判人员参加培训,而且还应该要求他们的同事、他们的管理者,以及那些起支持作用的重要人员都接受培训。让管理者以某种方式参加培训,可以确保他们理解与谈判相关的概念、模型甚至谈判人员所学的术语。这样,以后就可以直接用这些术语对某笔交易进行汇报了。让那些不直接参与谈判但对谈判起到非常重要作用的人接受培训,可以使谈判人员周围的人既了解谈判人员要做什么又了解他们要怎样去做。这样一来,不管他们自己处于何种角色,他们都会更加支持培训、积极参与培训,而且也会更有效地为企业做出自己的贡献。

这一做法的一个很好的例子就是宝洁制药公司法规事务部。部门领导琳恩·特蕾西(Lynne Tracey)让她的整个团队都接受了培训。[8]结果,不仅就临床试验细节、提交议案、获得美国食品及药品管理局标识等问题进行谈判的人得到机会提高了他们的技能,那些在后台支持他们的人和对谈判结果要负一定责任的管理者也得到了一定程度的提高。他们共同探讨了谈判所面临的挑战,并共同制定了应对这些挑战所采取的策略。由于在培训过程中参与者既有机会扮演公司人员的角色,也有机会扮演法规制定部门人员的角色,因此参与者们对与谈判相关的各个角色和有助于他们继续提高的方法也都有了更好的认识。现在,管理者与一线谈判人员进行会面时,就可以使用通用的术语、模型和工具来对谈判人员进行指导了。

建立有助于交易顺利实施的思维模式

改变思维模式是塑造企业真正的组织能力,从而达成有价值的交易的过程中最棘手的一个任务。问题不在于形成怎样的一种思维模式——我们确信我们已经在这里讲得很清楚了——而在于如何形成这种思维模式。由于谈判的特点——有时,谈判人员必须在没有别人监督的情况下单枪匹马进行关键的谈判活动——你真的需要说服你的谈判人员,让他们认同你想要达成的结果以及达成这样的结果的方法。你需要赢得他们的心;做不到这一点,你就会失败。图书馆里堆满了有关如何施展领导力、营造组织文化以及推动组织变革方面的书籍。在这里我们不想对这些内容再进行总结,也不想标新立异,我们只是想简单地描述一下我们认为有用的方法。依我们的经验来看,一些有成效的企业通常会采用以下几种方法。

告诉他们什么、为什么以及如何

如果你想要你的谈判人员改变其行为方式,并从履行合同的角度出发去谈判,那么你必须要明确地说出你的目标。大众文化和很多企业文化都过分地渲染那些水平高超的交易代表和达成交易的重要性。如果你想让你的谈判人员头脑中装着与此不同的谈判目标,那么你要清楚地告诉他们。企业中的各级管理者都需要不断强调,谈判的目标并非只是在合同上签字,而是要在签字后从各方的行动中获益。他们需要清楚地解释为什么合同的履行至关重要,交易的谈判方式会怎样影响合同履行的成败。

第十章

不断衡量关键业务成果及活动

不论好坏,我们确实生活在一个用"有价值"或"没有价值"来判断事情的社会里。一代代的管理者们学到的都是"如果你不能准确地衡量它,那你就没办法对它进行管理"。因此,如果你想向你的谈判人员灌输合同的履行非常重要这个思想的话,很显然,你应该制定出一套与成功履行合同紧密相关,而非与成功达成交易相关的测度方法。然而,当组织试图这样做的时候,常常会遇到一些来自谈判人员的抵制情绪。一般来说,谈判人员无法控制合同的履行过程,他们甚至在其中起不到任何作用。谈判人员(包括负责销售、采购、合作开发或其他职能的销售人员)一致认为,别人是否成功接管自己丢下的工作,并用他们完成工作的情况来衡量自己的绩效的做法是非常不公平的。

我们要从两方面来考虑如何解决这个问题:避免从一个极端走向另一个极端;要清楚你要衡量的不只是谈判人员创造了什么,还包括他们是如何创造的。完全用合同履行阶段发生的事情来衡量谈判人员的绩效是很不公平的;同样,在考虑谈判人员为合同的履行创造了哪些条件时完全忽略合同履行结果这一因素也是不公平的。解决方法应该是达到一种平衡,将谈判人员可以直接控制的事情和一些他们的谈判方式可以间接影响到的事情结合起来考虑。这样一个与谈判本身密切相关的记分牌,其分数不仅要取决于谈判人员是否达成了协议,还要取决于他们的行为是否对交易的顺利履行有帮助。他们准备好了吗?他们将关键利益干系人考虑进来了吗?他们是否提出了一些棘手的问题来确保承诺是可以兑现的呢?

胡萝卜加大棒,但是要适度

奖励(以及适当的惩罚)与如何衡量绩效的问题密切相关。

构建一个做真正有价值的交易的企业

我们向你提出的去衡量那些真正重要的问题(像实施结果或有助于合同履行的谈判活动的数量)而不要去衡量一些比较容易衡量的东西(像交易的数量或交易的规模)的建议,同样适用于激励机制。对合同的顺利履行进行奖励,如同对那些帮助企业顺利履行合同争取有利地位的行为进行奖励一样,是企业努力改变谈判人员行为的一个重要做法。实际上,已经有一些公司开始将谈判人员的报酬与交易是否创造价值挂钩了。例如,在外包领域,像 IBM 和惠普等一些高级服务提供商就规定,谈判人员的奖励津贴数额要取决于他们最近 18 个月交易的执行情况。这种规定基于的假设就是,谈判人员的职责就是保证当双方开始合作时,交易可以成功履行;同时也承认,有太多谈判人员无法控制的变量会在多年以后影响到合同的顺利履行。

或许与建立适当的激励机制来支持你所期望的行为同样重要的是,排除阻碍谈判人员做正确决定的因素。不考虑达成的交易是否切实可行,是否获得了必要的支持,或者是否能产生价值,就对达成交易或签订合同的行为进行奖励,这种做法害处很大。而让谈判人员做一些与自身利益相违背的事情,如退出不好的交易,或是在达成协议之前尽力确保对方的承诺切实可行,对于所有变革管理项目而言也都是一种苛求。因此,比起随后在诸如谈判人员为什么拒绝管理层的明确指示,没有使用提供的工具,或没有花时间与利益干系人共同合作等问题上进行的长期争执而言,最好在开始时就多花一些时间至少排除谈判人员所面临的最大障碍,毕竟他们只做公司给他们支付报酬的事情。

毫无疑问,激励措施是管理层可以使用的一项重要工具,但也要注意不要对它们过分依赖。在一个完全由激励机制驱动的企业里,员工很快就会找到应对那些绩效衡量方法并获得高分的办法,而无须非得完成企业原本希望他们完成的工作。在某种程度上来说,如果你把谈判人员看做是绝对的"利益驱动"的话,那么他们就真的会那样去做。但是,我

第十章

们到目前为止还没有看到一个不会被钻空子的激励机制，或者一个所有管理层预期的行为都能被准确测度和奖励的激励机制。谈判，尤其是那些合同的履行非常重要的谈判，确实需要有更精细的管理系统参与其中。

说到做到

当谈到如何管理那些关起门来做事，不愿意被管理者直接监管的谈判人员时，使用"按我说的做，别跟我学"这种方法是行不通的。谈判人员需要相信，组织告诉他们去做的事情，与当事态严重时管理者要做的事情应该是一样的。这意味着，面对合同的履行非常重要的谈判，谈判人员需要知道他们的管理者会支持他们考虑退出方案；他们需要看到他们的管理者也花了大量的时间来获得利益干系人的认可；他们需要看到在必要时，管理者也能提出那些棘手的问题。

对于很多谈判人员来说，就合同履行至关重要的交易进行谈判多少会有些风险。他们或许会感到——至少他们的感觉一部分是正确的——如果他们接受了本书的一些建议，则有些本可以达成的交易也将面临危险。如果他们没有看到他们的领导或者领导的领导也在冒同样的风险，而且他们的领导也没去考虑这些有风险的交易是否值得去做，那么他们很快就会得出这样的结论：不值得冒这个险。如果你不能"说到做到"，那么就别费力去做剩下的事情了，因为你是不会成功的。

摆正组织结构

在管理层影响谈判人员行为的所有方法中，用组织结构来影响的这种方法并非我们最喜欢的方法。我们发现，太多的公司把完善架构当做所有问题的解决办法，而且人们也经常从组织结构图（或者其变动情况）中获取错误的信息。对于像谈判部门等一些特定的组织机构来说，如果

构建一个做真正有价值的交易的企业

不认真进行管理,往往会带来比它们解决的问题还要多的麻烦。将一大群交易人员聚集在一起,且仅仅让他们负责达成交易,这样的做法只会导致和美国在线以及安然国际公司一样的结果。

我们认为更为重要的事情是:阐明谈判人员应该遵循的步骤以及他们的责权利和他们所起的作用,为他们提供合适的工具及合适的技术来执行谈判流程,保证管理层在他们执行谈判流程的过程中对他们进行支持(和监督)。结构常常是那些给你下达指示并支付奖金的人所使用的一种辅助手段。企业有很多更好的工具可以用来帮助企业充分利用其资源。

这并不是说,组织结构有时会出现问题,就意味着任何组织结构对谈判来说都是障碍。如果一个全部由全职谈判人员组成的管理精良的谈判团队能够与他们所服务的企业业务单元保持密切的关系;具有清晰的流程,可以将关键利益干系人纳入到谈判中来,并就棘手的难题进行探讨;制定了以合同顺利履行以及为履行合同打基础的谈判活动为导向的合理的绩效衡量方法和激励措施,那么这个团队的工作会非常有效。而如果你的谈判人员总是坐在那里等着那些听取他们汇报的领导来帮他们达成以合同履行为导向的交易,那么你确实应该考虑重组你的谈判团队了。问题的关键是要确保除了结构以外的所有其他要素也都合适,而不是仅仅依靠结构来承担所有责任。

企业应当考虑是否存在某种结构方面的机制来鼓励谈判人员关注交易的目的。例如,埃森哲在2006年年中建立了一个谈判人才交流中心。这个机构的一个任务就是要确保经过仔细的谈判流程才签订比较重要的合同,同时要确保这些合同可以很好地为公司的目标服务,比如以较高的客户满意度在获利的情况下履约。该中心致力于改善埃森哲公司的谈判能力及谈判效果,其战略的关键部分包括创造相应的工具与流程来支持埃森哲的谈判,保证管理层支持并不断关注谈判的动态,从

第十章

而确保最大化优质协议达成的概率。

有些组织结构更容易鼓励谈判人员至少将一部分利益干系人纳入到谈判中来。例如，让谈判人员深入到那些控制交易或者以后要负责履行合同的业务单元中，这种做法会对他们形成强大的激励作用，但同时也会给他们带来同样的压力去确保利益干系人的权益被充分地考虑到。同样，即使在专门负责谈判的机构或部门内，将谈判人员与具体的业务单元相联系也会产生类似的效果。最后，在一些高度矩阵化的企业中，我们看到间接汇报模式运用起来效果非常好，它可以保证谈判人员提前与对合同履行非常重要的业务部门进行充分磋商。然而，这些方法都没有解决的是，如何将那些与我们所讨论的业务部门或业务职能无关的利益干系人纳入到谈判中来。

即使我们并不建议高估结构重组对解决一致性问题的作用，但是我们还是要建议检查一下企业内部的协同是否存在结构上的障碍。如果你发现存在这样的障碍，不论它们是由地域差异因素、通报系统差异因素、绩效衡量方法差异因素还是其他任何因素导致的，你都应该反问自己该如何有效打破这些阻碍呢。改变结构是否可行，或者借助其他工具是否能收到更好的效果呢？不进行结构重组，而是制定一个更为合理的谈判线路图，确定利益干系人并将其纳入到谈判中来，这种方法会更有效吗？为谈判人员提供更好的工具或更好的技能来取得大家的一致认可呢？灌输给他们一种企业内部协同至上的集体思想呢？

总而言之，企业可以使用各种工具来允许、告诫或激励其工作人员达成有意义的交易。领导们本身就是可以通过自我实现方式验证自己预言的预言家。如果他们认为谈判是一门艺术，无法用有条理或系统的方法来完成，那么企业就很难获得全方位的提高。而另一方面，如果领导们认为他们有办法为有价值的交易创造条件，他们及公司的股东就更有可能从随着时间的推移价值逐渐提高的交易中获得收益。

第三部分 一些关键交易

THE POINT OF THE DEAL

第十一章 以公司为赌注的交易

兼并、联盟与外包

众所周知,不同的谈判在规模上是有差别的。有些交易看上去像是一锤子买卖,但它们对于组织来说却是十分重要的。这些交易一般包括收购、合资、联盟以及诸如信息技术、人力资源、财务会计等重要后勤部门的外包业务。企业对待这些谈判的认真、正式程度以及直接参与谈判的人员,使得它们完全不同于那些与客户、供应商或既定的商业伙伴所进行的日常交易。

依我们的经验来看,虽然这些相对不常进行的谈判受到了人们更多的关注,但是它们不一定比那些与关键供应商和主要客户进行的或顺利或糟糕的日常谈判重要。当然,这类谈判跟日常的谈判相比的确存在些差异,它们往往涉及企业中的各类人员(通常也包括外聘的顾问)。下面,我们将分别在两个小节中来正确认识这些差异。

企业合并的各种形式:兼并、收购及合资

并不是每个企业都需要经历这样的合并流程,而且对有些企业来说这并不一定是件好事。无论是通过全面兼并或是收购的形式使原来的

第十一章

其中一家公司不复存在,还是通过合资的形式使双方的母公司都继续运行而同时成立一家新的共同的子公司,这类交易的结果都是联合两家公司来建立一家新公司。但是无论采取哪种方式,都很难把它做好。事实上,有超过半数的这种交易为双方带来了消极的影响。

究竟为什么会这样可能很难说清楚,毕竟家丑不想外扬,不是每个人都愿意讨论那些不好的事情。如何界定兼并或合资的成败本身就存在争议,但是就此事进行争论的人们普遍都认同的观点是,从收购方股东们的角度来说,成功率不到50%。[1]您只需要看看您当地报纸的商业版就可以了解这一点了,几乎每次有收购案宣布以后,收购方的股票价格都会下降,因为市场清楚地知道很多收购方领导们会忽略什么。[2]

依我们的经验来看,这些失败通常更多的是由于合同的履行问题造成的,而并非在于该不该做这笔交易本身,比如计算机系统的兼容性差、文化冲突、领导间的权力之争、不切实际的时间表,以及无法与主要利益干系人——客户、供应商和担心交易会给自己带来影响的其他商业伙伴——取得联系并合作等等。结果也就显而易见了:员工的士气受损;那些能够找到更好职位的人选择了跳槽;没能做出关键决策,或者即使做出了决策,也没能执行;产品投放市场的时间推迟;客户服务受阻,导致客户对于新企业的信心受损;长期合作的供应商开始动摇并积极寻找退路。

在我们开始深入探讨之前需要做一个重要的说明,那就是当谈到收购问题时,合同的履行问题并不总是那么重要,至少不是对双方都重要。收购方当然十分关心,但是公司资产的卖方中也有一些人认为,对他们来说合同的履行情况也非常重要。举个例子来说,如果这是一笔证券交易,则他们所获得的股票价值主要取决于市场对此交易的反应以及合同的履行情况。但是也有一些卖方不担心合同的履行情况。如果交易要求用现金支付并且卖方与兼并后的实体之间不再有任何关系,那么合同的履行与否对卖方来说就无所谓了。一家正在被收购的上市公司的董事会可能就是最明显的例子了：董事会成员对现有股东的责任就是尽量争取他们所能达成的最佳的价格，并最大限度地提高交易达成的可能性。无论是直接参与谈判，还是授权给第三方谈判人员，他们都没有理由去关心交易达成之后会发生什么。

因此，和本书其他章节一样，这一章的建议也主要是针对那些认为关键点不是交易本身而是交易后会发生什么的人提出的。我们将主要的注意力集中于买方和那些参与股票兼并与合资的人。

问题的根源：为了交易而交易

有很多书籍都写到了这些交易——从其对员工及他们所在社区的社会影响，到市场份额合并后的消费者保护、竞争以及贸易余额等问题。一些作者给那些正在考虑是否要进行交易以及和谁进行交易等问题的读者提出了他们的建议；还有一些作者则侧重于研究当交易签订后应如何进行管理，从而将两家公司、它们的业务流程以及企业文化等整合起来。在这里，我们并不想重复他们的观点，也不想评论那些对此类交易有良好指导作用的见解。我们的目的主要是想给这些讨论增加一个参考的维度：合同履行的重要性应当怎样影响谈判。在这几页中，我们将侧重于把本书的主题应用到企业兼并、收购以及合资的谈判中去。

两家公司变成一家或是联合起来共同成立一个独立的第三方实体等此类的"企业合并"交易往往会失败，因为提出这些想法的领导们都很盲目或很愚钝。一般来说，问题并不在于他们没有想清楚应对的策略，或者是没有想清楚该付的价格。以往的经验和研究都证实，许多交易最后失败的原因是：收购方和出售方之间缺乏战略配合，买方超额支付，或是整合和合同履行过程出现问题。所有这些问题的根源都在于对交易进行谈判的方式。特别是我们发现很多这些交易没能向重要的利益干

第十一章

系人进行足够的咨询,非常草率地便达成了交易,忽视了风险方面存在的棘手问题。[3]最后一点,外聘顾问可能会使这两个问题更加严重,这要取决于他们在谈判中所起到的作用。下面我们将逐个分析这些问题。

"时间扼杀交易"导致忽略了关键利益干系人,从而使合同无法顺利履行

"时间扼杀交易",这是句被广泛接受的至理名言,它所表达的含义既是正确的,但又存在一定的误导。谈判久拖未决,交易就失去了前进的动力。一旦这样的情况发生,环境可能会发生变化,达成这笔交易可能也就不再那么令人感兴趣了;领导们的注意力会被分散;对这笔交易持批评态度的人有时间搜集更多的反对意见;竞争对手、反对者或是其他请愿者也有时间对交易进行各种干预。以上这些担忧往往会促使那些以达成交易为目的的谈判人员想尽一切办法尽快达成交易,而这些办法可能会在今后阻碍合同的顺利履行。

匆忙达成协议造成的最初而且最明显的结果就是买家超额支付。确保卖家愿意出售的最简单的方法就是提议支付更高的价格,或者几乎可以起到同样作用的方法就是在关键的条款和条件上做出让步。如果交易人员担心谈判拖得太久,则想打开局面要做的第一件事就是对价值进行客观分析。由于绝大部分收购谈判都要求对买家通过交易实现的潜在合并优势进行大量的主观分析,因而对任意一笔既定的交易都有可能得出比较宽泛的价格范围。但是仅仅价格合理并不意味着交易能够达到买家的目的。

以时间有限为借口,就连向利益干系人咨询并争得他们同意这样的工作也被交易代表们敷衍对待。其实,这些利益干系人很可能在这笔交易是否真正符合买方企业战略这个问题上有着相当有价值的观点。但是交易代表通常并不想听他们的答案。在谈判开始之前,买方的高层管

理人员可能会热衷于了解为什么这笔交易对公司具有战略意义。而在寻求与其他利益干系人达成一致观点的过程中，使达成交易的想法能得到完善、让交易看起来更具有战略意义的可能性非常小。那些在谈判流程后期才被征询意见的人很有可能会提出很多问题，并对某些假设提出质疑，而这些问题和质疑只会阻碍交易的达成。

然而，这些谈判人员没有察觉到的是，那些因为拖了太长的时间才没有完成的交易本应该失败，因为它们原本就无法经受环境变化的考验，原本就缺乏领导的支持，或者原本就缺乏合同履行人员的支持。在企业合并的情况下，急于例行公事地做出决定往往会导致未来合同履行出现问题。

对"言多必失"的担心会阻碍必要的沟通

对于一笔重大的交易而言，知道的人越多，就越有可能会有人提出反对意见，这无可非议。而且，一笔交易知道的人越多，就越有可能有人试图利用这些消息。即使有法律规定内部知情者不允许擅自买卖和泄露交易秘密，却仍然有许多人在交易达成之前秘密参与交易，将企业暴露于监督者、竞争对手、媒体以及其他各类机会主义者制造的难以承受的风险之中。然而，太多的利益干系人却被以保密为借口蒙在了鼓里。

这些交易的秘密进行——无论是不是出于保护企业或保护交易的目的而为之——使得一些重要信息和关键利益很难得到应有的考虑。风险和潜在的合同履行问题（这些风险和潜在的问题可能会被那些被蒙在鼓里的利益干系人提出来）就这样被轻描淡写地一笔带过或是简单地推迟考虑了。首席谈判人员会对自己团队中那些问了很多棘手问题的人表现出不信任，认为其"思想消极"，并不允许他进入"作战室"参与战略的制定。操作问题的存在常常会令人觉得交易人员同意支付的资金过高，从而妨碍公司形成合并优势，而"这些问题都能够

第十一章

在兼并后的整合阶段得到解决"这一观点似乎是忽视这些操作问题的一个现成的借口。

不仅仅是对交易持反对意见的人无法提出他们的质疑。为了快速达成交易,被排除在外的利益干系人也无法发表他们的看法。这些利益干系人很可能会支持这笔交易,还可能会提供一些对了解可能存在的障碍以及如何克服这些障碍等问题非常关键的信息;他们也可能会帮助交易代表们制定更为切实可行的时间表,或者帮助交易人员抓住更多的机会。当然,为了解决问题就把所有信息向各利益相关方完全披露也是不理智的。在许多公司合并案中,减少参与人员,消除冗余才会形成一些合并优势并节约成本。预先警告那些自认为会受到交易负面影响的人或者向很多人暗学他们对交易有发言权,这些做法都是非常愚蠢的。虽然让每个人都参与其中是不对的,但那也并不意味着把所有的反对者都排除在外就是一个明智的选择。

一方面要听取所有利益干系人的意见,一方面又要注意到让太多人了解交易内容所可能引发的风险,在这两者之间寻求平衡是一件很难的事情。我们并没有简单的公式来计算咨询多少利益干系人是合适的,但是在贝恩公司(Bain & Company)对全球 250 名管理人员进行的一项调查中,我们的确发现,无法了解和预计整合所带来的问题被认为是交易失败的首要原因。而且我们还发现,通过与那些必须要经营好新企业的经理们多进行一些交流,就很容易理解整合所带来的那些问题了。在随后的研究中,贝恩公司的研究者们还对顶级的企业收购方和指导私营企业改善兼并绩效的最佳案例进行了研究。他们在研究后得出的结论是:为了更好地做出是继续进行还是退出交易的决定,收购方所能采取的最好的做法就是"在尽职调查中尽量提问和回答比较关键的问题"。[4] 对于值得进行的企业兼并,即使在定案前遭到批评也值得做;对于特别值得进行的企业合并,则要做得更好。

靠"枪手"来干坏事导致各方无法合作

在许多企业合并的谈判中,投资银行家或是其他的咨询顾问经常扮演"坏人"的角色,这样委托方之间的关系就不会被破坏了。这听起来似乎是一个不错的方案:你从棘手的交易中得到了所有的好处,却没有承担任何后果。这些"枪手"们会榨干对方的最后一美元,依赖要经受时间考验的压力策略,却不管双方所做的承诺是否能被很好地履行,是否切合实际。

当然,所有经历过这样的交易,并品尝过这种交易带来的后果的人都会告诉你:由第三方来使用这些策略的事实并不能真正抹平给对方带来的伤痛或是改变对方对合同履行的做法。即使庆祝晚宴一结束,那些难缠的讨价还价者就立刻退出了,对方仍然会觉得受到了强迫、欺骗,或被利用了。

当对方同样也是由第三方做代表来进行谈判时,双重代表可能会减轻对双方潜在合作关系的破坏程度。毕竟,双方都明白他们都是由那些专业的"唱白脸的人"来代表各自进行谈判的,这样双方的委托人都可以扮演"唱红脸"的角色。然而不幸的是,它同样为双方制造了双重障碍,使得双方无法彼此了解,无法在谈判环节起到帮助双方应对合同履行阶段出现的问题的示范作用和确立良好的合作关系。没有这些信息,合同的履行只会变得更加困难。

第三方给谈判带来的另一个难题就是他们要考虑自身的利益和关注的重点。如果第三方咨询顾问只能在交易达成后获得酬劳,那么他们的动机就十分明确了——然而这种动机有时候会与不仅仅只是满足于签订协议的委托人的动机相矛盾。

交易完成后,与这笔交易再也没有任何干系的第三方不会去询问所做出的承诺是否切实可行。他们希望对交易进行封锁,从而将批评人士

第十一章

关在门外并以保密为幌子隐瞒交易的相关信息。这没有什么好奇怪的。任何一件减慢或危害交易进程的事情都会使得第三方有可能拿不到相应的酬劳，而合同履行中出现的任何问题都发生在他们拿到酬劳离开之后。第三方谈判人员有着强大的法律和财务背景，专业基础扎实，完全可以胜任达成交易这项工作。一些特别有经验的高级顾问，尤其是那些曾经担任过收购谈判委托人的顾问，心里十分清楚：当他们建议客户不要进行某项交易时，客户会非常感激他们。他们都希望获得有道德、有水平、有创造性的口碑，并能达成对客户有益的交易。但不幸的是，声誉上的影响力对他们所谈成的交易是否能在合同的履行阶段取得成功通常起不到什么作用。

对有意义的企业合并进行谈判

当你正在进行股票兼并的谈判或是合资时，这本书里所有的建议都是与之有关的。至少对于收购者来说，当合同的履行非常重要时，几乎没有什么交易比涉及企业合并的交易更为重要；然而在这些交易中，谈判时采取的一些行动却很可能导致这些交易陷入麻烦之中。因此，我们需要对这些问题进行特别的关注。我们有一些建议要送给进行这些交易的委托人，同样也会给他们的外聘顾问们一些忠告。

给委托人的建议

作为这些服务的消费者，你需要弄清楚你想要你的顾问们做些什么，你在其中将起到什么样的作用。更重要的是，你需要清楚如何衡量成功：仅仅是达成交易，还是有更多的要求？

询问顾问他们履行合同的方法。当你在考虑是否要聘请投资银行家或咨询顾问时，你一定要询问他们帮助合同顺利履行的方法。他们在谈判时会采取什么措施以确保合同能够顺利履行呢？他们什么时候和委托人一起回顾达成的交易，来衡量一下委托人对结果的满意程度呢？在谈判的过程中，他们是否有一套将合同的履行人员纳入到谈判中来的严格流程呢？当你问他们这些问题时，他们中有的人可能会感到惊讶，然后通过向你展示"排名榜"上他们的评价有多么好来向你暗示这家银行或是咨询公司已经达成了多少交易。但问题的关键不在于他们已经对多少笔交易进行了谈判，而在于那些交易中有多少实现了委托人的目标。

这番谈话为你提供了一个极好的机会去了解他们在这些容易出错的事情上所具有的经验。他们可能比你经历过更多笔交易，听过更多反面的案例。他们将怎样施展自己的浑身解数来帮助你做好尽职调查工作呢？当你们都非常了解目标公司时，他们将如何帮助你密切注意你的战略的适当性呢？要让他们知道，你希望他们阐明他们提出的价格是基于怎样的想法，并告诉他们你在谈判和尽职调查过程中会如何检验这些想法。

从某种程度上说，这次谈话，你要让他们清楚你希望他们在谈判中起到什么作用。你要让他们清楚，你希望从他们那里得到的不仅仅是达成交易，而是达成未来能够顺利履行的交易。而且你要告诉他们，谈判中发生的事情与合同履行的成败有着千丝万缕的联系。

坚持亲身参与。在你确信合同的履行非常重要，并清楚地告诉他们你希望他们在谈判时牢记交易的最终目标后，你仍然需要参与其中。如果合同的履行非常重要，那么无论你的中间人或咨询顾问有多么能干，那些对于合同履行来说非常关键的人必须在达成交易的过程中发挥重要的作用。这并不意味着你不需要听取你的银行家或是顾问的意见，要想达成交易，而且以一个合适的价格达成交易，他们是不可缺少的。这样做是要告诉你自己不能就此撒手不管，天真地认为他们能够做好一切，而你只需要偶尔参与一下就可以了。

第十一章

你应当确定双方是否都将关键利益干系人纳入到谈判中来了——而且不多不少非常合适;提出一些棘手的问题并确保谈判小组里的其他人同样也可以问这些问题;确信已经仔细考虑过合同签署后会发生的事情,合同的履行方案正在同步制定中。而且可能最重要的问题是,不要认为你原来的做法和你创造的"历史"能代表一切。你必须保证要在谈判期间了解和对方合作可能会是什么样子,如何和他们一起解决问题,而且也要让对方同时了解你们。

给顾问的建议

我们自己作为顾问,当然对顾问很有信心。然而,那并不意味着我们认为外聘顾问就不可能或不应当做得更好。如果想提升交易的成功率,顾问必须在谈判中起到更有建设性的作用,使合同的履行更加顺利。只是说"哦,他们会找其他人来完成兼并后的整合工作"是不够的。因为到那时,许多本可以给企业带来好处的机会都被白白浪费掉了,取而代之的是形成了很多障碍。

培养客户重视合同的履行。我们给投资银行和交易咨询公司中工作的朋友们提出的最好的建议就是,在探讨你的作用或任务时要考虑合同的履行因素。如果客户说他们想要你做的就是尽可能地帮他们达成这笔交易,他们自己会考虑接下来要做的事情,你可千万别信以为真了。绝大多数案例都证明那是不可能的,你如果相信了他们的话,你的做法可是非常不明智的。公司合并不是简单的商品交换。谈判的方式对合同的履行来说有着非常重要的影响,你和你的客户需要就这一点达成一致。我们都应当听说过华尔街的真理:"你能成为一名多么优秀的谈判人员由你的客户决定。"但是我们也知道,好的顾问能够帮助他们的客户认识到那些不该做的交易;而当他们意识到他们的客户坚持的某一条款在合同履行阶段可能会让其自身陷入麻烦时,他们能及时指出。

要靠达成一些能在长期内运转良好的交易来提升你的声誉和竞争力。想想你最近一两年来进行的所有项目,你认为其中有百分之多少的交易其履行情况对你的客户来说非常重要呢?这个百分比越高,那么如果你能在谈判中考虑合同的履行问题,这样你的客户就会越来越多。你将如何改变你的谈判方法?你如何测度这些对你的目标客户来说非常重要的改变所产生的影响呢?你会考虑将你的酬金押上一年左右,以此来证明你所达成的交易是可以得到顺利履行的吗?

对于让更多人参与到谈判流程中这一问题,不仅要考虑成本还要考虑收益。我们都明白由于法律和战略方面的原因,对一些敏感的企业合并谈判都设有"锥形静区"。我们也知道,作为一名顾问,你达成协议的速度越快,获得的利润可能就越高。尽管如此,当思考到底该让多少人参与到谈判流程中时,你应该考虑纳入更多利益干系人所带来的好处而不仅仅只是成本,即使交易已经尽人皆知时你才考虑到这一点也一样。

有些利益干系人可能不会阻碍交易的达成,但是可能会帮助或者妨碍合同的履行,将他们纳入到谈判流程中来则意味着让更多的人参与到谈判中去,而且要协调更广泛的利益。我们知道这会使你的工作变得更加困难。但是这样做会让交易更有可能取得成功,这不仅有利于你的客户,长此以往,对你的声誉也是相当有帮助的。

并不是谈判的每次会议都需要所有利益干系人出席并参与和对方的谈判。你应该想清楚,你要把谁作为备用人选,谁应该参与到与对方进行的面对面的谈判中去。我们的建议是要尽早发现并鼓励那些负责合同履行和实现预期的协同效应的人,并让他们帮助你验证你的想法,发现合同履行时可能存在的重大难题。在谈判准备会上,那些反对者和故意唱反调的人都是你的朋友:他们会告诉你要想成功你需要考虑些什么,他们使你能在谈判桌上解决一些棘手的问题——而这时你还有机会这么做。

第十一章

你也可以充分利用你丰富的经验。你和你的团队共同经历过许多的交易,有着各种各样的想法,使用了各种不同的组织结构。你知道许多想法可能是错的;许多组织结构在理论上看起来不错,可实际应用起来却不怎么样。说出你对需要设立双总部或是联席 CEO 等协议的看法。你是否知道它们曾在哪儿使用过,效果如何?问题不仅仅是你是否能够代表他们的利益就这些条款进行谈判,而是这些条款怎样才能实现客户的交易目标。如果结果是在合同履行方面产生大量的问题,那么达成这些交易条款还有意义吗?

尽力确保承诺切实可行。使尽职调查围绕合同的履行问题展开,并确保双方做出的承诺都切实可行,而不要只是对陈述和担保进行确认。每个企业合并谈判都要求由会计师和律师团队进行大量的尽职调查,有时还需要来自工程、质量保证等方面的专家。但是依我们的经验来看,一般的尽职调查报告主要都是关于对方在协议中的陈述是否有问题,或是交易的价格是否需要进行调整等。如果尽职调查能够使合同履行阶段可能出现的一些问题及早浮出水面,那么谈判双方可以就此进行讨论,制定相应的解决方案,并按此行动以防止问题的产生,而不要等到问题真的出现时再依靠惩罚对方来解决问题,这样不是更好吗?制定出一个标准的尽职调查方法,从而使调查真的能"尽职"有多难呢?

合作:联盟以及其他"不完全"合同

无论联盟多么流行多么普遍,然而取得非常好的效果却非常难,这一点千真万确。有许多很好的理由去实施联盟。比如,可以与合伙人共同承担风险,可以与对方共享如果你不实施联盟就得自己去创造或购买的资源,以及可以进入已经发展得很好的市场。但是这些好处并不是白来的。企业联盟需要花费大量的时间和精力去启动和管理,而且很多都以失败而告终。正如前面讨论的企业合并一样,其失败率在一定程度上取决于你对成功的界定,但是对董事会进行的研究表明,50%—70%的企业联盟都以失败告终。[5]即使你可能还会狡辩说那是因为对成功的界定不一样,那也不会有太大的差别。

我们公司对联盟为什么会失败这个问题做了大量的调查研究,这里就不一一赘述所有的细节了。[6]我们把目光主要集中在对企业联盟进行谈判的方法是怎样给合同履行阶段的成败埋下伏笔的这一问题上。可能首先要从我们经常讨论的定义——什么是联盟——开始了。

我们的朋友和同事,布兰德斯大学(Brandeis University)国际商务专业教授本·戈梅斯-卡塞雷斯(Ben Gomes-Casseres),非常形象地将企业联盟称为"不完全的合同"。[7]根据他的观点,辨别一种特定的商业关系是否是企业联盟而不是供货合同或其他合同的方法之一,就是看双方能否明确合同的所有关键条款。从某种程度上来说,如果各方对某些重要事项的责任具有内在的不确定性,而且双方可能需要依赖双方的合作关系才会确保交易成功,那么这应当是算做企业联盟。在很大程度上,这也是导致联盟容易失败的主要原因。

问题的根源:不去对冲突进行管理而总是试图避免冲突

我们非常高兴地发现,联盟谈判通常不会削弱双方的伙伴关系,因为一方若要压制或利用另一方太难了。在所有合同履行非常重要的交易中,联盟谈判是最显而易见的,谈判人员通常会发现联盟并不是从实施边缘政策(brinksmanship)或艰难的讨价还价开始的,他们常常担心的是一开始对对方的敌意会给对方留下非常不好的印象,因而在谈判中尽量表现得非常有礼貌。然而不幸的是,仅仅认识到谈判是建立重要工作关系的开始是不够的。太多的联盟谈判人员虽然意识到他们在交易签订后仍要与对方协同工作,但他们却认为他们只需在谈判中表现得

第十一章

"友善"一些就可以了。

但是当你努力达成了你认为值得进行的联盟时,"友善"是你最不想从你的谈判人员那里得到的东西。依我们的经验来看,如果准合伙人没有花足够的时间来弄清楚他们到底将怎样合作,而且不提关于联盟伙伴是否能真正兑现承诺这样棘手的问题,那么联盟谈判就是后来双方合作失败的原因。不要对你的潜在联盟伙伴那么"友善"。不要只依靠合同中的重要事件和规定的义务来保护自己。在提出这些棘手的问题时对别人礼貌一点就可以了。下面让我们来看一看那些不愿与对方发生冲突的联盟谈判人员应该留心的一些具体问题。

谈判人员不重视准合伙人之间真正的差异

不同于之前讨论的那些企业合并类型,联盟主要是由在规模、潜力、文化等因素上截然不同的两家公司形成的一种合作。实际上,正是这些差异将两家公司结合在了一起:每一家公司都需要另外一家所提供的东西。如果这两家公司非常相似,它们就不太可能成为联盟伙伴,而更可能展开竞争,或者考虑兼并或收购等形式。

在联盟中,差异是价值的源泉,然而这些差异却会导致在合同的履行阶段双方很难相处。每一个企业对于公司内大大小小的事情都有自己的要求和规定,比如:什么时候以及如何进行决策(它们是"最终决定"吗)?需要提前进行多少咨询?要求多快给别人反馈?承诺是必须信守的还是仅仅就是一个愿望?然而,这样那样的差异在谈判过程中通常都被忽视掉了,或者被谈判小组当成了习以为常的事情(私下里却觉得非常荒谬)。通常,为了表示"友善",谈判人员在进行谈判时不得不设法迁就与对方存在的差异,以便达成交易。但众所周知的是,积习难改,改变人们一直以来的处世态度和做生意的方式是极为困难的事情。

谈判阶段被抹杀的差异,在随后的合作中通常会随着被压抑已久的情绪失控表现出来,而且还带些报复心理,因为一方可能会认为他们所做的无休止的迁就并没有唤起对方的注意,更没有得到对方的回报。

谈判人员只重视达成交易,而不重视双方的关系

即使联盟的谈判人员意识到合作双方必须要保持非常牢固的关系才能携手向前,他们需要的不仅仅是一纸合同来确保交易成功,也几乎没有谈判人员愿意投入时间和精力来研究如何对双方的关系进行管理。[8]联盟谈判人员认为他们的作用就是帮助交易达成,至于交易的履行则是别人以后要考虑的事情了。实际上,他们经常被鼓励去达成交易,而后就转向下一笔交易了。因此,他们把大部分精力都放在协商交易条款上,而没有去研究诸如如何进行决策,合伙人将如何应对风险和不确定性,或是他们将如何管理各自企业中必要的变革等问题。谈判人员认为那些问题都是联盟管理者应该考虑的问题,这些管理者最清楚他们希望多久见一次他们的合作伙伴,都有谁出席等问题了。

只要你们是在谈论双方都需要履行哪些义务来确保合作成功,或者是在谈论你们如何处理冲突,就意味着你们在探讨可能会出现错误的事情。所以,即使对方提出这些问题,联盟谈判人员也会蜻蜓点水地一带而过。他们不希望得罪对方或是令他们的联盟伙伴感到不安,更不用说提对方兑现承诺的可行性这类问题了。他们有时甚至会耸耸肩,转转眼睛说:"不好意思,是律师让我谈这些退出问题的。"每个人都会紧张地笑笑,然后赶紧通过"每个人都采用"的"标准退出条款"(因此在这里提这些问题是"不针对某个特定谈判对手的")。

我们常常接到任务去帮助挽救陷入困境之中的企业联盟。当这种情况发生时,我们要考察的第一件事情就是协议,以及各方是如何就管理彼此的关系达成一致的。我们经常发现一些人抓住一个范本,根据上一笔交易的管理条款,把各方的名字简单地进行"查找和替换",然后就

第十一章

把它放到新的协议书上。当诸如管理委员会的结构和组成、决策的责任以及冲突管理条款等问题的确定被当做令人厌烦的、不重要的走过场时,则完全可以预见,企业很快就会遇到麻烦。

谈判人员退出过早

联盟经常遇到的最大的问题就是工作交接问题。不论谈判人员是来自于双方企业内部的业务拓展部门还是来自于外部公司,当他们认为他们的工作就是达成交易时,一旦交易达成,他们不可避免地就会转向下一笔交易。他们认为,花费在与管理联盟的团队进行工作交接上的时间哪怕是一分钟都是浪费,因为那些工作并不是他们应尽的主要义务,他们完全可以用那些时间去进行交易的谈判。由于大部分的联盟谈判都非常复杂,而且会耗费比预期更长的时间,所以谈判人员很可能已经急不可耐地准备进入其他应该进行的交易中去了。因此,他们缩短了工作交接的时间。

漏掉了什么呢?可能不是关键的价格信息,不是高层确定的联盟目标或者各方的核心责任,可能也不是什么大的会让你遭受惩罚的重要事件。"每个人都知道"这种想法使得许多事情被不负责任地忽视了。还有一些关键的问题通常在工作交接会议上被遗漏掉了,但是你要知道忽略了它们是会让你付出代价的。

▶ 我们所了解到的关于新的合作伙伴的哪些情况会让我们同他们的合作出现问题?

▶ 我们对新合作伙伴中"推进者"的工作方式有哪些了解?与其中的哪些人合作可能最具挑战性?

▶ 除了合同规定的义务之外,他们还需要从我们这里得到什么才能获得成功?我们又需要从他们那里得到什么呢?

➢ 解决什么问题花费了我们所有的时间？谈判中有没有什么特别的问题需要在合同的履行阶段来解决？

➢ 我们和他们分别需要做哪些事情才能够保证这次合作成功，我们打算如何去推动这些变革？

记住：有效的合作是交易的关键

本书前面讨论的所有主题在这里同样适用：由于结成联盟存在着诸多的困难，因此在没有明确的目标，还不清楚实现企业目标的最好方法是否就是结成联盟的情况下就开始联盟，是没有任何意义的。如果没有合适的人员来考虑交易条款和实现目标的代价，你就不要指望成功。如果你想成功地处理联盟中所有不确定的问题，毫无疑问，你必须为合作起到一个非常好的示范作用，能够讨论和管理风险，并对达成交易后发生的问题也有非常清晰的处理计划；如果你不想，当然就没必要了。

准备好去处理差异和变化

联盟谈判人员不能够，也不应当因为"对方是我们未来的合作伙伴"这种想法就不去提那些尖锐的议题，也不去问对方棘手的问题。

这些问题可能是关于你们共同的商业计划、你们各自的能力，甚至是你们解决问题的方法的。你和你的合作伙伴可能在看问题的角度上是截然不同的，但是你不能去掩盖这些差异。你必须尽早对这些差异进行管理，并让它们为你工作。

如果为了得到你们想要的结果，你们必须顺利合作的话，那么你们需要了解双方企业中可能会反对交易达成的利益干系人，以及双方在文化以及在可能会阻碍合同履行的预期上存在的差异。不论是在准备期间还是在与对方洽谈期间，都要把对这些问题的了解放在首位。要清

第十一章

楚，双方常常忽略的交易推进者之间的深度对话应该是整个联盟谈判中的一个关键部分；也要清楚，双方如何共同管理那些难对付的利益干系人或者是那些已经被感受到的双方间存在的差异，也是谈判议程中的一项关键问题。也许你们并不一定从这些问题入手，但是除非你已经提出了这些问题，并且已经很好地解决了，否则你就不能认为谈判已经"完成"。

将谈判和合同的履行视为一体

我们认为，一些联盟团队的分工过细了。如果谈判人员只将注意力集中在促成交易上，而联盟管理者只将注意力集中在联盟运转上，那么他们都无法做好企业获得成功所要求的工作。如果未来负责管理双方合作关系的团队全身心投入到了谈判中去，获得了联盟成功所需要的第一手资料，那么在交接后，你们就不会遇到太多的问题了。这并不意味着那些将设计、组织和规划联盟作为主要目标的人和那些在交易达成后与合作伙伴共同合作以创造交易价值的人之间就没有区别。这意味着在实际工作中两个团队间的活动要有更多的交叉，要进行更多的对话。让谈判人员在交易达成后的一段时间内仍和联盟工作保持着松散的联系，这样他们就能够看到他们努力工作的结果了。在交易达成之前，也要让联盟管理人员们参与到谈判过程中，向他们学习一些处理问题——如何应付合作伙伴，如何处理没有及时进行讨论的事情——的经验。

当你准备进行工作的移交时，没有比与你的合作伙伴一起进行更好的方法了。想一想联合工作交接会议的威力吧。在这类会议上，"双方"主要负责谈判的人向"双方"主要负责合同履行的人简要介绍交易的情况。这样的会议不但为你调整自己的管理模式提供了一个绝佳的机会，同时还能确保这个模式被执行。如果指导委员会的人从未碰面，他们也就无法进行指导了；如果改革委员会的人不参与其中，他们也就无法进行革新。除非双方在把什么向上级汇报以及以何种方式向上级汇报上都有着相似的想法，否则将问题提交给上级只会给双方带来更大的压力。

外包：当供应商不仅仅只是供应商时

在过去15年左右的时间里，外包已经逐渐成为越来越普遍的商业模式了。现在各种规模的企业都在考虑，他们是自己完成所有的工作好呢，还是寻求第三方——以低成本或者高质量或者两者兼顾——来提供原来由自己提供的服务好呢？外包服务购买者经常列举的一些他们进行外包的原因包括：从面向市场的供应商（与内部部门相对）不断进行的改进中获益；服务成本由固定成本模式转变为可变成本模式；避免在技术升级或流程改进方面支出巨额资金；获得资产结构以外的"非生产性"资产，以提高他们的资产回报率；将管理人员的时间和精力重新集中到核心业务上。到目前为止，外包主要还是应用于业务运转严重依赖信息技术或者是信息技术升级能够使其他服务运转良好的企业中。当合同允许服务提供商雇用那些劳动力廉价的国家的员工时，外包就变成了"离岸外包"，但是值得一提的是，是否选择外包和是否选择离岸外包是两个不同的问题。

和本章前面提到的其他几种复杂交易一样，据报道，外包失败率也非常高：大约有1/3的公司没有获得它们期望的收益，大约有70%的公司达成交易后头一两年内就对一些重大条款进行了重新谈判。[9]另外一个共同点就是：我们认为这些失败的种子通常都是在谈判期间播下的。

问题的根源：认为都是合同的问题

一些历史记录可以帮助我们了解外包谈判遇到的问题。最早，当

第十一章

大型的IT供应商开始提供外包服务时，他们具有较大的信息优势。他们比他们的客户掌握了更多关于服务成本以及未来的技术升级信息。由于他们的工作是重复性的，因此相对于谈判对手他们还有更多的优势：与众多客户进行谈判，从每一笔交易中都吸取经验，可以选择（或者不选择）开创某种先例。除此之外，他们还能够从他们的供应商那里以不断降低的价格买到越来越多的商品。市场很快就调整了这种不平衡，出现了外包顾问这样一个新的行业。其中有些顾问就是从这些服务提供商中脱离出来的，他们能够帮助客户与他们的IT供应商们进行谈判。在此过程中，这些顾问参与了许多交易，也了解了不同的服务供应商可能或不可能同意的事情。这样就重新达到了平衡。或许你会这么想。

而现实却是，外包交易的谈判人员——无论是第三方顾问还是内部的采购团队——狭隘地理解了达成最好的交易的含义，忽视了这些交易只有以一种双方都接受的方式履行才能够创造出真正的价值这一问题。否则服务供应商赚不到钱，采购方也无法实现目标。

为了解决信息优势问题并在讨价还价中获得一些优势，外包谈判人员历史性地将服务提供商提供的服务进行了商品化。他们的服务越遵守"公平公正"（apples to apples）的原则来进行，我们也就越容易货比三家从而寻找到最好的交易了。但是复杂的外包方案需要合同的顺利履行才能达到满意的效果。也许我们这里有些小题大做，因为不是所有的外包谈判人员都用这种方式进行谈判，但我们还是要指出一些谈判中存在的典型问题，这些问题在后来常常会影响合同的有效履行。

外包谈判人员缺乏足够的信息，无法做出好的决定

尽管通常都要花上9个月或者更长的时间来对这种交易进行谈判，然而服务的采购方和提供商都是在没有掌握足够的信息并且没有充分

了解各方观点的情况下在谈判现场做出的决定。如果你从来没有参加过这种谈判，你可能会问怎么会是这样。主要是因为双方一般都用敌对思想来进行谈判，双方都严格限制参与这一过程的人员和他们所共享的信息。正如我们所看到的那样，最终双方都损失惨重。正是这样的原因导致电子资讯系统有限公司同意签署协议，将"所有"海军陆战队的旧程序转移到海军陆战队内联网上，因为他们认为要转移的是一万个旧程序而不是最终被证实的八万个。

一方面，服务采购方和他们的顾问认为，供应商之间的竞争能够形成更好的价格，因而常常邀请多家供应商前来竞标。反过来，这也需要将供应商投标承包的标的物标准化，并采取某种方法来限制随之而来的信息量；另外，还需要管理供应商要求的与业务和职能部门利益干系人接触的时间，以避免给某个供应商提供了不公平的"捷径"。而另一方面，供应商担心会出现竞争，把专家宝贵的时间浪费在了他们可能争取不到的交易上，还担心给别人留下难对付或很难相处的印象，因此他们通常只回答那些被问到的问题，并把他们与采购方之间沟通的工作全都交给了他们的销售团队。这样的结果就演变成了捉迷藏的游戏：采购方尽量让供应商承诺以尽可能低的价格提供一整套详细周到的服务，而供应商想弄清楚除了价格以外是否有其他方法来将它们所提供的服务差异化。

结果，经过一番费时费力又费钱的过程（双方都一样）后，通常双方经过一场与各自目标毫无意义的对话（除了以具体的费用购买或销售某种服务外）就达成了交易。这一过程将许多关键的利益干系人排除在外了，无论最终的决策是什么，他们都有可能会很不高兴。而且，谈判的过程为将来公司间如何进行合作起到了一个非常糟糕的示范作用（特别是当讨价还价的优势发生转移时）。合作双方从来不会针对那些阻碍合同有效履行的问题进行任何有意义的会谈。双方把所有的时间都放在确

第十一章

定要对什么进行外包、外包给谁以及以什么样的价格进行外包上了,几乎没有拿出任何时间来计划双方以后该如何开展合作。实际上,在经过了很长一段时间的谈判过程之后,当所有的担忧都随着咖啡因、肾上腺素以及睡眠不足消失殆尽,你也没有机会再做什么改变时,你会吃惊地发现最后36个小时做出的关键决策的数量是令人咂舌的。

采购方过于依赖服务品质协议和惩罚措施来保护自己

将一个非常重要的职能进行外包会引起一定的恐慌,因此采购方和他们的顾问们会尽最大的努力来保护他们自己以免因为服务供应商无法兑现那些为了赢得交易所做出的承诺而受到影响。他们首先会定一条基线:以他们现在自己来做的每一件事情为基准,并使用一定的测度方法来衡量这些事情他们做得如何。然后,他们要求供应商承诺以同样的服务水平或更好的水平来完成同样的工作,而且他们坚持要求供应商同意:如果供应商无法兑现承诺就要接受违约处罚。

完全可以理解的是,供应商们同样也会对外包方的内部部门(他们通常都抵制完全外包活动)关于基准中服务的数量与质量问题表示一定的怀疑。他们坚持认为,只有那些非常客观的可量化的事情才能用基准来检验,才能让他们确信不会因为对于"足够好"到底是如何界定等问题的理解有差异而受到违约处罚。最后的结果就是通常会有一个很长的服务品质衡量标准清单,包括呼叫中心接听电话的次数、服务器出现故障的时间所占的百分率、签发出错支票的数目等等。现在,有专门的公司来帮助确定这些服务品质协议的具体内容,这些公司采用经过许多不同系统进行测算后获得的数据,对这些数据进行检验和处理,并为采购方撰写报告来帮助他们确定服务供应商是否完成了合同规定的义务。

有报告在手,服务的采购方就获得了供应商未履行义务的客观证据,并会威胁要根据合同规定对其进行经济上的处罚。当然,进行这样的谈话从来都不那么轻松,而且供应商对于没有满足某个服务品质协议内容的过错在谁通常有其自己的解释("你们其他的供应商不配合工作""你们的权力波动太大""你们的员工由于没有接受足够的培训或是由于他们的经理没能鼓励他们去使用网络,所以他们打电话的次数才超出了预期")。在多次的讨论未果后,才会做出一定的调整。

但是对供应方实施惩罚并不是采购方的目的,真正实现成本的节约、业务流程的改进以及管理方法的改善才是他们真正想要的。而且,当供应商因没能达到所规定的服务品质要求而受到处罚时,他们得到了这样的信息:他们最重要的目标是改正那个问题并确保他们下个月不会再次被惩罚,而不是把他们的资源放到其他可能为客户增加更多价值但不太容易被察觉的活动上。

最终结果就是双方形成了一种紧张、敌对的关系,而且往往双方都会对交易进行谈判时商定的方法在实际中没能很好地执行而感到不高兴。每次听到供应商对我们说"我完成了服务品质协议上的所有要求,可我的客户还是不满意!"时,我们真希望能给他们提供些帮助。双方都能够就交易进行谈判,他们或许也能够履行其中的条款,但是这并不意味着该交易就会创造价值。

供应商过于依赖范围限制

供应商认为采购方在签合同时是根据价格来进行最终的决定的,因此他们会设法"削减"他们所提供的服务并让其看起来似乎已经是最低的价格了。为了确保它们自己获得利润,他们通过限制对于"在范围内"的界定来降低价格,因此采购方后来要求的其他服务都需要额外付费。

有时将注意力过于集中在达成交易上,反而使得各方都忽略了对于合同的成功履行非常关键的事情。令人悲哀的是,那些出现争执的情况却时有发生。供应商们在他们的建议书中写到了进行变更管理活动所

第十一章

需的关键资源,因为他们知道外包行为具有一定的破坏性,而且他们向客户做出的能够帮助客户实现成本节约的承诺需要员工们的做事方式做出一些调整。以使用基于网络的自助系统为例,当员工使用网络对自己负责的福利计划进行地址或受益人变更等操作时,这比传真表格或打电话给处理中心要节约许多成本,而且还不必下楼到管理办公室找人帮你进行变更。但是如果员工不能改变原有的习惯,供应商就不能实现成本上的节约,而这正是交易的关键。

在竞标过程中,出于中标的压力,供应商会想方设法减少他们建议书的内容以削减标价。他们看着采购方,然后建议说如果客户的内部人力资源部门能驱动实现员工自助服务所需要的变革努力的话,他们就能够降低价格。采购方盯着他们的眼睛说:"当然,就这么定了。"这一条款就落在了供应商所提出的范围之外,价格降了下来,合同也签订了,每一个人都很满意。双赢,对吗?

不幸的是,许多案例的实际情况是,客户并没有进行变革管理所需的必要资源,或是真的把清除某些资源作为整体的成本削减工作的一部分。由于缺乏与员工进行必要的沟通及对员工的培训,员工们会抵制变革,而且会寻找继续原有习惯的方法。比如,通过书面申请或电话来发送他们的要求,但是处理中心没有那么多人来处理他们收到的那么多的请求。他们本来只需对一些不能通过网络处理的少量例外情况进行处理。在我们被请求去帮助修复客户和服务供应商之间破裂关系的某个案例中,处理中心在一段时期内接收到了36万份传真过来的请求,而他们预计的传真数量只是其中的一小部分。

这种问题所造成的结果是完全可以预见的:服务品质下降,客户满意度降低,服务供应商方面的员工士气受挫,指责声也会随之而来。谈判中客户同意的将变革管理列在服务提供商提供的服务范围之外这一事实,并不能给服务供应商在关键问题上提供太大的帮助。供应商没有完成服务品质协议的要求,就得接受合同规定的相应惩罚;然而却没有相应的服务品质协议来约束客户公司的人力资源部门,让他们来推动改革工作。客户认为没有完成服务品质协议的内容就应当进行惩罚。而服务供应商认为过错是在客户一方。不管进行惩罚与否,这都不是一个皆大欢喜的结局(尤其是对正在尝试使用这一新系统的客户而言)。

记住:签订合同不是交易的关键

外包,作为一种商业模式,到目前为止已经发展得非常成熟了,大部分公司在对这种交易进行谈判时都知道合同的履行已经变得非常重要了。虽然如此,还是有很多人仍然按照达成一笔好交易这种简单的目标来进行谈判。我们的建议是,无论你是谈判中的哪一方,向后退一大步问问自己:"交易的关键是什么?我能够做什么以确保很好地实现交易的目标呢?"

给外包服务采购方的建议

如果你是外包服务的采购方,记住以下这些建议,它们可以帮助你确保合同的顺利履行。

密切关注交易的目的。要牢记你不仅仅是在就一笔普通的交易进行谈判,你是在把一个重要的职能移交给一个外部公司。仅仅是因为你觉得别人能够更加有效或是以更低的成本提供这些服务,但这并不意味着你的员工和你的客户不再需要你来确保这些服务顺利完成。也许这笔交易要求将你的一些员工转移到这家外部公司去,转移的方式以及你原来的员工对在新公司向你们公司提供服务时的感受的描述都会影响原来和现有员工的士气,同时也会影响到你接受的服务的质量。

这个建议就是告诉你在选择供应商时,不能只是看哪家在电子数据表提案要求(RFP)一栏中填写的数字最少就用哪家,然后依靠合同来保

第十一章

护你。如果供应商不让那些关键的利益干系人参与到会谈中以确保他们真的能够兑现承诺，那么这不仅仅是他们的问题。如果他们傻乎乎地做出了他们无法履行的承诺，你至少会和他们一样感到痛苦。

为合同的顺利履行开创探讨交易的先例。让探讨交易的流程成为双方共同分担的一个责任：你们双方是否都了解你们的利益干系人关心的是什么？你们是否知道合同履行都需要做哪些事情？供应商的合同履行人员们是否知道他们承诺要完成的任务？你需要让你的利益干系人参与这样的对话，并要充分认识到某个供应商所提供的详细的解决方案能如何满足你的需要。你不是在寻找一个最容易进行比较的交易，你要找的是最能满足你的外包目标的交易。你同样也会想要去了解和供应商合作是什么样，并且想为你们今后5—10年内的合作做出些示范。

你无法与很多不同的供应商进行这种长时间的合作，这是完全能够理解的。但是当你开始将正式候选人的名单缩小到一个可管理的规模时，把它们中的每一个候选者都当做你真正的供应商，并确保你已经向他们说清楚你这次进行交易的所有目标了。要将那些不仅对进行决策非常重要，而且对最终的成功和失败都非常重要的利益干系人引入到此过程中来。把他们的意见带到谈判中去，并且从一开始就争取得到他们的支持。对于和他们进行的初步谈判，就像你以后要跟他们谈到的诸如服务范围的变更、合同履行方面的挑战以及规章制度和技术的变革等内容一样，要认真对待。不管你是有意还是无意，这些都是你为今后共同合作所做的示范。你要确保对合同签署后会发生的事情有非常清楚的规划，包括你将如何去管理这个非常复杂的关系等问题。如果你一直等到交易进入交接阶段才想着弄清楚你将怎样做决策、解决问题、处理意外以及管理变革，那么你已经掉队很久了，因为决策需要花费很多的时间，决策的执行也缺乏连续性，而且冲突也正在加剧。

给外包服务提供商的建议

我们给采购方提出的建议已经反映出了应该给供应商提出的很多建议，其实你也很清楚这一点，在这里对这些建议我们就不再一一赘述了。但是，我们还是有一些建议值得向那些认为只有采购方才能够改变谈判进程的供应商强调一下。

坚持获取你需要的信息以确保成功。记住，你要和对方形成一种长期的合作关系。要想让你们的合作能持续获得成功，这种关系不仅要对你有利，也必须让你的客户从你的规模和经验中获益。如果你的客户要想将注意力从原来的资源和管理上转移到企业的核心业务上来，他们首先肯定会依靠你。即使你履行了合同要求的义务，你也无法满足他们对你的期望，除非之前你向采购方企业提出要想实现他们的目标必须要进行哪些变革这样棘手的问题。如果你的客户不能或者不愿意进行这样的谈话，那么你要问问你自己，那意味着你要在合同的履行阶段承担哪些风险。如果你的客户对于完成他们自己的目标都没有合理的期望，那么你也许不太想做这样的交易，因为这笔交易可能同样会让你无法完成你的目标。

要尽力获取更多更好的信息并充分利用这些信息。如果你无法获取信息，那么你应该考虑一下，你是不是应该把你宝贵的销售资源浪费在那些认为你所不了解的信息不会影响到他们（或你）的客户身上。对于合同履行期间你们将如何与他们展开合作，你允许他们起到什么样的示范作用呢？在合同履行期间，他们是不是希望隐瞒一些信息并拒绝你接触到他们的关键利益干系人呢？在那样的条件下你可能取得成功吗？如果不能，为什么要参与这样的交易呢？

利润和关系都要关注。要小心"赢家的诅咒"。[10]如果竞标的过程像拍卖一样，最终的决策仅仅是根据价格一个因素做出来的，那么赢得合

第十一章

同的服务供应商常常会为此而后悔。如果交易存在重大的不确定性,那么通常对这些不确定性最为乐观的供应商会报出最低的价格。但是那个乐观的供应商这么做对吗?

大多数服务企业都非常不擅长于做出放弃谈判的决定。销售谈判人员的工作就是要达成交易,而不是去考虑如何更好地配置资源以期做出好的交易选择。但是花点时间考虑一下图 11-1 所示的典型的交易组合,其中一个轴代表关系的质量,另一个轴代表交易的收益。

图 11-1 典型的服务供应商投资组合中的收益性和关系

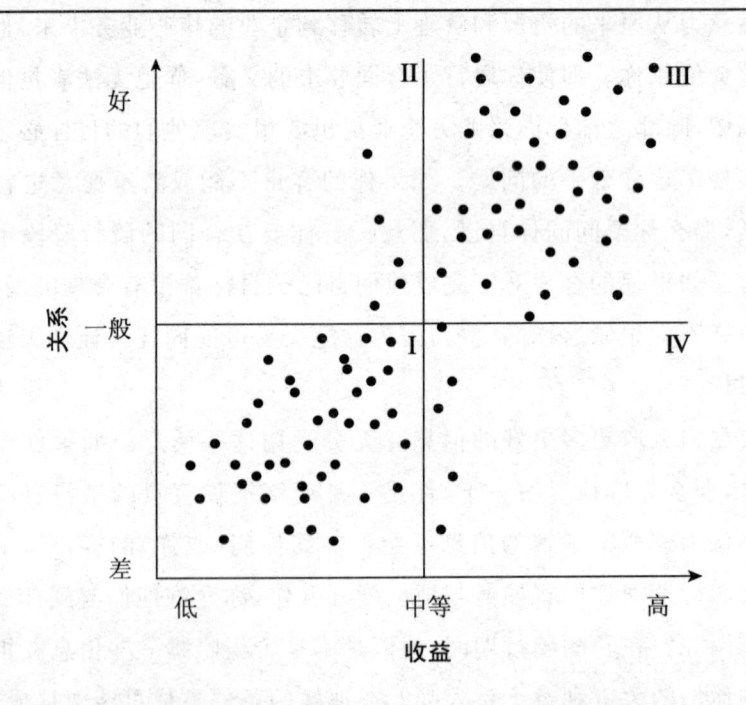

在这幅图中只有两个象限比较稳定:一个是我们都想进入的右上方的收益高且关系好的象限,一个是我们都想避免的左下方的收益低且关系差的象限。另外两个象限也都有逐步向收益低且关系差的象限衰退

的自然倾向。其原因是：首先来看第一种情况，交易非常有利可图，但却没有一个稳固的关系做保证。那会出现什么状况呢？经过一段时间以后，竞争对手会威胁到你的地位，而你却缺乏稳定的关系来防御，不得不以减少自己的收益来完成交易，最终就会落到收益低且关系差的那个象限。再来看第二种情况，关系很好，但是你却赚不到太多的钱。这又会出现什么状况呢？你想方设法地削减成本，而在这个过程中，你的服务质量就会下降，在关系上的投入就会减少，最终你还是会落入收益低且关系差的象限。

既然这样，我们该怎么做呢？怎样才能进入收益高且关系好的象限呢？好，我们先从那两个不稳定象限的交易入手，这样才能避免逐渐衰退的趋势，从而提高收益并改善关系。让我们回到收益高但是关系差的交易当中，花些时间更好地了解你的客户和他们的要求，并在建设你们的关系上投入些时间和精力，这样就能够帮助你进入收益高且关系好的象限。下面再考虑收益低但关系好的交易，利用双方一起共事的良好关系优势，去了解怎样才能创造更多的价值或有效地减少成本，使你的收益提高，从而进入收益高且关系好的象限。

但是这些时间和精力从哪里来呢？它们来自于从那些注定要进入收益低且关系差象限的交易中退出而节省下来的时间和精力，因为你知道从一开始你就在追求一个不可能实现的目标，你缺乏与你协同一致的关键利益干系人来帮助你成功，或者是你为合作创造了一个非常糟糕的先例。如果你退出了那些交易，你会将所有的资源都投入于改进你的不足上。如果你没能退出那些交易，不但这笔交易会注定失败，其他的一些交易也会失败，最终跌入收益低且关系差的象限。而且，一旦你跌入这个区域，将很难再走出来。

让服务交付团队参与到谈判中去。 最后，我们还有一条可能更容易执行的建议——尽管需要在内部进行一些比较艰难的对话——那就是

第十一章

让你的服务交付人员参与到谈判过程中去。不要因为担心他们害怕你做的承诺就将他们拒之门外,如果出现这样的情况,你要真正地去了解他们的顾虑并和他们一起共同讨论,而不是避而不谈。我们知道这些提供服务的资源是非常宝贵的,因此在交易达成前就把他们分配到交易中去是非常困难的。我们也知道有些服务交付人员并没有那些销售人员出色,但我们并不是建议你让他们去做你的首席谈判人员。如果你不让他们参与谈判,也不让他们在谈判过程中发挥他们应发挥的作用的话,你很可能无法提出能够实现你最终目标的计划。

给外聘顾问的建议

和其他类型的大型交易一样,第三方顾问在完成可以顺利履行的外包交易工作中发挥了关键性的作用。你所拥有的知识和你在谈判中的角色使你能够帮助你的客户达成值得做的交易。

帮助你的客户将注意力集中在管理上。以你的专业知识和经验来帮助你的客户,使他们不要再犯那些别人已经犯过的错误。不要让他们仅仅因为交易已经"基本上达成",就不重视管理工作以及双方的关系管理。很多的经验都告诉我们,在工作交接期间以有效的管理模式倾力投入是非常重要的。要确保他们在谈判过程中考虑到了如何处理意外的问题,并把这些写到了合同上。帮助他们通过稳固的合作而不是依靠违约惩罚来管理双方的关系。你一定看到过许多令人失望的交易,在这些交易签订后,你的客户和服务提供商无法共同解决出现的问题,也无法应对出现的变故。确保你的每一位客户都能从你对如何设立组织结构来应对合同履行过程中可能出现的挑战这一问题提出的最好建议中获益。

接受并评估各种不同的解决方案。充分利用你的数据库并继续扩充你工作的方法来帮助你的客户在不同的解决方案中做出最好的选择。

任何人都能让饥渴的供应商将他们的商品和服务纳入到一个普通的、便于比较的结构中去。然而，帮助客户在众多能体现供应商各自独特优势的不同解决方案中做出最佳的选择就需要具有一些真知灼见了。是的，最初的筛选可能需要公正客观地进行；除非供应商们知道在进行选择时采购方提供了一个合理的中标率，否则他们就没有什么积极性来参与这样一个高成本的投标流程。但是在你的名单减少到一定程度之后，要进行一下调整，应当让整个过程变得更加开放，并欢迎供应商们能提供发挥自身优势的解决方案，而不是要求所有的供应商都提交一份写着最低价格的非常普通的解决方案。

在提交了各种各样的解决方案之后，供应商们很难说清楚他们需要从客户这里得到什么才能确保交易成功。没有人能够真正独立地完成这些事情。要保证采购方明确他们需要做些什么，从而为其讨价还价提供支持。

对沟通进行管理，而不能阻止沟通。 应当使沟通变得更加顺畅，而不是限制沟通。当然，帮助你的客户管理整个谈判过程，避免被那些非常强势的销售人员操纵也是非常重要的。但是还没有获得那些支持合同顺利履行所需的信息就达成交易是毫无意义的。如果服务品质协议是在信息不完全的条件下达成的，或者最后发现服务品质协议衡量的内容并不重要，那么它并不能保护你的客户。在商业活动中所实现的名义上的节约其实是不能给客户带来价值的。这种节约根本无法长期维持，因为要实现这种节约的前提是客户抱定价格底线不放且愿意为此减少消费量。这种做法只会导致客户与供应商之间形成一种争吵的、敌对的关系，而这种关系随着时间的推移会给双方带来非常大的代价。

下一章中我们将会讨论一些小型的，但是同样重要的交易。企业每天都会进行的与客户和供应商之间的那些谈判放在一起，所具有的潜在价值至少与本章讨论的这些大型的引人注目的交易一样大。

第十二章 "面包与黄油型"的交易

客户与供应商

正如我们在上一章所说的那样,谈判在规模上是有差别的。尽管在第十一章提到的那些大型交易占据了各大报纸头条,让你产生了很多的联想,也吸引了你的眼球,然而它们发生的频率比那些与客户或供应商之间进行的日常谈判要低得多。正是这些能够获取或浪费价值的无数的小型谈判对商业世界和你个人生活中的成功与失败产生了至关重要的作用。

在本章,我们将专门针对"面包与黄油型"的交易提出我们的建议,包括给供应商和客户的建议。你可能会想,可能我们对这种交易的谈判所提出的建议与本书中提到的其他建议没什么区别。当然,既然我们已经将重点放在了联合增益、合作、长期价值创造等方面,我们现在就不能忽然去给各方提这样的建议:卖方开高价,尽量不许讲价,并且假装不关心是否能达成交易;同时建议买方开低价,拼命讨价还价,并且谎称别的卖家给的价格更低。

当然,这样做是对的。我们不想给任何一方提那些采用某种伎俩、敌对、短期的建议。从某种意义上来说,我们不给买方提那些不想让卖方知道的"秘密"建议也是正确的,反之亦然。但是,不管你是在买还是

第十二章

在卖,就一概认为我们要说的没有什么不同,这可是不对的。我们给买方提出的建议与给卖方提出的建议还是有些差异的,这在一定程度上是由合同的履行对他们的重要程度和之所以这样重要的原因,以及他们进行谈判的目的的不同所决定的。虽然买方和卖方是一个交易的两方,但是如果你认为对买方和卖方来说这些方法都应该是一样的,那么不论你处于交易的哪一方,都会漏掉一些非常重要的细微差别。

买卖双方谈判的关键

买卖双方的谈判是创造价值最具代表性的方法。我有你想要的东西(例如商品或服务),而你也有我想要的东西(例如金钱),然后我们相互交换。当这个简单的交换就是创造价值所要求的全部活动时,合同的履行就变得不那么重要了。但是,当交易的签订仅仅标志着真正为各方创造价值的活动刚刚开始时,你就不得不考虑交易的关键到底是什么了。

买方关心的不仅仅是价格

任何一家公司和它的供应商进行谈判时,通常都想尽可能获得最有利的条款和条件。传统的供应商管理以及供应链管理理论及实践在降低购买商品和服务的成本的方法方面提供了很多非常有用的见解,而且有很多现成的谈判手段来执行那些战略。但问题是许多与供应商谈判的人都认为,他们的工作就是以尽可能低的价格达成协议,仅此而已。然而为了实现真正的价值,我们建议你后退一步并问自己一个简单的也是最基本的问题:你和供应商进行交易的意义到底是什么?

答案同样非常简单,那就是和供应商交易最终是要提高你的利润水平。如果供应商不能以合同上规定的那个不错的价格来向你交付商品

"面包与黄油型"的交易

的话，那么你以这个不错的价格签署的那份合同并不能帮助你提高你的利润。即使起诉了违约供应商并获得了诉讼收益，也没有你获得可持续竞争优势对你来说更好。如果你唯一的供应商在设法为你提供合同规定价位的商品时破产了，而寻找新的供应商又让你错过了对于客户来说非常重要的交货日期，那么以这个不错的价格签署的这份合同同样也不能帮助你提高利润。如果你的"最低价竞标商"提供的商品无法满足你的最低质量标准，而你又因此生产了有缺陷的产品而被你的客户起诉，那么以这个不错的价格签署的这份合同还是不能帮助你提高利润。如果因为你们协商的基本价格太低以至于你的供应商无法获得足够的利润，从而一直跟你软磨硬泡直到你更改订单，那么以这个不错的价格签署的这份合同照样也不能帮助你提高利润。

对于采购团队来说，即使以合同规定的低价位获得了承诺的商品和服务也不一定就胜利了。如果谈判人员只考虑初始的购买价格，那么他们可能会漏掉公司必须承担的总成本中的其他项目。产品真正的总成本包括购置成本、存货成本、服务和维修费用以及寿命中止（处置）成本。除非对于供应商来说这笔交易可以长期维持下去，否则还应考虑重置成本。传统的采购观点将注意力集中于"不惜一切代价定价格"，而往往忽略了更加重要的不断降低总成本和获得竞争优势等关键问题。

最后，与供应商交易的关键就是以能为你的业务提供最大支持的条款和条件去购买相应的商品和服务。当你考虑在提高自身竞争力方面供应商能够为你做什么的时候，不仅要考虑更低的价格，还要考虑更低的购置成本、更高的运行效率、更好的产品质量、产品创新、上市速度、品牌定位等众多因素。

卖方关心的不仅仅是数量和价格

从交易的另外一方面来说，和客户进行谈判的任何一家公司都希望

第十二章

在可能的最有利的条款和条件下销售尽可能多的产品。和采购的情况一样,传统的营销管理理论和实践在达成订单的方法上提供了许多非常有用的见解,而且销售人员可以选择其中的一系列手段将这些战略付诸行动。然而问题是,许多谈判人员认为他们的工作就是达成一份以最高的价格销售最多数量商品的合同,仅此而已。听起来非常熟悉吧?但是为了实现真正的价值,我们再次建议你后退一步并问自己一个非常简单的也是最基本的问题:你和客户进行交易的意义到底是什么?

答案是:和客户交易最终是要提高你的利润水平。如果买方违约,不能以约定的价格接受你交付的商品,而这时你已经支付了制造和运输费用,那么以这个不错的价格和销售量签署的这份合同并不能帮助你提高你的利润。如果你最大的客户在市场上变得没有竞争力并且不再从你这里购买商品,那么这份合同同样不能帮助你提高利润。如果你的客户发现你欺骗他们达成了一份单方面的合同,从而取消了以后的订单,并向你的整个客户群宣扬他们的不满情绪,那么这份"不错的"的合同还是不能帮助你提高利润。

对于销售团队来说,即使以高价赢得了一笔大买卖也不一定就真正胜利了。如果销售人员只考虑销售收入,他们可能会忽视某些交易或某些客户所具有的对企业长期发展非常关键的其他意义。服务于某些客户所花费的费用就是比服务于其他客户的费用高:高报废率或高退货率,付款很慢,而且还需要极高的服务支持。所有这些都会严重损害交易的价值或是客户关系。有些客户认为你报的价格太高或者觉得让你降点价格太难了,所以从你这里购买了一次之后就不再购买你的产品了,这也造成了你销售成本的增加。需求上意外的波动会扰乱生产计划,也会打乱生产设备的使用安排。有些客户担心谈判中你会用他们和你共享的信息来对付他们,因此他们很可能不会帮助你了解或预测市场未来的变化。

"面包与黄油型"的交易

总之,与客户交易的关键就是根据能够给你的企业提供最好支持的条款和条件去销售商品和服务。有些情况下,与客户进行交易的真正目的不仅仅是为了获得更好的价格,还要同时降低销售成本、降低合同规定的运输成本以及售后服务费用、提高收入的可预见性、获得参考客户(reference account)、提升品牌形象,并学会预测客户的需求。

买卖双方的谈判人员经常遇到的问题

不幸的是,许多采购和销售谈判并没有把太多的注意力放在价格和其他几个基本条款以外的因素上。正如所预料的那样,当这些问题发生时,许多价值都无法得到实现。例如,在 Vantage 公司和国际合同与商务管理协会(International Association for Contract and Commercial Management)共同完成的一项调研中,我们发现只有13%的公司表示它们实现了供应合同中所有的预期价值。[1]我们认为有两个主要原因导致了买卖双方如此严重的不满情绪,而且这两点都与把更多的注意力集中在了交易的艺术而不是交易的关键上直接相关。

谈判人员唱主角

许多企业认为,在双方就一些关键问题经过讨论达成一致后,雇用一支专业的谈判队伍来接手谈判,可以达成非常好的交易。在某种程度上,销售商采用对销售人员进行培训并在他们达成交易后给予报酬的方式,实际上已经将这种观点引入到他们的谈判中去了。由于担心客户无法习惯销售人员为了生计进行谈判的方式,公司专门设立了采购谈判代表这个角色来保护它们的产品经理不会被销售方的"那些超级谈判人员"谈判的方式吓到。采购谈判代表参与到谈判中时,把自己当成了专家来确保涉世不深的采购方不被人算计。的确,让具备专业知识、经验、

第十二章

严格的纪律、分析工具和结构化方法的采购谈判代表来对付天天进行销售合同谈判的专业销售团队，对于进行采购的企业来说，很有可能改善其谈判结果。所有的这一切看起来都非常有意义。

问题是许多大型企业的专职采购人员都离他们的委托方非常远，这一点对那些大型、多业务单元、机构分散分布、采购职能已经进行统一管理的企业来说更是如此。为了确保这些采购人员能够尽可能有效率地完成工作，采购企业设计了相当严格的程序来防止狡猾的销售人员和专业谈判人员走得太近，同时防止"无赖的"采购人员无视公司的政策。而这造成很多关键的利益干系人在谈判期间都被排除在外。（实际上在一些采购过程中，从采购开始直到订单完成，都不允许销售人员和他的客户进行交流。）

不是只有采购方的谈判人员贪心，谈判桌上销售方的谈判人员也常常会做所有他们能够做的事情来避免合同履行人员参与谈判。毕竟，合同履行人员很容易脱口而出像"我们从来没有那样做过"或"那可能需要些时间"这样的话，而这可能会给交易的达成带来风险。他们并没有接受过关于达成交易所需的技巧这方面的培训，所以当他们听到更多谈判的情形时，他们更倾向于重新思考这笔交易应该是怎样的。他们很少考虑折扣或是销售量（实际上，他们可能会发现交易规模越小，履行起来越容易）问题，更多的是考虑要求和时间表（他们总是想知道更多的细节，想争取更多的时间）。

但是如果没有内部顾客和合同履行团队的参与，对于谈判人员来说，要探讨共同提高执行效率、降低各方成本、制定业务难题新的解决方案等问题的方法就会变得更加困难。谈判人员与内部顾客所在业务部门或者供应商的合同履行团队的整合情况很关键，如果整合得不好，谈判人员也许不知道如何权衡交易利弊，也无法拿出创造性的方法来解决产品规格、质量、交货时间或物流问题，他们真正能够讨论的就只有价格问题了。

"面包与黄油型"的交易

用数字来衡量业绩

那些常常把真正了解交易最根本的商业目的的人排除在外的企业，还经常用错误的标准在错误的时间来衡量它们的谈判人员的业绩（并支付报酬给他们），这会使它们最终走向失败。采购方的谈判人员往往可以通过争取到折扣和让步而获得报酬。如果他们负责长期和某个供应商进行谈判，他们所希望的不仅仅是第一年的折扣，还要争取每年都让对方降些价钱。但是却很少有商人会说他在谈判中的主要目标就是争取折扣。折扣本身向你提供的关于价值方面的信息是极少的。它们无法体现你从哪里开始做出让步才合适，它们也体现不出任何影响经营成本、赢利能力或竞争力的因素。而且如果你根据达成协议时他们所争取的折扣来给负责采购的谈判人员支付报酬的话，那么你肯定没有考虑到企业今后在其已经购买的商品或服务的整个生命周期内还需要支付的其他费用。

负责销售的谈判人员同样也往往"根据数字"——通常是根据在不得不给出（或成功地没有给出）某个折扣的让步下完成的销售量——而获得报酬，但是他们实现的那些数字可能与交易真正的关键点没有任何关系。一笔销售合同是否能创造利润，要取决于合同是如何将这些商品和服务纳入进来的，这些商品和服务是以怎样的方式在何时进行交付的，以及在时间安排、未来预测、计划调整、设计评审及质量控制等方面他们的顾客所负责的具体内容。要衡量购买方是否是一个好的参考客户，则要取决于他们如何管理其客户的预期。这笔交易对于为类似的客户进行定价能起到好的还是坏的示范作用，则要取决于它所表现出的特点。同样，如果你根据达成的交易所实现的销售量给销售人员支付报酬的话，那么你肯定没有从最终利益的角度来考虑那些交易是否值得做。

第十二章

给与供应商进行谈判的采购方的建议

我们给买方谈判人员的建议与我们给卖方谈判人员的建议是一致的,但是略有一些不同,给卖方谈判人员的建议将在本章的后半部分详细说明。但是,不管是给哪方的建议,我们都从明确目标说起。

根据你的交易目标来架构谈判

作为买方,在确定谈判的基本结构方面你常常拥有相当的灵活性:你是打算让多个供应商进行投标还是只与一个供应商进行谈判?你是打算让他们主动向你询问交易条件,还是打算要求他们根据和其他客户交易的经验来思考并帮助你弄清楚答案?你是打算先研究一下各方利益,然后集体讨论可能的选择,还是只要求他们提供一个报价?你打算在那些潜在的相互竞争的供应商之间采用竞拍的方式,还是采用每个供应商"秘密"出价的方式呢?对于这些问题,没有一个一定正确或错误的答案——它要依你交易的目标而定。作为买方,有利的一面就是,你常常可以先表示出你希望怎样进行谈判。

对于买方来说,谈判的主要目的之一就是争取节省成本。当合同的履行不是非常重要的时候,节省成本的首要也是最明显的途径就是说服供应商降低产品的单价。只是想取得尽可能低的价格,则基本的供求法则就可以使用了。供应商之间的竞争越激烈,准入障碍越低,一段时间以后,他们的利润也就降得越多。买方拥有的最佳替代方案越有力,在与供应商进行谈判时其所拥有的主动权也就越大。采购团队可使用请求提案、自动化信息申请、估价申请书、各种电子采购机制、有竞争力的拍卖、反向拍卖以及其他降低单价的方式。某些竞拍方式能够把价格拉到可能范围内的最低点,买方就可以通过用一个卖方牵制其他卖方的方式获利。即使能够通过设计好的提案要求在众多供应商中找到合适的出价,买方也会试图同时选出两个或多个最终候选人,以保证供应商们知道在此过程中买方还有别的选择。

但是,当合同的履行很重要时,对于买方来说,价值就不仅仅局限在满意的报价或合同条款那么简单了,还要考虑供应商按照合同规定的时间、要求、价格交付规定的商品或服务的能力。我们都听说过"好得令人难以置信"的交易。我们的经验告诉我们,买方往往不会从讨价还价中占到什么便宜——这样的交易看起来好,但是实际上未必如此。与不能履行交易条款的供应商进行交易会失去交易的意义。

除了只是得到更好的价格之外,对于买方来说,还有其他的方法来降低成本,这就需要探讨为顾客减少"总拥有成本(total cost of ownership)"的方法。从供应商处购买商品并和他们进行长期交易的成本有的时候是能够减少一些的,这对于一些大公司来说是非常重要的。为了更有效地进行产品生产,有时谈判双方可以通过买卖双方工程师和制造人员的通力合作,重新设计产品生产规格。采购团队可以同他们的供应商合作,减少存货数量,进行及时配送,从而降低存货成本。如果双方能共同设计出更便于维修的产品,并随后对员工进行适当的培训,则也会降低服务和维护费用。

要想实现上述各种节约成本的目标,需要一个完全不同于只是说服供应商降低单价那样的谈判流程。如果你所追求的节约成本的目标只能通过合作来实现的话,那么你用最有效的迫使供应商降价的谈判流程来进行谈判可能会起反作用。所以,你需要根据交易的目的来做出你的各种选择。

除了节约成本,有时候买方希望在开发新产品或者更快占领市场方面得到供应商的帮助。在需求变化非常快速的市场当中,供应商对于买方快速调整产品组合的能力至关重要。在受到高度管制的市场里,买方

第十二章

希望通过自己的供应链来获得更高的信息透明度,从而满足自身的灵活性需要。在全球化加剧的全新经济条件下,公司间的竞争在慢慢减少,而在供应链上的竞争却越来越激烈。买方不仅希望供应商现在能够提供一个不错的价格,更希望他们能随着时间的推移不断提高他们的工作效率和响应速度。

作为买方,你必须承担一定的领导工作并帮助你的供应商伙伴了解你想实现什么样的目标。然后按照这个想法架构谈判,你可以邀请必要的利益干系人,确定你想起到的示范作用,并制定能够帮助你实现目标的合同履行方案。

致力于双赢:采购专员与他们的内部委托人达成一致意见

对于买方来说,采购团队能为自己节省开支是件再好不过的事情了。买方会发现,如果他们有10%的利润,那么他们在采购中节省一千万美元从本质上说与销售了的一亿美元的商品是一样的;而且在一些已经饱和的市场中,降低成本可能要比发现新客户容易得多。但是如果采购专员们认为他们的工作就是不惜一切代价来降低成本,而业务部门关注的更多的是产品的质量、准时交货以及技术支持,那么企业要想取得成功就很难了。公司必须要确保它们的采购团队一定不能忘记满足他们委托人的要求——交易的关键。

要注意你是怎样对你的采购团队进行绩效衡量和奖励的。将他们的全部注意力都集中在争取折扣上的激励方式也许并不能产生你想要的结果。以他们真正节省了多少成本——并不是简单地写在合同上,要看总拥有成本的削减,而不仅仅是看合同价格——来进行衡量,并对你的采购团队进行奖励,这种方法更有意义一些。

要确定一个能把关键利益干系人纳入到整个谈判过程中来的谈判流程。让你的客户单位和供应商企业的谈判推进者都参与到谈判

"面包与黄油型"的交易

过程中来也是非常关键的。在帮助你确定并不十分明显的价值来源以及帮助你确保得到与供应商交易的全部价值方面,他们都发挥着非常重要的作用。但是,我们所看到的和供应商的谈判却经常是,买方在一边,卖方在另一边,而真正要合作去履行交易的人却坐在场外等待谈判结果。

买方是否能够达成对制造过程非常关键的产品及时交付协议完全取决于供应商一贯的准时交货的能力。反过来,供应商满足客户要求的能力可能取决于客户预测的质量以及该预测更新的频率。

如果采购人员为了制造"竞争的紧张空气"并争取到可能最好的折扣,所以直到协议达成后,才让关键的谈判推进者了解这笔交易的情况,那么当供应商无法交货或者客户无法提供足够可靠而及时的预测时,通过减少存货需求来节省成本的做法就一点也不切实际了。解决方案设计得越是具有创造性,越是与众不同,让谈判的推进者参与到这个谈判过程中也就越重要。他们对于其他职能部门可能会忽略的操作细节问题有着深入的把握。

创造鼓励供应商与你合作的先例

在与采购企业合作的过程中,我们非常惊讶地发现,这些企业很少和供应商团队中的利益干系人坐在一起讨论,更谈不上问他们:"我们怎样做能够帮助你们降低成本呢?"

有一个我们经常说到的例子。一家较大的航空公司和其供应商之间曾经进行了一系列非常艰难的谈判,公司想从他们的供应链环节上压缩一些成本并想努力改善他们疲软的经营状况。连续几轮的谈判过后,最终日本的一家原始设备制造商做出了让步,在完全没有利润的情况下答应了航空公司的请求。而航空公司的采购人员想继续争取更多价格上的让步,很明显,这时对方已经不可能再做出任何让步了。最后,采购

第十二章

方绝望地放弃了交易,并说道:"难道你们真的没有办法帮助我们走出这个困境了吗?"部分对话如下:

供应商:其实如果你们要是愿意让我们与你们的工程团队坐下来谈一谈就好了。我们认为有一些部件你们这边可以重新设计,这样也便于我们更有效地生产这些产品,而你们在安装过程中使用它们也会更加容易。

买方:为什么你们之前不提出来?

供应商:我们曾经尝试过几次。在过去三年的每次谈判中,我们都试着提出这个想法,可每次你们的工程师都告诉我们说我们只是供应商,而且让我们不要干预他们的事情。

如果航空公司的采购团队曾努力试图找到帮助供应商降低成本的方法的话,那么他们早就可以帮助供应商重新设计他们的部件,并且把价钱降下来了(供应商也增加了利润)。

一些买方不仅不会利用供应商主动提出的这种合作,甚至会让供应商不愿意考虑再次跟他们合作。在许多公司里,我们都听说过客户要求供应商帮助他们设计产品改进方案、修改样品和图样这类的事情。供应商与客户的工程团队、研发团队或制造团队紧密合作,提出创新性的设计方案,从而给客户节约一定的成本或是创造一些其他的收益。可结果是,供应商看到客户的采购团队将他们的设计和产品说明拿给许多竞争对手,把这笔交易给了出价最低的人。供应商可能会让这种情况出现一次,动作慢的话可能会出现两次,但是不久他们就会掌握这种游戏规则,不会再参与其中了。

给与他们的客户进行谈判的供应商们的建议

我们给卖方谈判人员的建议与我们给买方谈判人员的建议非常相

"面包与黄油型"的交易

似。我们鼓励那些在一笔交易结束后还希望继续合作的买方和卖方们能阅读我们的所有建议,并讨论一下他们自己都可以做些什么来帮助对方很好地完成交易。和我们给买方提建议时一样,我们给卖方的建议也是从明确目标说起。

承认每个客户都是不一样的

对于与客户交易的目的,卖方从一开始就应当有个清晰的认识。按照定义来说,目的就是把商品和服务卖给客户。但是这就是全部吗?你为什么想卖给这个客户呢?

答案可能是"为了增加我们的收入"这么简单;或者可能有一些更高的要求,比如"为了增加我们的利润";或者可能更具有战略意义,比如"开发新市场"或是"从一个新的行业获得一些参考客户"。当你考虑你的目标时,你要问自己的一个非常重要的问题是"在什么样的时间范围内"。你是想今天多卖一点,还是希望形成一个持续不断的收入流?为了实现你的目标,客户是不是也需要尽最大努力?

依我们的经验来看,如果你正在谈的是一个合同履行非常重要的交易,那么只获得订单可能是不够的。要想获得成功,你需要确保你的客户得到了他们所需要的东西并且能够恰当地使用;你还需要确保为他们进行服务并不会花费你太多资金,否则每次他们请求服务你都要花掉很多钱;而且你也需要考虑明天的订单(和利润)将从哪里获得。

我们经常听到我们的客户说他们想和他们的客户或者顾客达成"伙伴"关系。这意味着什么?当我们问起这个问题的时候,有些销售人员通常会回答说是"他们从我这里买了很多东西"或者"他们不和我讨价还价"。当然,这样的表达并没有站在客户的角度来考虑他们是怎么想的。买方要跟你达成伙伴关系的主要目的就是要从你这里以更高的价格购买更多的商品吗?当买方说"我们就是想找你与我们就这个项目进行合

237

第十二章

作"时,大多数供应商都知道应该抓起包来跑得远远的,因为这句话通常是要求再次打折的开场白,而不会是承诺以高价购买很多东西。

一般来说,与客户进行谈判的目的,并不是想和他们成为"伙伴"。谈判的目的不仅仅是要达成交易并不意味着谈判一定要以一个定义不明、常常是虚假的"伙伴关系"结束。即使你真的想要建立一种伙伴关系,通常也是为了做一些你不能独自管理的事情才这么做的,而并不是只为了建立伙伴关系本身。为了做一些值得做的交易,你需要事先就努力工作,从而弄清你的交易目标。面对这笔交易、这个客户你准备完成哪些事情?

不要自己独自完成——尽早联合内部资源

销售团队有时候不了解他们的交付团队和服务团队所面临的实际情况。无法从即将履行合同的那些人手里获得适当的支持,肯定会让客户感到不满意。虽然合同履行期间双方之间接触的层面会大大增多,但是你作为你们公司面向客户的代表,提前进行思考依然非常重要。

对于销售部门的高管来说,在处理与客户非常复杂的关系并创造随着时间推移会产生更多价值的交易时,要确保与其企业中和客户经常接触的交易推进者团队保持紧密的联系,这是非常有用的。尽早安排他们参与进来能够让销售团队重整必要的资源以履行对客户的承诺,同时避免做出交付团队可能无法履行的承诺。在一个不断发展的长期关系下,销售部门的高管必须能够履行他们的承诺,而不是一味地过分承诺却无法兑现。

不要让他们独自完成——避免采购陷阱

要认识到采购人员的作用,还要认识到如果不是因为你的前任的某些行为,你的客户可能不会设计这些麻烦且代价较高的流程出来。而现在,负责采购的谈判人员同样也有驱使他们做出某些行为的动机。要把

"面包与黄油型"的交易

采购人员看成是潜在的制造障碍者,他们在谈判期间发挥了关键性作用,但是在合同的履行阶段几乎没有作用。这些制造障碍者通常都很关心别人是否认为他们做了很好的决策,而不管是基于哪些标准来衡量。如果采用的唯一标准是折扣额度和折扣给供应商造成的痛苦的话,你只能通过遭受损失来签下交易了。

为了确保你和你的客户能够达成值得做的交易,你必须找到让其他关键人员参与进来的方法。例如,考虑一下那些推进者,虽然他们在决策中不能发挥任何作用,但是他们会在合同的履行期间发挥重要的作用。如果他们有机会参与到谈判中,他们会说什么?他们能帮助你和你的客户避免犯什么样的错误,从而在合同的履行期间使你们其中的一方或是双方不至于遭受更多麻烦的困扰?尽管在采购过程中谈判的推进者们因为没有正式的决策权而常常被忽略,然而他们能够让这一过程变得更加合理。在与采购人员讨论诸如哪些事情是真的具有可比性,或者为什么某些特定的交付条件对于客户获得的价值或与客户做生意的成本至关重要等问题时,他们同样是值得信赖的盟友。

另外,还要确定谈判的关键人物——交易最主要就是满足他们的利益。采购人员必须设法让他们满意,而且他们非常关心合同的履行情况。与这些关键人物打交道的关键就是要知道如何帮助他们给他们的谈判人员(这里指的是采购人员)下达正确的指示。

到了你真正要和采购人员进行谈判的时候,再与他们接触通常就太晚了。你的这些行为可能会被看成是试图又一次绕过采购人员完成交易。但是在这个过程的早些时候,甚至可能早在上一个交易的合同履行过程中,你可以而且应当设法同这些关键人物建立起工作关系,他们可以帮助你了解对于他们来说什么是真正重要的事情,同时你也可以让他们了解你的需要和可能面对的困难。要让他们知道(注意:这里要求言行一致)你是值得信赖的搭档,你关心合同的履行情况,而且你所考虑的

第十二章

不仅仅是拿到这份订单。如果你这么做了,你将更加能够让他们相信,评价采购人员工作的标准不应过多地考虑折扣或你的痛苦程度,而应该更多地考虑在产品创新、流程改进、上市速度、可靠性和其他益处等方面,你能为他们实现的价值。

邀请你的客户帮助你设计你需要的示范效应

完全依靠自己来形成一些好的示范效应是非常困难的。供应商和他们的客户之间很容易成为典型的"作用与反作用"循环。我们常常听到人们用这样两句话概括高级采购和销售们进行的交易:"除非你做得不像供货商,否则我们只会把你当成一个供货商!"而对方的反击就是:"除非你不把我们当成供货商,否则我们就像供货商那样去做!"

后退一步说:"我们想用我们现在的做法来告诉你们,你们将来该怎么做。"能做到这样很难。令人悲哀的是,事实上我们现在的做法不可避免地会影响到其他人将来的行为。但是当我们思考我们下一步行动的时候,很少会去考虑将来的结果。

要把示范效应这一问题认认真真地摆到谈判桌上来。例如,你可以常问这个简单的问题:"如果我们按照协商好的方法去执行,我们能够得到很好的服务吗?"如果答案是不,那么这应当被看成是重新考虑、回顾你们的议程,重新考虑你们团队构成并进行再次尝试的一个好的信号。相似的问题可能是:"如果供应量降低,或是你的竞争对手忽然抢走了你的另一个关键供应商,而且合同没有提供所有的解决办法,你希望我们对你的要求做出怎样的反应呢?"

进行如此棘手的对话需要一些技巧,而且需要一种与许多谈判人员被鼓励使用的技巧完全不同的技巧。这种方法不是去强迫(或说服)对方仅仅说"是",而是要与他们合作来创造一个历史,以便能够帮助对方确信,他们现在进行的这场交易在以后看来仍然是值得进行的。

第十三章　结语

当仅仅达成交易还不够时

我们认为对于总结本书最有帮助的框架就是与假定的读者之间的问与答。我们设想某个人会有这样的反应："我认为这本书里的思想很有意义。有一些思想非常有说服力,有一些思想至少是非常合情合理的,但是当我在进行现实中的谈判时,我应当怎样做才能吸收书中的思想,并让它们成为我所想、所做的一部分呢?"

这是一个非常好的问题。要明确一点,要想达成有意义的交易不仅仅要吸收这些思想,可能还需要将它们转化为自己思想的一部分并付之于行动。这本书不仅仅是一个初步勾勒出想获得的结果的描述性模型,而且遍布着各种规范性的建议。作为一名谈判人员,你必须一直坚持这样做才能不断提高。这可能需要认真的准备、自我反省和自我回顾、不断的训练,以及其他能够实现自我改进的行为。此外,作为组织中的一员,如果你是单兵作战,这本书里的许多建议是无法完全实施的,它可能需要来自高层领导的支持和长期的组织变革。如果你正好面临这样的情况,那么你所遇到的挑战显然比仅仅改变自己在谈判中的所作所为要更大一些——还包括改变整个公司在谈判中的做法。作为一个因这些思想而激动的读者,你需要做的是让它们不仅仅只是思想。你必须将它

第十三章

们付诸实践。

我应当从本书中获得什么重要的信息？

如果我们必须减少篇幅只留下一些关键信息的话，那么我们会进行如下的总结。

对于绝大部分交易来说，仅仅成交是不够的

在绝大部分的谈判过程中，让对方同意成交是创造价值过程中迈出的非常成功的一步，但不是它的终点：在大多数情况下，握手、点头或是签订合同仅仅是创造价值的开始。如果合同的履行非常重要，则交易"达成"之后，为了获得讨价还价带来的好处，有些事情是要求合同的一方、双方或者各方必须做（或必须禁止做）的。

根据我们的经验，大部分的谈判人员低估了合同履行对于成功实现谈判结果的重要性。结果，他们常常会采用那些可能会破坏他们在合同的履行阶段实现其最终目标的能力的战略和战术。为了促使与对方尽可能快速地达成协议而制定的谈判策略，实际上可能会限制交易最终能够实现的价值。就连有经验的谈判人员在设计他们的谈判策略时，都常常忘记考虑合同履行的重要性。

当合同的履行非常重要时，如何谈判是你最终成功的关键

当合同的履行非常重要时，你和对方谈判中存在的很多问题都会导致你们的谈判失败：

> 谈判的真正目标不明确。
> 关键的利益干系人被排除在谈判过程之外。

> 双方的委托人之间没有充分达成一致意见。
> 棘手的问题被回避并且巧妙地处理掉了。
> 谈判各方与对方打交道的方式会引发问题——如果他们在合同履行阶段继续这样做。
> 忽视了存在的重大的合同履行风险。
> 对于由谁在什么时候做什么事,或者如何将工作过渡到合同履行阶段等问题不明确。

当然,这只是其中的一部分。如果你的交易的价值来自于合同的履行,那么你需要认真考虑如何管理谈判过程以最大化不断获得价值的可能性。你做出的抉择将极大地影响你最终的成功。成功取决于你能否为自己争取到价值,而不仅仅是能否让对方同意成交。

简而言之,如果合同的履行很重要,你必须:

> 将交易当做达成目标的手段。
> 广泛地征求意见。
> 利用谈判为双方共同合作开创一个好的先例。
> 说出你的担心并通过合作来管理风险。
> 保证你们做出的承诺都是你们能够兑现的。
> 即使交易已经"达成",仍需继续努力。

接下来我应该做什么以确保实现交易的关键?

这里有一些简单的建议(至少,把这些建议说出来很简单,但是真正将它们付诸实践需要做很多的工作)。

第十三章

准备、准备、再准备

谈判总是一个动态、交互的过程。当压力在身,对方在等待你的回应时,你一时很难想到该采取些什么好的做法。然而在准备过程中,你通常有更多的时间、更小的压力去思考,而且你可以试着进行一场辩论,然后决定哪些做法你不想采用。

实践、实践、再实践

你如何执行本书中的建议会对执行的效果产生极大的影响。谈判,和其他的技巧性工作一样,都会在实践中得到改进。没有人一生下来就是某个领域的专家。世界级的运动员需要用很多年的时间来进行练习。他们用在练习上的时间要比用于比赛的时间多得多。而且无论他们有多么优秀,都必须通过练习来不断提高。

让你的谈判对手感觉不那么自然本身可能就是一个谈判。如果你告诉你的谈判对手:"我刚刚看了一本特别好的关于谈判的书。它说当我们进行谈判的时候,我们必须分享我们对于合同履行问题的担忧——开始吧,告诉我关于合同的履行问题你担心的是什么。"通过这样一种方式开始你下面的谈判,你完全可以相信,对方的反应肯定不会特别强烈,你更有可能看到的是他们迷惑的眼神。

"我们正朝着让交易更有意义的目标大步前进。然而,即使写在合同上的交易看上去很好,有时我们在实际操作上仍然会面临一些问题。我们做的事情让对方很难完成他们的工作,或者他们做的事情是我们所不希望发生的。有的时候我们发现,虽然我们认为大家都很清楚进入合同履行阶段都应该做些什么,然而某些地方仍然不是很明确,最好我们再把它弄清楚一些。如果我们花一些时间来看看我们认为交易的执行哪里还会存在问题,这样会对我们更有帮助。毕竟,这关系到我们双方的利益，能确保我们都能从讨价还价中得到好处。"如果你像这样开始谈判的话，你将更有可能获得对方积极的响应。

让你的团队密切合作、相互协同的一个好方法也是共同练习。但是记住，你不是在照搬照用。那在谈判中是不起作用的，因为你不能左右你的对手，或是指望他们按照你的计划行事。但是你可以按照你的既定路线继续进行。那也没有什么不好。

回顾、调整、再回顾

为了真正实现不断提高，你必须去回顾哪些谈判你们做得很好，哪些谈判你下次会换个做法。这些经验会让你记住成功的策略并调整那些需要改进的工作。进入回顾、调整、再回顾的循环将会使你的水平逐渐提高。

如果简单地从一个失败的经历转移到下一个，而不停下来进行反省并进行汇报总结，那将会出现更多的失败。如果你不能从你的错误中吸取教训，你注定会重蹈覆辙。那些在他们所从事的领域是世界级专家的人都有一个系统的方法去回顾他们的工作并进行不断调整从而得到提高；反之，如果不这么做，那么任何人都将不会长久地保持在世界一流水平上。

如果我的企业就是做不到怎么办？

如果你处于公司高级管理层，那么我们在本书第十章已经给了你一些行动指南。当你在考虑帮助你的团队达成值得进行的交易时，要在你的权力范围内保证组织结构合理、制定谈判线路图，确保他们有足够的可以完成工作的谈判工具，提高他们的技能，并用你的权威去创造一种看重交易的可执行性的思维。这的确不是一项简单的工作，但是我们会

第十三章

给你提供一些具体的可操作的建议。

这里我们更关心的是,那些不能主宰自己命运、在大的企业问题上没有最终决策权的群众,他们对于组织所面临的挑战是怎么想的。我们想到了那些认为组织变革跟自己无关的执行人员、管理人员以及普通员工们;我们在考虑那些直到别人解决了企业存在的问题才觉得应该换个做法的人;我们也在考虑那些认为书中的观点让他们产生了共鸣,但是仍旧有以下这些疑问的读者们:

➢ "如果我的老板听到我和对方开始就我们对合同履行阶段所担心的问题进行对话,我想我就得去找新工作了;他们是让我来达成交易的,不是让我来找麻烦的!"

➢ "如果我们开始讨论什么情况会使我们无法达到我们交易的最终目标,法律部门一定会感到震惊。"

➢ "今年我们有一个难以置信的成本削减目标。如果我考虑的是总拥有成本而不是价格的话,我们将无法完成目标,我也有可能被解雇!"

➢ "如果我让这里的任何一个人知道买方不可能买走他们签合同时答应买走的所有产品,我可能就拿不到我今年的绩效奖金了!"

这里,我们有一些建议给你们。

问问题

不要低估问好问题的力量。无论你在组织中处于什么职位,都应当考虑问问那些职位比你高的人这样一些问题:交易的目的是什么?每个阶段都应该有哪些人参加?他们认为你前期应该起什么样的示范作用才能真正获得谈判的价值?应当讨论什么样的风险?所做的承诺是否应当更加仔细地检查以及工作交接计划是什么?

当人们考虑怎样回答那些问题的时候,他们会想到这本书里提及的许多观点。毕竟,我们这里给出的不是高深莫测的火箭技术,只是一些经验和常识。如果他们对你的问题做出的回答不合情理,那么你就可以继续问他们为什么他们会对这些问题给出这样的答案了。

当然,我们提倡的问问题也存在一定的局限性。很显然,如果你是参加最后决赛的运动员,当你的教练让你参加一个比赛时,你问他"为什么"可能不太合适。如果你在部队服役,当你在战场上接到命令时问"为什么",你的指挥官可能也不会满意。但是对于我们大部分人来说,当你被要求去做一些可能并不能给组织带来最大的长期利益的事情时,仅仅说"是,先生!"或"是,女士!"可能不是最好的做法。为了充分发挥我们的工作能力,如果我们被要求或鼓励去做一些最终可能没有太多意义的事情,那么我们应当向上司提出一些问题来。提出好问题是让管理人员们思考他们自己的想法以及变革是否对组织有利等问题的最好方法。

进行你渴望的改变

借用甘地(Gandhi)的话,我们建议你进行你渴望的改变(或者,我们认为,这个建议更加现代和直接的版本应当是耐克公司的广告语——"想做就做!")。这本书里的许多建议都是非常有感染力的。你可能会鼓励你们公司以及谈判对手公司按照我们描述的一些行为来做。当合同的履行非常重要时,你还可能发动一些基层运动来确保谈判更加有效。

例如,在谈判过程中,如果你选择与合同履行人员协商,即使你的企业文化告诉你交易达成后再让他们参与进来,你也会对你获得的结果感到非常惊讶。他们不仅能帮助你完善合同履行计划,使你能在合同的履行阶段获得更多的价值,而且他们会对你正在谈判的这笔交易持肯定态度,并把这种态度传递给你企业中的高层领导,这一定会给你带来好处。

第十三章

此外，当那些合同履行人员做的事情中有一些正是你要做的事情时，而且如果你已经为他们做了这些事情，那么他们更有可能在较早的环节就让你参与进来。

为了得到正确的指示进行谈判

你所在的企业组织环境并不是一成不变的。事实上，它很有可能始终都处在变化中（可能是以你没有注意到的一种正常速度稳步变化）。无论你发现自己处于组织结构图的哪个位置，你都或多或少有一定的能力来鼓励你的企业中发生的这些变化。

鼓励变革的一个重要方法就是明确地为你所希望看到的那些变化进行谈判。虽然从本质上说它们很少被看成是"谈判"，但这种内部谈判却在不断地发生，而我们更多的是把它们当做"影响"或"说服"。从给出简单的建议到构建非常有说服力的商业案例，实际上它们本质上都属于谈判。

要从小处着手。一上来就调整你们公司的薪酬激励体系或是整个组织结构的做法可能不是很明智。

但是在你被派出去进行交易谈判时，从上司给你所做的指示入手就非常明智了。当你在准备进行谈判时，你一定要和你的上司就谈判的目标、利益干系人、要起到的示范作用、风险、承诺以及工作交接计划等问题进行深入的讨论。如果你所听到的事情对你达成有意义的交易来说没有任何作用，那么就选择退出这笔交易。是悄悄地退出还是大张旗鼓地退出，就取决于你与上司的关系以及企业对于"反抗"的容忍程度了。如果你对谈判到底在多大程度上能实现交易的真正价值还不清楚，那么要把它问清楚。如果你感觉到自己缺乏一些关键的谈判工具或是要是能接受一些其他的技能培训会对谈判更有益处，那么去和你的上司讨论一下这个问题。

结语

总之，你的工作不是完全按照你那折磨人的领导的指示行事，而是要使你的企业能够达成有意义的交易。如果你现在参与了一个没有任何意义的交易，那么以后你有责任为你的企业达成更有价值的交易。毕竟，如果真的不能让你们得到你们所希望争取的价值，为什么还要和对方进行谈判并让他们同意成交呢？那是毫无意义的，不是吗？

注　　释

第二章

　　1. 我们指的是在衡量合同履行重要性时"明显的"差异(见图2-1),因为在没有任何参照物的状态下考虑差异没有任何意义,无论那些变量是怎样在合同的履行阶段影响你们的交互行为的。一家小公司可能和IBM公司的企业文化存在巨大的差异,但是它与IBM的接触仅限于在互联网上从IBM公司购买电脑,那么它们之间存在的企业文化差异与合同的履行不存在任何相关性。然而,即使是非常微小的差异,如果牵涉了合同的履行阶段双方共同合作这个问题,也会变得非常重要,需要你在谈判阶段仔细考虑。

　　很多存在明显差异的双方都达成了很多交易,这些交易的达成部分是因为双方在竞争力、利益或者资源上存在的差异。如果不存在这些差异,可能双方无法满足对方的某些需求。但是,当交易达成后,这些差异也为他们今后共同开展合作带来了一些挑战。

　　双方在看法和利益上的意见越一致,就越具有共同的目标和追求,也更可能制订同样的实施计划,采用同样的测度方法,对负责他们的管理团队进行汇报的次数也就会越多,工作风格也就越一致,从而在合同的履行阶段能够"很好地开展合作"的可能性就越大。相反,双方在诸如处事风格、如何做生意、该对哪些做法进行奖励(或者惩罚),以及如何进行工作等问题上存在的差异越大,他们在合同的履行阶段面临问题的可能性就越大。我们并不是要建议你不要和那些与自己公司存在差异的公司进行交

注释

易。交易经常是创造价值的关键,但是如果你们不能在谈判阶段有效地解决好这些存在的差异,它们会对你们之间这笔交易的顺利履行带来很大的麻烦。

第三章

1. 参见 Lewis Carroll, *Alice's Adventure in Wonderland* and *Through the Looking Glass*(New York:Signet,2000),64-65。

2. Art Wilson 在得克萨斯州成立 Critical Path Strategies of Boerne 之前在 IBM 工作了 25 年,而且其间的大部分时间都在油田中度过。他与我们分享了几个关于某些大型石油公司有时在商品和企业的油井服务方面比较短视的案例。按照 Wilson 的说法,当与收入相比成本微乎其微时,让采购团队再去节省成本这种激励方式就不对了,这种做法甚至有可能使勘探和生产活动都处于危险之中,那样所造成的损失比采购可能带来的成本节省要大得多。参见 2006 年 2 月 23 日于马萨诸塞州布莱顿对 Art Wilson 的采访。

3. 参见作者于 2006 年 3 月 8 日对 Ken Wolf 的采访。

4. 参见作者于 2007 年 3 月 27 日对 V. N. Tyagarajan 的电话采访。

第四章

1. 参见 David A. Lax and James K. Sebenius, *3-D Negotiation: Powerful Tools to Change the Game in Your Most Important Deals* (Boston: Harvard Business School Press, 2006),2。

2. 同上,66。

3. 参见 Mike Beals and Frank Conway, "E. I. Dupont de Nemours & Company and the Value of Outsourcing Governance: Observations, Lessons Learned and Success Factors," May 18, 2006, https://equaterra. webex. com/ec05071/eventcenter/recording/recordAction. do? the-

Action = poprecord&confViewID = 286470727&siteurl = equaterra。

4. 参见作者于 2005 年 8 月 17 日对 Brett Pauly 的采访。

第六章

1. 参见 Douglas Stone, Bruce M. Patton, and Sheila Heen, *Difficult Conversations: How to Discuss What Matters Most* (New York: Penguin Books, 1999)。

2. 解释数据和推导结论时常使用的一种工具是推理阶梯 (Ladder of Inference), 基于 Chris Argyris 和 Donald A. Schon 的工作。参见 C. Argyris, R. Putnam, and D. Smith, *Action Science: Concepts, Methods, and Skills for Research and Intervention* (San Francisco: Jossey-Bass, 1985)。

第七章

1. 参见 William Ury, *The Power of a Positive No: How to Say No and Still Get to Yes* (New York: Bantam Books, 2007), 10-15。

2. 参见作者于 2007 年 5 月 18 日对 Paul Cramer 的电话采访。

3. 参见作者于 2007 年 3 月 27 日对 V. N. Tyagarajan 的电话采访。

第八章

1. 参见 David A. Lax and James K. Sebenius, *3-D Negotiation: Powerful Tools to Change the Game in Your Most Important Deals* (Boston: Harvard Business School Press, 2006), 74。

2. 同上,149-157。

注释

第九章

1. 想了解谈判人员为了更充分地准备谈判可以使用的那些工具、技术和电子表格,可以参见 Roger Fisher and Danny Ertel, *Getting Ready to Negotiate* (New York: Penguin, 1995)。

2. 作者于 2006 年 9 月 12 日与 Scott Spehar 的会面。

第十章

1. 参见 Alec Klein, "Creative Transactions Earned Team Reward," *Washington Post*, July 19, 2002, http://www.washingtonpost.com/wp-dyn/articles/A28624-2002Jul18.htm; Gary Rivlin, "AOL's Rough Riders," *Industry Standard*, October 30, 2000。

2. 参见 Bethany McLean and Peter Elkind, *The Smartest Guys in the Room: The Amazing Rise and Scandalous Fall of Enron* (New York: Penguin, 2004), 76–77。

3. 参见 Simon London, "EDS Finds Sea Legs after Navy Storm," *Financial Times*, May 4, 2005。

4. 参见 Tom Foremski and Richard Waters, "Companies & Finance: The Americas: EDS May Seek to Renegotiate $6.9bn US Navy Contract," *Financial Times*, October 3, 2002; Tom Foremski, "Second SEC Probe Adds to EDS Troubles," *Financial Times*, May 16, 2003。

5. 参见 Klein, "Creative Transactions Earned Team Rewards"。

6. 参见 Danny Ertel, "Getting Pas Yes: Negotiating As If Implementation Mattered," *Harvard Business Review*, November 2004。

7. 参见 McLean and Elkind, *The Smartest Guys in the Room*, 115–116。

8. 来源于 Lynne Tracey 于 2007 年 4 月 30 日发给我的一封邮件。

第十一章

1. 根据几项研究调查表明,兼并和合资的成功率不高于50%。参见 Mark L. Sirower, *The Synergy Trap* (New York: Free Press, 1997), 6。进一步的研究也支持这项调查结果: Michael Arndt, Emily Thornton, and Dean Foust, "Let's Talk Turkeys: Some Mergers Were Never Meant to Be," *Business Weeks*, December 11, 2000, 44-46; J. Robert Carlton and Claude Lineberry, *Achieving Post-Merger Success: A Stakeholder's Guide to Cultural Due Diligence, Assessment, and Integration* (San Frocisco: Pfeiffer, 2004), 8; Eugene G. Lukac, "Will Your Merger Succeed?" July/September 2006, http://www.csc.com/cscworld/072006/fa/fa004.shtml; David Harding and Sam Rovit, *Mastering the Merger: Four Critical Decisions That Make or Break the Deal* (Boston: Harvard Business School Press, 2004), 3; KPMG, "Unlocking Shareholder Value: The Key to Success," KMPG M&A Global Research Report, November 1999。还有另外一种相反的观点认为兼并和收购一般来说是有利的。这些行为当然对卖方有利,但是如果其他的商业因素和标准修正得合理,有资料表明很多购买方也能得到一部分价值。即便如此,该观点的持有者认为,"很多兼并和收购交易的购买方应该做好失败的准备",这些交易还有待完善。参见 Robert F. Bruner, *Deals from Hell: M&A Lessons That Rise Above the Ashes* (Hoboken, NJ: John Wiley & Sons, 2005), 24。

2. 参见 Carlton and Lineberry, *Achieving Post-Merger Success*, 8; Sirower, *The Synergy Trap*, 6。

3. 关于向利益干系人咨询的重要性的更多资料请参见 David Harding and Sam Rovit, *Mastering the Merger: Four Critical Decisions That Make or Break the Deal* (Boston: Harvard Business School Press, 2004), 172-174。

4. 同上, 62-63。

注释

5. 参见 Stephen M. Dent, "Partnering Intelligence," *Executive Excellence* 19, no. 11 (November 2002), 10 – 11; Robert E. Spekman, Lynn A. Isabella, and Thomas C. MacAvoy, *Maximizing the Value of Your Partnerships* (New York: John Wiley, 2000), 27。

6. 参见 Danny Ertel, Jeff Weiss, and Laura Judy Visioni, "Managing Alliance Relationship—Ten Key Corporate Capabilities: A Cross-Industry of How to Build and Manage Successful Alliances" (Cambridge, MA: Vantage Partner, 2001); Jeff Weiss, Sara Keen, and Stuart Kliman, "Managing Alliances for Business Results: Lessons Learned from Leading Companies" (Cambridge, MA: Vantage Partner, 2006)。

7. "不完全的合同"用来描述 Benjamin Gomes-Casseres 在 *The Alliance Revolution: The New Shape of Business Rivalry* (Cambridge, MA: Harvard Business University Press, 1996)一书中提到的联盟。这个词最初来源于经济学,并用在 R. Coase, "The Nature of the Firm," *Economica* 4 (1937), 386 – 405。

8. 参见 Weiss, Keen, and Kliman, "Managing Alliances for Business Results," 24 – 28。

9. Simmons & Simmons 于 2002—2004 年对英国、北美以及欧洲大陆一些国家的采购方进行了调查,并由 David Barrett 于 2005 年 2 月在外包世界高峰论坛上公布了调查结果。该结果显示,有 70% 的谈判在前两年就相关外包条款进行了再次谈判。David Barrett, "Building Win: Win Strategic Partnerships" (research presented at the Outsourcing World Summit, San Diego, CA, February 2005)。有 50% 的外包交易没能实现期望的价值,参见 David Craig and Paul Willmott, "Outsourcing Grows Up," *McKinsey Quarterly*, February 2005。

10. 参见 Thomas Kern, Leslie P. Willcocks, and Eric van Heck, "The Winner's Curse in IT Outsourcing: Strategies for Avoiding Relational Trauma," *California Management Review* 44, no. 2 (Winter 2002), 47 – 69。

第十二章

1. 根据由 Vantage 公司和国际合同与商务管理协会 2004 年对 82 家公司的调查得到的结果。

作者介绍

丹尼·厄特尔和马克·戈登已经在一起共事了近20年时间，他们为世界各地的政府机构、企事业单位和个人提供关于谈判、如何处理争执以及如何管理各方关系等方面的咨询和指导。他们的工作涵盖范围很广，从帮助客户处理重要的战略谈判到调停武装冲突都有涉足。他们的客户既有公用事业单位也有私人企业，工作涉及帮助这些企业构建、发起新的联盟合作，修复出现问题的战略伙伴关系，将企业谈判和关系管理流程系统化等。他们两人共同创办了从事咨询和培训业务的公司——Vantage 公司，该公司主要致力于帮助企业改变原有的谈判方式，并帮助企业管理与其重要的客户、供应商和商业伙伴间的关系，从而使企业在业务上取得突破性进展。Vantage 公司是哈佛谈判研究计划衍生出的一个副产品，公司的合作伙伴都是研究并撰写关系管理领域相关书籍和文章的作者。如果想了解更多关于 Vantage 公司的信息，请登录网站 www.vantagepartners.com。

丹尼·厄特尔在 Vantage 公司主要负责外包领域的工作，同时还负责帮助采购方和产品提供商改进谈判方式并协助他们管理复杂的外包业务。此外，丹尼还担任 Janeeva 公司的董事长，该公司在外包关系管理软件行业处于领先地位。

在与马克共同创办 Vantage 公司之前，丹尼曾是哈佛谈判研究计划的一名高级研究员，曾在多伦多法学院（Toronto Law Faculty）讲授谈判课程，在德普律师事务所（Debevoise & Plimpton）进行法律方面的相关工作，并曾经担任过美国最高法院（U.S. Supreme Court）大法官哈里·A. 布莱克门（Harry A. Blackmun）的法律助理。在公共部门工作期间，丹尼曾同时与政府和反政府组织磋商谈判，成功地帮助萨尔瓦多（El Salvador）结束了一场为期十年之久的内战。此外，丹尼还曾经与南美的多个政府领导人就私有化、政府部门改革，以及增进公私部门在规章制度、劳工关系、减少暴

作者介绍

力等方面的良性互动等问题进行过谈判。

　　丹尼撰写的第一本书《超越仲裁》(Beyond Arbitration)于1992年获得了 CPR Legal Program 颁发的图书奖。此外,他还与罗杰·费希尔合著了《准备谈判》(Getting Ready to Negotiate)一书,并编辑了《谈判2000》(Negotiation 2000)一书。丹尼一直为《哈佛商业评论》、《斯隆管理评论》(Sloan Management Review)、《经济学家》(The Economist)、《今日采购》(Purchasing Today)和《财务高管》(Financial Executive)等多家杂志撰文,而且他在这些杂志上发表的文章也多次被引用。丹尼于哈佛学院(Harvard College)和哈佛法学院获得了硕士学位,并在此期间担任《哈佛法律评论》(Harvard Law Review)的总编辑。如想和他取得直接联系,请发送邮件到 danny_ertel@vantagepartner.com。

　　马克·戈登与很多行业的大公司都有合作,他主要负责帮助这些公司制定并实施相关战略,从而最大化组织间合作的价值并改善与联盟合作伙伴、客户和供应商之间的关系。合作企业涉及财务、娱乐、医疗、信息技术、制造、通信等多个行业。与马克合作过的公司遍布除南极洲以外的各大洲,其工作主要侧重于增进跨文化交流的效果和关系管理领域。

　　马克不但是 Vantage 公司的合伙创始人之一,还是冲突管理组织(Conflict Management Group)的主席和创始人之一,该组织是一家致力于解决国际公共问题争端的非营利性组织。在冲突管理组织和 Mercy 公司合并后,马克成为了 Mercy 公司董事会的一员。在其20多年的公共部门工作中,马克曾与尼加拉瓜总统丹尼尔·奥尔特加(Daniel Ortega)就桑地诺(Sandinistas)和勘查斯(Contras)问题进行过谈判;与萨尔瓦多总统何塞·纳波莱昂·杜阿尔特(Jose Napoleon Duarte)就政府与法拉本多马蒂民族解放阵线(FMLN)问题进行过谈判;与最终向亚西尔·阿拉法特(Yasser Arafat)、穆罕默德·阿巴斯(Mahmoud Abbas)以及赛义卜·埃雷卡特(Saeb Erakat)汇报的巴勒斯坦解放组织(PLO)进行过谈判;还与来自以色列国防军(IDF)、警察、外交部和总理办公室的谈判代表们进行过谈判。此外,马克还曾参与南非的非洲人国民大会(ANC)西里尔·拉玛费撒(Cyril Ramaphosa)和罗尔夫·迈耶(Roelf Meyer)双方就宪法问题进行的谈判;马克

作者介绍

还曾在位于罗马的北约国防大学(NATO Defense College)进行授课；并为全球多个国家的外交部门进行过相关培训。

在1984年专职进行谈判工作之前，马克曾作为企业律师就职于位于纽约的凯威(Cravath, Swaine & Moore)公司；他还曾参与美国军备控制与裁军署(U.S. State Department's Arms Control and Disarmament Agency)就美国与苏联战略军备减持问题的谈判；此外，他还为民主党全国委员会(Democratic National Committee)以及参议员休伯特·汉弗莱(Hubert Humphrey)、拉尔夫·纳德(Ralph Nader)进行过相关的咨询工作。马克在哈佛法学院获得了法学博士学位，并于普林斯顿大学(Princeton University)威尔逊公共和国际事务学院(Woodrow Wilson School of Public and International Affair)获得了学士学位。马克的联系方式为 mark_gordon@vantagepartners.com。

译 后 记

本书是在商务印书馆的大力支持下完成的，特别是得到了李彬编辑的大力协助。尽管我们翻译小组的各位成员都从事相关领域的教学与科研工作，也都具备海外学习的经历，经常参与学术翻译活动，但是毕竟语言的背景不同，文化存在差异，所以将原著翻译成中文可能距离两位作者所要表达的意境还有一定的距离。丹尼和马克的这本书是一部读来容易译却难的著作。说它容易，是因为这本书的主题和作者的思路非常清晰，比较容易把握；说它难，是因为这部著作将两位作者几十年来从事法律和谈判工作的经验及所见所闻全部浓缩到了本书中。因此对我们来说，翻译本书难度不小。但是，两位作者从事法律和谈判工作的经验及观点，对于从事该领域教学、科研和实践工作的学者及从业者来说，无疑是一笔宝贵的财富。我们希望能通过我们的工作，将这笔财富奉献给每一位投身于法律和谈判工作，以及对该领域有着浓厚兴趣的中国读者。

在本书的翻译过程中，我的部分学生也参与了初稿的翻译工作，他们是仲冰、王利肖、张帅、熊瑛、黄树培、骆意等。对他们的帮助，我深表感谢！翻译本书时，恰逢我的儿子陆陆降生不久，感谢我的妻子张潇竹花费了大量的精力照顾儿子，使我能投入全部的精力来完成此项翻译工作。初稿提交后，我身在美国，很多事情都是李彬编辑与我邮件保持联系，无形中给他增加了很多工作，在此，向李彬编辑的大力支持和帮助表示衷心的感谢！也对商务印书馆各位同人的大力支持和精心审稿致以深深的谢意！

张龙